現場と結ぶ教職シリーズ 5　　全体企画者　小柳正司・山﨑英則

（新版）教育制度と教育の経営

学校ー家庭ー地域をめぐる教育の営み

諏訪英広・福本昌之 編著

あいり出版

執筆者紹介

諏訪英広　■川崎医療福祉大学医療技術学部教授　：編者、８章

福本昌之　■広島市立大学国際学部教授　：編者、１章

大野裕己　■滋賀大学大学院教育学研究科教授　：２章

熊丸真太郎　■大分大学大学院教育学研究科准教授　：３章

髙谷哲也　■鹿児島大学学術研究院法文教育学域教育学系准教授　：４章

高瀬　淳　■岡山大学大学院教育学研究科教授　：５章

露口健司　■愛媛大学大学院教育学研究科教授　：６章

高旗浩志　■岡山大学教師教育開発センター教授　：７章

金川舞貴子　■岡山大学大学院教育学研究科准教授　：９章

難波知子　■川崎医療福祉大学医療技術学部教授　：10章

井上講四　■教育協働研究所 岳陽舎代表（元琉球大学教育学部教授）　：11章

柏木智子　■立命館大学産業社会学部教授　：12章

田中真秀　■大阪教育大学大学院連合教職実践研究科特任准教授　：12章

湯藤定宗　■玉川大学教育学部教授　：13章

矢藤誠慈郎　■和洋女子大学人文学部教授　：14章

藤井和郎　■吉備国際大学心理学部教授　：コラム１

川上公一　■元岡山県立矢掛高等学校校長　：コラム２

原　範幸　■岡山県スクールカウンセラー・岡山大学教育学部非常勤講師　：コラム３

武　泰稔　■元矢掛町教育委員会教育長　：コラム４

はじめに

本書は、教育の制度および経営を学びはじめた人を対象としたテキストとして構成されている。とくに、教職課程を履修する学生諸氏に対しては、教育職員免許法施行規則が求めている「教育に関する制度的・社会的・経営的事項」を扱う科目のテキストとして利用されることを意図している。

現代は、教育や学校を形づくる制度や仕組みに対する新たな考え方やそれらを実現するための取り組み、すなわち「経営」が模索されている時代である。

1998（平成10）年の中央教育審議会答申「今後の地方教育行政の在り方について」では、学校の新たな役割と責任が提言された。そして、2001（平成13）年の「21世紀教育新生プラン」（文部科学省）では、今後の教育改革の全体像が示された。さらに、2006年（平成18）には、教育基本法が初めて改正され、新たな時代における教育のあり方と各教育領域・分野と教育制度に関する基本姿勢が示された。

ところで、制度や経営という言葉から、「堅い」とか「難しい」というイメージを持つ方がいるかもしれない。そのような読者に対して、教育実践をより効果的に行っていくためには、教育実践に直接・間接に影響を及ぼす教育制度や制度の運用と資源の活用である経営という営みに対する、十分な知識と理解が必要であることを認識してもらうことが本書の大きなねらいである。

本書では、教育制度を単なる静的な枠組みとして捉えるのではなく、教育という営みを躍動的に動かすシステムとしてとらえようとしている。教育を経営するという視点を通じて、教育制度の理念と実情を捉えるための知見を得ることを目的として、教育制度の基本となる法規定を押さえつつ、現実的な教育経営上の課題も事例として取り上げられている。また、教育制度の中でも公教育の重要な部分を担う学校教育に主要な論点を置き、学校はさまざまな関わりを通じて構築されるものだという基本認識に立ちながら、学校や教育界の内部の営みや論理にも言及している。さらに、代替的なシステムの可能性についても適宜触れることで、現状に対する批判的視点も紹介している。

本書の各部・各章の概要は以下の通りである。

第1章では、本書のメインテーマである「教育制度」の基本原理を概説した上で、「教育の経営」、すなわち「教育を経営する」ことの意味と意義についての基礎知識を提供する。

1部「学校制度と教育の経営」では、学校制度と管理運営（2章）、児童生徒の就学と管理（3章）、教職員の人事管理（4章）、教育内容・教育課程（5章）、学校組織論（6章）、学級・学年組織論（7章）、教師の成長と研修（8章）、学校評価と学校改善(9章)、学校安全(10章)といった学校制度における主な領域・内容を取り上げて、その概要ならびに経営のあり方を概説する。

2部「学校・家庭・地域の教育連携」では、社会教育・生涯学習と学校（11章）、学校と家庭・地域の連携（12章）といった連続性・持続性・連携性という視点をもって学校をタテとヨコの系から捉えることについて、その概要ならびに経営のあり方を概説する。

3部「グローバル化時代の教育改革」では、グローバル化時代における学校制度及び教育制度・改革の課題と展望について、グローバル化時代の教育問題(13章)、現代教育改革の動向と展望（14章）と題して概説する。

本書に掲載したコラムは学校現場の先生方にお願いをして寄稿していただいたものであり、制度という枠組みが学校の中でどう活かされているかを知る上で貴重な知見となると思われる。

本書の執筆者は、教育制度・教育経営・教育行政・教師教育の研究領域において活躍する意欲的な研究者であり、それぞれの領域で教育現場と連携しながら理論的・実証的に「実践に役に立つ」研究を行なっている。

なお、幸いにも、本書は、2011年9月の初版以降、増刷を続けてきたが、近年の法改正や制度改変等を踏まえて、この度、新たに改訂版として出版することとなった。読者にはより新しい情報に触れていただけるものと考えている。

最後にこの場を借りて謝辞を付しておきたい。まず、このような研究と実践をつなぐ書物を世に出す機会をくださった監修者である山崎英則先生と小柳正司先生に感謝の意を表する。そして、本書の緻密な編集作業と発行に際しての手厚いサポートをいただいた、あいり出版石黒憲一氏に心より感謝する次第である。

2021年9月

編者　諏訪英広　福本昌之

目次

1章　教育の制度と経営の基礎理解

章のねらい

本章では「制度としての教育」とは何かを考えるための基礎的な知識と現在の日本の教育制度、教育行政、教育経営の概要を説明するとともに、教育を「経営する」という視点を持つ意義を説明する。

1　はじめに

私たちは学校体験などを通じて“教育”について何らかの知識を持っている。しかも、日本全国どこにおいてもほぼ共通するような教育の仕組があることを知っている。教育制度とはこのように社会的に構築された教育の仕組みであり、そこには公教育の理想の実現を目指す、国家的・社会的な意図や営為がみられる。本章では、教育の制度とその営みのあり方についての基礎的な知識を得ることを目的として、日本の教育制度、教育行政、教育経営の概要を説明する。

2　日本の教育制度の原理

制度としての教育を考える際には、歴史的な経緯を踏まえ、公教育という視点を持つことが重要である。それは、簡単に言えば、人間が自らの手で自らの未来と社会の未来を決めたいという願望とそれを実現しようという企図に基づいて、次世代の人間の育成に関与するという仕組みが公的に創設されてきたということである。

公教育は国民の教育権を保証するために国民の全体意思として執行されるものであり、そのなかに、公教育が描こうとする未来像（ビジョン）を見て取ることができる。そこで、現代の公教育制度の主要な原理について考察を加えておこう。

(1) 「公」の教育

本来、教育は一人ひとりの人間の精神や身体に影響を及ぼすものであり、その意味では私的なものである。それにもかかわらず、すべての人々に対して公的な関与がなされる。その理由を人の存在をめぐる個人－社会－世界という3つの層に求めることができよう。

第1は、後述するように個人の教育を受ける権利の保障という視点である。

第2は、教育によって“国民”の形成を図るという視点である。17世紀頃から登場する国民国家という思想に則り、その枠組みを維持し発展させるために、個人の教育に公としての国家の関与が必要になる。ただし、この点が過度に強調されると国家主義的な思想によって教育が翻弄されるおそれもある。

第3は、持続可能な地球と世界市民の育成への体系的な取組として教育を必要とするという視点である。現在起きている人口問題、環境問題、資源問題などは地球規模での関わりと影響力を持つものであり、一国の努力だけでは解決不能な、グローバルな問題である。このような諸問題に取り組んでいくためには、人類の英知を結集していくことが不可欠になるであろうし、すべての人々が共通の利害を持った地球の住人としての知見を育むことが求められる。このような教育の実現は公的な枠組みに求めざるをえないと考えられる。

(2) 教育をひとしく受ける権利の保障

現在の制度原理の根底にあるのは、社会において一人の個人として生きていくためには教育を受けることが不可欠であり、よって人々の教育を受ける権利は公的な制度として保障しなければならないという思想である。日本国憲法第26条は「すべて国民は、法律の定めるところにより、その能力に応じて、ひとしく教育を受ける権利を有する」と述べ、教育を受ける権利がすべての国民に与えられていることを明確に謳っている。教育は人々が幸福に生きることを追求するための不可欠であり、教育を受ける権利は基本的人権の一つとして捉えられている。

教育を受ける権利を保障する上で、すべての人々が教育を受ける機会を等しく享受できる「機会均等」も現代の公教育の最も重要な原理のひとつである。かつて教育は一部の人々にだけ許された特権であった。歴史上、基本的人権の保証という近代社会の構成にとって不可欠の理念を実現するため、あらゆる人々に対して平等に開かれたものとするよう歴史的な営為が積み重ねられてきた。

しかし機会均等という理念が真の意味で実現されているのかどうかについては、なお検討の余地がないわけではない。とりわけ、憲法が謳う「その能力に応じて、ひとしく」の理念をどのように解し、実現するかは未だ検討され続けなければならない課題である。性差、国籍、障害など教育の基底にある様々な不平等を乗り越えるため、諸外国においても見かけの平等や形式的平等だけではなく、実質的実体的平等を求める思想が教育制度を展開していく上での重要な視点となっている。

(3)　義務性と無償性

日本国憲法第26条第2項は「すべて国民は、法律の定めるところにより、その保護する子女に普通教育を受けさせる義務を負ふ。義務教育は、これを無償とする」と規定し、法律によって子どもに教育を受けさせる義務を保護者に課している。日本の最初の義務教育規定は1886（明治19）年に小学校令が改正された際に設けられた。納税や兵役と並ぶ国家に対する義務として、教育お強制という考えに立ち、満6歳から10歳までの4年の就学義務を父母後見人に課した。子女の教育を受ける権利を保障するという観点から保護者に課される義務としての現在の思想とはまったく異なる。

子女に教育を受けさせる義務をその保護者に対して課するとともに、より積極的に教育を受ける権利を保証するという観点から、採られているのが義務教育を無償にするという措置である。憲法26条第2項の後段で述べられている理念を受けて、教育基本法では「国又は地方公共団体の設置する学校における義務教育については、授業料を徴収しない。」（第5条第4項）と規定し公立および国立の義務教育諸学校で授業料の不徴収を定めている。義務教育諸学校で用いる教科書に関しては私立学校も含め児童生徒に対して無償給与されることとなっている（義務教育諸学校の教科用図書の無償措置に関する法律）。

上記のとおり憲法が定める義務教育無償の精神は、現状では授業料の不徴収と教科用図書の給与として実現されている。どこまでを無償とするか、その範囲については必ずしも十分とは言えないという指摘もあるが、現実的な施策は教育政策によって決定されるものであるという点に留意しておきたい。

2010年以降は、義務教育以上の段階についても経済的負担を軽減し、教育の機会均等を推進する動向が見られる。2012（平成24）年に制定された「高等学校等就学支援金の支給に関する法律」では、第１条において「高等学校等における教育に係る経済的負担の軽減を図り、もって教育の機会均等に寄与することを目的とする」ことが示されている。この法律は高等学校（特別支援学校の高等部、中等教育学校の後期課程を含む）のほか、高等専門学校の１～３学年、専修学校及び各種学校に在籍する一定の条件を満たす生徒を対象とし、就学支援金を支給することとしている。また、2020（令和２）年度からは「大学等における修学の支援に関する法律」に基づき高等教育の就学支援制度が開始された。

3 教育行政

(1) 日本の教育行政のしくみ

ここまで教育に公が関わる理由を説明してきた。その教育的理想を実現するために作り出される仕組みが教育制度であり、教育制度を構築する諸法令に基づき教育行政が執り行なわれる。そこで本節では、教育制度を実効性のあるものにしていくための教育行政という仕組みの概要について説明する。

日本の行政は戦前の国家による一元的な管理統制に対する反省に立ち、戦後は地方分権の精神を尊重する仕組みづくりが企図されてきた。とりわけ1990年代以降、自由化、民営化、規制緩和などの標語のもとに進展しきた行政改革の進行に伴って、改めて国と地方の役割が見直されてきている。教育基本法第16条では「国と地方公共団体との適切な役割分担及び相互の協力の下、公正かつ適正に行われなければならない」と述べており、今後もさらなる改革が予想される。この点をふまえた上で、本節では、2020（令和２）年８月での概要を説明しておくこととする。

１）国の教育行政組織

国は、「全国的な教育の機会均等と教育水準の維持向上を図るため、教育に関する施策を総合的に策定し、実施しなければならない」(教育基本法第16条２項）という責務を負う。

三権分立のもとでは、行政権は総理大臣と国務大臣によって組織される内閣がもつ。したがって、内閣は行政の最高機関として教育行政に関与するが、実質的な教育行政事務は文部科学大臣を長とする文部科学省が執り行なう。

文部科学大臣は、①文部科学省の事務を統括し、主任の行政事務について、②法律や政令の制定・改正・廃止案を内閣総理大臣に提出して閣議を求める、③法律や政令の施行のための省令を発する（たとえば、学校教育法施行規則)、④所掌事務について公示が必要なときに告示を発する（たとえば、学習指導要領)、⑤所掌事務について命令・示達するための訓令・通知を発する、⑥その機関の任務を遂行するため政策について行政機関相互の調整を図る必要があるときは、関係行政機関の長に必要な資料の提出や説明を求め、その機関の政策に関し意見を述べることができる、などの権限を有している（国家行政組織法第10～15条)。

文部科学省は「教育の振興及び生涯学習の推進を中核とした豊かな人間性を備えた創造的な人材の育成、学術の振興、科学技術の総合的な振興並びにスポーツ及び文化に関する総合的な推進を図るとともに、宗教に関する行政事務を適切に行うこと」を任務とする機関で（文部科学省設置法第３条)、その任務を達成するために必要な95項目の事務を掌（つかさど）る（同法第４条)。そのために図１－１のような組織体制が構築されている。

行政機関には、重要事項についての調査や審議を行うために、学識経験者などによって構成される審議会が設置される。審議会は大臣からの諮問を受け、審議の後に答申を出す。大臣はこの答申を尊重しながら政策決定を行っていくので、審議会答申は後の政策に大きな影響力をもつ。文部科学省の所管である教育振興や生涯学習推進についての重要事項を調査審議するのが中央教育審議会であり、審議事項に応じて教育振興基本計画、教育制度、生涯学習、初等中等教育などの部会や分科会がおかれている。

２）地方の教育行政組織

戦前は、教育に関する事務は専ら国の事務とされ、地方において府県知事及び市町村長が国の定めた教育事務を執行していた。

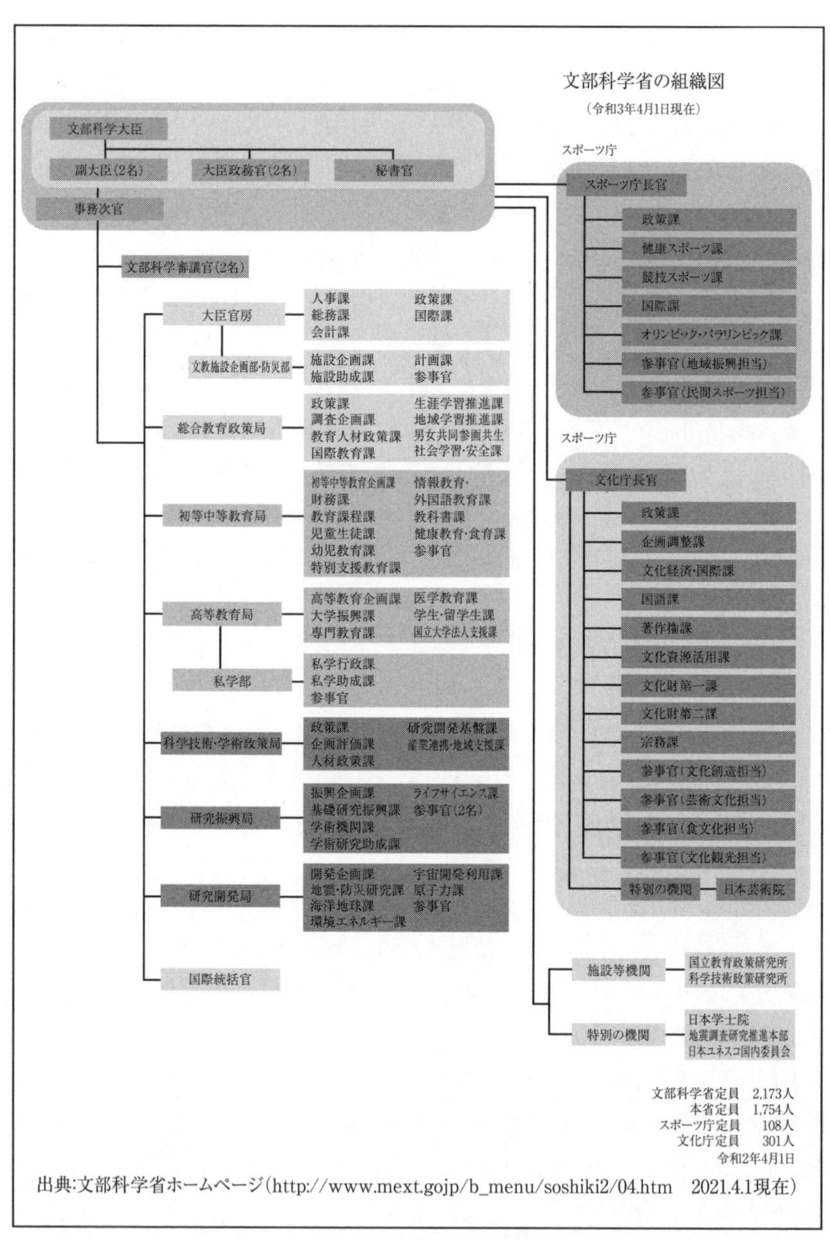

出典:文部科学省ホームページ（http://www.mext.gojp/b_menu/soshiki2/04.htm　2021.4.1現在）

★図 1-1　文部科学省組織図

戦後、教育の民主化・地方分権化・一般行政からの独立を基調とする米国教育使節団の報告や教育刷新委員会の提言に基づき、教育制度の抜本的な改革が進められた。その一環として、1948年（昭和23）に「教育委員会法」が定められ、合議制の執行機関として教育委員会制度が導入された。この法律の下では教育委員会を構成する教育委員は、地域住民の主体的参画を前提として選挙によって選ばれる公選制が採用された。

しかし、公選制に起因する政治的対立などの弊害が生じ、1956（昭和31）年に、政治的中立性の確保と一般行政との調和の実現を目的として、教育委員会法を廃止し、「地方教育行政の組織及び運営に関する法律」（以下「地教行法」）が制定された。教育委員の選任については、公選が廃止され、首長が議会の同意を得て任命することとされた。教育長に適材を確保するため、教育長の任命承認制度が導入された（任命承認制）。その後、微修正を経ながら、原則として５人の教育委員によって構成される合議制の執行機関としての教育委員会制度が維持されてきた。

しかし2000年代に入り、責任所在の不明確さ、意思決定の遅れによる危機対応の不十分さなど制度上の弊害が指摘されるようになり、地教行法は2015（平成27）年に大幅な改正が行われた。その趣旨は、地方教育行政における責任の明確化、迅速な危機管理体制の構築、地方公共団体の長（以下、首長）との連携の強化とともに、地方に対する国の関与の見直しを図ることであった。

①地方公共団体の長と総合教育会議

地方公共団体は、住民に身近な行政はできる限り地方公共団体にゆだねるという地方自治の精神のもと、「住民の福祉の増進を図ることを基本として、地域における行政を自主的かつ総合的に実施する役割を広く担うもの」（地方自治法第１条の２）として置かれている。その地方公共団体の長は教育に関する一定の権限、例えば、公立大学に関すること、私立学校に関すること、教育財産の取得・処分、教育委員会の所掌事項に関する契約の締結などの権限を持つ。また議会も、条例の制定・改廃、予算の決定など教育事務の関連事項や教育委員の選任・罷免の同意などについての権限を持つ。

地方公共団体における教育行政は、教育基本法の趣旨に則り、教育の機会均等、教育水準の維持向上及び地域の実情に応じた教育の振興が図られるよう、

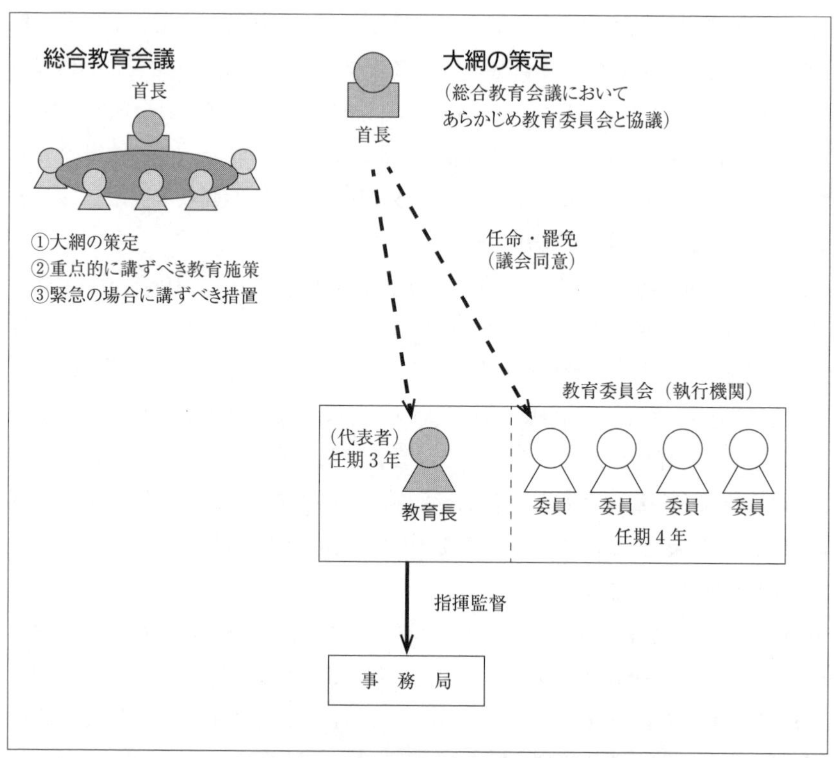

★図 1-2　地方の教育行政組織の概略図
文部科学省「地方教育行政の組織及び運営に関する法律の一部を改正する法律案の概要」, 2015 年, より

国との適切な役割分担及び相互の協力の下、公正かつ適正に行われなければならない（地教行法第１条の２）。そのため、首長は、国の公表する教育振興基本計画を参酌し、その地域の実情に応じ、当該地方公共団体の教育、学術及び文化の振興に関する総合的な施策の大綱（以下、「大綱」）を定める（同法第１条の３）。その際に重要な役割を担うのが総合教育会議である（図１－２）。

総合教育会議は、首長と教育委員会（後述）によって構成され、首長が「大綱」を定める場合や変更する場合には協議を行う。また、「教育を行うための諸条件の整備その他の地域の実情に応じた教育、学術及び文化の振興を図るため重点的に講ずべき施策」および「児童、生徒等の生命又は身体に現に被害が生じ、又はまさに被害が生ずるおそれがあると見込まれる場合等の緊急の場合に講ずべき措置」についても総合教育会議が協議並びにこれらに関する事務の調整を行うこととされている（同法第1条の4）。

②教育委員会

国や地方公共団体の長や議会の所掌事項（地教行法第22条、第23条）を除き、当該地方公共団体が処理する教育に関する定められた事務を管理し、及び執行するのが教育委員会である。

教育は多様な価値観の中で行われる営みであり、それを保証するためには、教育行政もまた不当な支配に服することなく中立性が保たれなければならない。したがって教育委員会は、中立性、専門性、利害関係性のゆえに、一般行政から一定の独立を保証され、合議制の執行機関として設置される。

教育委員会は教育長と4人の教育委員で構成される。教育長および教育委員は、いずれも、当該地方公共団体の長の被選挙権を有する者で、人格が高潔であることが求められる。教育長は教育行政に関し識見を有するもののうちから、教育委員は、教育、学術及び文化（総じて「教育」と称される）に関し識見を有する者のうちから、いずれも、地方公共団体の長が議会の同意を得て任命する（同法第4条）。教育長は、教育委員会の会務を総理し、教育委員会を代表する（同法第13条）。

教育長にも教育委員にも、職務上知り得た秘密を漏らしてはならないという守秘義務の遵守や、政治的団体の役員への就任や積極的な政治運動の禁止、営利目的の私企業の経営や事業への従事の禁止など、公正性や中立性を確保することが求められている（同法第11条）。また、住民の意思により、いずれについても解職を請求することができる（同法第8条）。

両者には違いもある。教育長は常勤であり任期は3年、一方、委員は非常勤であり任期は4年であり（同法第11条、第5条）、役割と責任の明確化とともに教育行政の継続性の確保が図られている。

③教育委員会事務局

教育委員会の職務権限は表1－1のように定められている（地教行法第21条）。そしてその所管する教育事務を処理するため事務局がおかれる（同法第17条）。事務局には、指導主事、事務職員及び技術職員、そのほか所要の職員が置かれる（同法第18条）。

★表 1-1　教育委員会の職務権限

（教育委員会の職務権限）
第二十一条　教育委員会は、当該地方公共団体が処理する教育に関する事務で、次に掲げるものを管理し、及び執行する。
一　教育委員会の所管に属する第三十条に規定する学校その他の教育機関（以下「学校その他の教育機関」という。）の設置、管理及び廃止に関すること。
二　教育委員会の所管に属する学校その他の教育機関の用に供する財産（以下「教育財産」という。）の管理に関すること。
三　教育委員会及び教育委員会の所管に属する学校その他の教育機関の職員の任免その他の人事に関すること。
四　学齢生徒及び学齢児童の就学並びに生徒、児童及び幼児の入学、転学及び退学に関すること。
五　教育委員会の所管に属する学校の組織編制、教育課程、学習指導、生徒指導及び職業指導に関すること。
六　教科書その他の教材の取扱いに関すること。
七　校舎その他の施設及び教具その他の設備の整備に関すること。
八　校長、教員その他の教育関係職員の研修に関すること。
九　校長、教員その他の教育関係職員並びに生徒、児童及び幼児の保健、安全、厚生及び福利に関すること。
十　教育委員会の所管に属する学校その他の教育機関の環境衛生に関すること。
十一　学校給食に関すること。
十二　青少年教育、女性教育及び公民館の事業その他社会教育に関すること。
十三　スポーツに関すること。
十四　文化財の保護に関すること。
十五　ユネスコ活動に関すること。
十六　教育に関する法人に関すること。
十七　教育に係る調査及び基幹統計その他の統計に関すること。
十八　所掌事務に係る広報及び所掌事務に係る教育行政に関する相談に関すること。
十九　前各号に掲げるもののほか、当該地方公共団体の区域内における教育に関する事務に関すること。

教育委員会は、法令又は条例に違反しない限りにおいて、その権限に属する事務に関し、教育委員会規則を制定することができる（同法第 15 条）とされており、教育委員会事務局の内部組織、学校管理、通学区域の指定等について定めることができる。

３）教育行政機関相互の関係

先に述べた通り教育行政は国と地方公共団体との適切な役割分担及び相互の協力が求められる。具体的には、文部科学大臣は都道府県又は市町村に対し、都道府県委員会は市町村に対し、都道府県又は市町村の教育に関する事務の適正な処理を図るため、必要な指導、助言又は援助を行うことができる（地教行法第 48 条第１項）とされ、その具体は表１－２のような例が示されている。

また、文部科学大臣は、都道府県委員会に対し市町村に対する指導、助言又は援助に関し、必要な指示をすることができる（同法第 48 条第３項）。その

★表 1-2　指導、助言又は援助の例

指導、助言又は援助の例（地教行法第 48 条第 2 項）
一　学校その他の教育機関の設置及び管理並びに整備に関し、指導及び助言を与えること。 二　学校の組織編制、教育課程、学習指導、生徒指導、職業指導、教科書その他の教材の取扱いその他学校運営に関し、指導及び助言を与えること。 三　学校における保健及び安全並びに学校給食に関し、指導及び助言を与えること。 四　教育委員会の委員及び校長、教員その他の教育関係職員の研究集会、講習会その他研修に関し、指導及び助言を与え、又はこれらを主催すること。 五　生徒及び児童の就学に関する事務に関し、指導及び助言を与えること。 六　青少年教育、女性教育及び公民館の事業その他社会教育の振興並びに芸術の普及及び向上に関し、指導及び助言を与えること。 七　スポーツの振興に関し、指導及び助言を与えること。 八　指導主事、社会教育主事その他の職員を派遣すること。 九　教育及び教育行政に関する資料、手引書等を作成し、利用に供すること。 十　教育に係る調査及び統計並びに広報及び教育行政に関する相談に関し、指導及び助言を与えること。 十一　教育委員会の組織及び運営に関し、指導及び助言を与えること

逆に、都道府県知事又は都道府県委員会は文部科学大臣に対し、市町村長又は市町村委員会は文部科学大臣又は都道府県委員会に対し、教育に関する事務の処理について必要な指導、助言又は援助を求めることができるとされている（同法第 48 条第 4 項）。

とくに、2015（平成 27）年の地教行法改正においては、いじめによる自殺の防止等、児童生徒等の生命又は身体への被害の拡大又は発生を防止する緊急の必要がある場合に、文部科学大臣が教育委員会に対して指示ができると規定された（同法第 50 条）。

(2)　教育行政という営み

制度についての理解を深めるためにはそれが根拠としている法令をよりよく理解することが不可欠であるが、しかし制度と法令を理解することとその制度を運用するということとは同義ではない。制度を動かすための働きかけとして「行政」という作用が生じる。

教育行政の主目的は、先に示した日本国憲法第 26 条の定める教育を受ける権利を保証することにある。その営みの性質に注目すると、規制作用、助成作用、実施作用の 3 つの作用を見て取ることができる[*1]。規制作用とは教育行政の主体である国や地方自治体がその客体である地方公共団体や私人などの行為に対して一定の義務を課したりあるいは解除したりするなどの行政行為を意味する。助成作用とは教育行政主体がその客体に対して、専門的・技術的な指導助言、経費の補助・給付など、精神的あるいは物質的な奨励、振興、鼓舞を与えることを意味する。実施作用とは例えば学校の設置・維持、出版物の作成・配布など教育行政主体が自ら実施する行政行為を意味する。

規制作用・実施作用については法律上の根拠が必要とされるが、助成作用については法に禁止の規定がない限りは法的根拠がなくても行うことができるとされる。ただし、実際には法律上の根拠を設けている場合が少なくないと言われる。

ところで教育行政の概念をめぐってはいくつかの定義が試みられてきた。ここでは代表的な3つの考え方を紹介しておく*2。第1は、立法・司法・行政の三権分立論を背景として、教育行政を一般行政の一部門として捉える立場であり、教育行政が公権力作用の一つであることを強調する（公法学的教育行政論）。第2は、アメリカの管理論的教育行政学の影響を受けたもので、教育行政を目的達成のための手段あるいはサービス活動として捉えるものである（機能主義的教育行政論）。第3は教育行政を教育政策の形成過程（教育政治）との密接な関係によって捉えようとするものである（統治学的教育行政論）。

いずれの捉え方も教育行政の特徴を描き出すが、強調される側面がある一方で軽視される部分ももつ。第1の立場は教育行政を法の執行過程として捉える面を強調する一方で立法や司法の側面を見落す傾向がある。第2の立場は、教育行政を企業経営との類比においてとらえることから、その公的な側面が軽視される傾向がある。第3の立場は教育行政と政治を一体視することになるというジレンマを抱え、政策形成と政策執行のすべてが同一主体に委ねられかねないという危険性もはらんでいる。

これらは、教育に関する理念を構築する主体は何か、その理念を教育制度に移し替え、実行する主体は何か、という公教育の成り立ちに関する問いを投げかけるものである。このことは、未来の社会像を誰がどう作っていくのかという根本的な問いとして、なお探求されねばならない課題でもある。

4 教育の経営

(1) 経営という考え方の意義

ここまで、教育の理念を実現するために制度という枠組みが設置され、その制度を動かすために行政という営みが存在し、行政のあり方についても異なる考え方があることを説明してきた。本章のまとめとして、このような営み全般を「経営」の視点から説明しておきたい。ここで教育行政と区別して、経営という概念に注目するのは、学習と教育の行為者の主体性を重視する*3とともに、他章でも述べられるように、1980年代後半以降に採られるようになった新自由主義的政策の下での教育の営みを理解するために有益だからである。

経営とは辞書的な定義によれば、「方針を定め、組織を整えて、目的を達成するよう持続的に事を行うこと」*4であり、やや専門的には「特定の目的を達成するために機能集団、とくに近代的な組織を運営していく活動」*5である。

本章の冒頭で示したように、教育という営為には常に目的が内在しており、その目的を達成することが期待される。かつての学校はそれ自体の正当性が認められている場合には、その目的を言明し、その達成をことさらに強調する必要はなかった。学校に通うこと自体の正当性が共通理解されていたからである。

しかし、社会が豊かになるにつれて、人々教育に対する要求はより多様で、より高度になっており、その要求に応えるように目的を定め、目標を設定する必要性が高まってきた。例えば、新自由主義的な政策は目標達成を通じて説明責任を要求し、消費社会的な傾向は教育を対価で購入するサービスとしてとらえ、より優れた成果をより高い付加価値を要求する。

このような社会の志向に迎合することは、後に述べるように、教育にとってけっして好ましいことではない。しかし、教育という営為に対する人々の捉え方の変化を踏まえれば、教育の価値や意義について説得力のある説明をし、社会的な認識を得ることができなければ、たとえば、教育格差の拡大、教育費の削減などの教育をめぐる問題状況はさらにして深刻化していくおそれがある。そのために必要なのが、教育を「経営する」という考え方である。

ただし、教育の場合は、一般的なサービスと異なり、近視眼的に捉えられる即物的な価値だけを提供するものではなく、将来の可能性を開く営みでもある。また、教育という営みは多義的で、しかもその成果も不確実性から解放されないという特徴を持つ。そのため、目的や求める成果が多様であったり、曖昧であったりするために、利用者や受益者がその目的や成果の意義や価値について十分な共通理解を得ることは難しい場合がある。

そのような性質によって教育に経営的発想を持ち込むこと自体が疑問視されて来た経緯もある。また、経営という術語が営利的な企業活動との親和性が高い語彙と見なされ、教育と営利活動を結びつけるのは望ましくないという心理的抵抗もあったと考えられる。実際に、教育を経営するという場合には、営利企業の経営において重視されるような利潤追求を目的とする経営とは異なる捉えかたが必要である。

しかしながら、経営を目的達成のための営為と捉えれば、教育活動にも目的・目標を設定することは重要な意味を持つ。とくに、教育における経営をとらえる（理解する）場合、教育を受ける人々の福利（well-being）を最優先に置き、あらゆる営みが教育に資するべきものである、という視点を忘れてはならない。そして、教育に資する日常の営みの一つ一つを、全体目標との関係性を捉えて積み上げていこうとする経営的思考が求められる。

(2)　学校における経営

他章でより詳しく解説されるが、学校における「経営」の要点に触れておく。学校経営は法律上の術語ではないが、大まかにいえば、学校を組織体としてとらえ、その維持・発展を図り、学校教育の目的を効果的に達成させる統括的作用として理解されている[*6]。ところが、統括作用としての経営において管理的な志向が強すぎると、学習＝教育活動における行為者の主体性を抑圧し、管理のための管理や教育と管理の分断を招くことになる

岡東壽隆（1994）は教育と管理の分断状況を批判した論者のひとりである。岡東は、C.I. バーナードの経営論が注目する「協働」に依拠しながら、学校を教育活動にかかわる協働体系（＝組織）としてとらえ、協働を生起させ継続させるためには、共有の目的・目標の達成を志向した計画・統制過程、すなわち経営過程が重要であると論じる[*7]。

この視点に立てば、学校における協働は、子ども同士、子どもと教師、教職員間、という学校に特徴的な３つの局面において発現し、各々が日常的な経営機能を有すると考えられる。前２領域の内実は学習活動および教授活動において発現する。その上で、教職員間の協働は教育活動の充実・改善を図るものであり、学校経営上の要点としてとくに重視されるべきである。

教育組織体としての学校における「経営」は、以上のような観点からとらえられるべきであろう。行政＝公教育経営、管理＝経営（行政の第一線）といった捉え方や狭義の「条件整備」に限定した捉え方では、教育不在の経営論に陥る。教育経営は教育組織における教育・学習目標の達成を志向した自律的な計画・統制過程として理解されるべきであるという岡東の指摘*8は、それは教育の理念を具現化するしくみとして構築されている教育制度全般についても当てはまる視点を提起する。

(3)　今後の展望

今後の教育においては、目的を定め成果を創出することを重視する経営的な思考はさらに強く求められることになる。その背景として３点を指摘しておきたい。第１に、知識基盤社会の拡大である。教育は人々が情報や知識を創造するための資質能力を習得するための重要な機能を担う。知識基盤社会は、政治・経済など様々な分野において知識や情報の差異がより大きな価値を持つため、従来の形式的な知識伝達型の教育とは異なり、新たな知識を創出する認識や思考を育てる教育が創意工夫されなければならない。

第２に、多様性に対する対応が求められている。知識基盤社会がもたらす様々な分野での多様性は、画一化を志向してきた従来の教育のあり方に対して、根本的な見直しを要求する。例えば、従前であれば一元的な学校の方針の下では門前払いされたかもしれない“不当な”要求は、多様な立場や価値の尊重という視点に立てば“正当な”要求として認知されるかもしれない。今後多様化することが想定される教育に対する期待や要望にどのように応えるかは、経営上の理念への問いとして立ち現れる可能性が高い。

第３に、組織体としての学校のあり方がさらに問われることになる。2015年12月に出された中央教育審議会の３答申*9は今後の学校の変容する姿を描いている。その中から読み取れるのは、学校という組織の枠組みの変容である。従来は教職員だけで構成された学校が多職種協働や学校運営協議会との接合などを踏まえた複合的で重層的な学校像として描かれている。

このような変化の展望は、当事者及び関係者が、学校を主体的・自律的に創っていくものとして捉え直すことを要請していると解することができる。すなわち、経営という視点から教育という営みとその枠組みを捉えることが重要になっており、とりわけ教育関係者は「制度だから教育が正当化される」と論理ではなく、「制度理念を実現することによって教育の正当性の理解を深める」という戦略的な発想を持つことが求められる。

【註】

＊1　河野和清、2006 年、30-31 頁

＊2　河野和清、2006 年、31-33 頁

＊3　浜田博文「教育経営」、日本教育経営学会編、2018 年、2-3 頁

＊4　松村明編、「大辞林」（第 3 版）、2006 年、三省堂、「経営」の項

＊5　大澤真幸他編「現代社会学事典」弘文堂、2012 年、「経営」の項

＊6　堀内孜「学校経営」、日本教育経営学会編、2018 年、18-19 頁、および久高喜行、「学校経営」岡東他編、2000 年、15 頁

＊7　岡東壽隆、1994 年、4 頁

＊8　岡東壽隆、1994 年、7 頁

＊9　2015（平成 27）年 12 月 21 日付けで「チームとしての学校の在り方と今後の改善方策について」「これからの学校教育を担う教員の資質能力の向上について ～学び合い、高め合う教員育成コミュニティの構築に向けて～」「新しい時代の教育や地方創生の実現に向けた学校と地域の連携・協働の在り方と今後の推進方策について」の 3 つの答申が出された。

【引用・参考文献】

岡東壽隆『スクールリーダーとしての管理職』東洋館出版、1994 年

岡東壽隆・林孝・曽余田浩史編『学校経営重要用語 300 の基礎知識』明治図書 2000 年

岡東壽隆（監修）、『教育経営学の視点から教師・組織・地域・実践を考える』北大路書房、2009 年

河野和編『教育行政学』ミネルヴァ書房、2006 年

中村清『公教育の原理』東洋館出版、2000 年

日本教育経営学会編『教育経営ハンドブック』学文社、2018 年

1部

学校制度と教育の経営

2章　学校制度と学校の管理運営

章のねらい

日頃、私たちが当たり前のように通学・勤務している学校は、公式には何種類存在し、どのような体系となっているのだろうか。また、学校はどのように設置され、運営されるのだろうか。本章では、日本の学校制度の基本的な成り立ちを理解するとともに、近年の諸課題を背景にした学校制度の変化についても考察し、これからの学校で活躍する教員に必要な制度的感覚を培うことをめざしたい。

1　公教育制度と学校制度

教育は、本来的に親－子間や部族内で行なわれる、私的な人間形成の営みといえる。しかし、文字をはじめとする文化の発展は、若年世代に対して、日常生活から切り離した場で、蓄積された文化を意図的に伝達する施設としての「学校」を誕生させた。学校は当初有閑の特権階級向けに組織されたが、近代以降成立した国民国家は、①国民統合の実現、②市民の権利としての教育要求への対応、の二つの目的から、国民全体を対象とする体系的・組織的な公教育制度と、その中心としての学校制度を整備拡充してきた。

日本の場合、1872（明治５）年公布の「学制」において、政府が、全国を大学区（全国に８）・中学区（各大学区に32）・小学区（各中学区に210）に区分しての学校（大学・中学・小学）設置構想を提示したのが、国民全体を対象とする学校制度整備の端緒であり、以来いくたびかの制度改革を経ながら、全国的に一定の共通性を持つ学校の設置が進められた。

現在の日本の学校制度は、第二次大戦後の1947（昭和22）年に制定された、教育基本法・学校教育法を中心とする教育法令のもとで営まれている。以下、本章では、日本の学校制度の成り立ちについて、学校の種類と体系、学校の設置管理のしくみを中心に概説したい。

2 現代日本の学校制度のしくみ（1） 学校の種類

現在の日本では、法令上「学校」と認めうる施設は、以下の４種類に整理できる。①学校教育法第１条が規定する学校、②同法第124条が規定する専修学校、③同法134条が規定する各種学校、さらに④文部科学省所管外の学校、である。

(1) 学校教育法第１条が規定する学校（一条校）

最初に、学校教育法第１条が規定する学校とは、「幼稚園、小学校、中学校、義務教育学校、高等学校、中等教育学校、特別支援学校、大学及び高等専門学校」を指す。これら９種類の学校（一般に「一条校」と呼ばれる）は、日本の学校制度の根幹をなす学校群と位置づけられており、教育内容の水準（就学前教育－初等教育－中等教育－高等教育の段階）から各校種間の接続関係が整序されている。一条校には、校種ごとに目的・目標、修業年限、設置管理の在り方等が学校教育法等で細かに規定されるとともに、それぞれにおいて「教育の目標」（教育基本法第２条）が達成されるよう、児童生徒等の心身の発達に応じた「体系的な教育が組織的に行われなければならない」（教育基本法第６条第２項）ことが定められている。

以上の一条校は、第二次大戦後、６－３－３－４制を基調に、幼稚園・小学校・中学校・高等学校・大学・盲学校・聾学校・養護学校の構成で発足したが、現在までに、職業技術者養成を図る５年一貫の高等専門学校の新設（1961〈昭和36〉年同法改正、以下同じ）、６年一貫教育を行う中等教育学校の新設（1998〈平成10〉年）、盲・聾・養護学校の特別支援学校への一本化（2006〈平成18〉年）、９年一貫教育を行う義務教育学校の新設（2015〈平成27〉年）に関わる法改正がなされており、変遷を経ている。

なお、幼稚園については、2006（平成18）年の「就学前の子どもに関する教育、保育等の総合的な提供の推進に関する法律（以下、「認定こども園

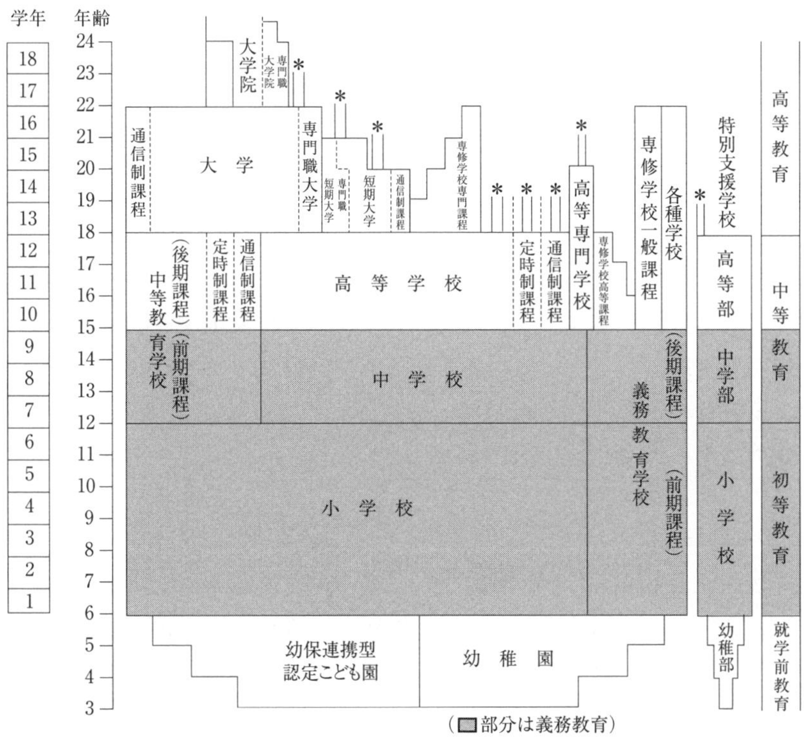

（注）1. ＊印は専攻科を示す。
2. 高等学校、中等教育学校後期課程、大学、短期大学、特別支援学校高等部には修業年限1年以上の別科を置くことができる。
3. 幼保連携型認定こども園は、学校かつ児童福祉施設であり0〜2歳児も入園することができる。
4. 専修学校の一般課程と各種学校については年齢や入学資格を一律に定めていない。

★図 2-1　日本の学校体系図

（出典：文部科学省『諸外国の教育統計（平成 31（2019）年版）』2019 年）

法」)」成立により、①就学前の子どもへの幼児教育・保育の提供、②地域における子育て支援の機能を備え認定基準を満たした施設が、従前の幼稚園の位置づけのまま幼保両方の機能を果たす「認定こども園」となることが可能となった（この点は、後述する保育所についても同様）。さらに2012（平成 24）年の同法改正により、「幼稚園的機能と保育所的機能の両方をあわせもつ単一の施設」としての幼保連携型認定こども園が制度化された（これにより、学校教育法に根拠を持つ一条校と、認定こども園法に根拠を持つ幼保連携型認定こども園が、教育基本法第6条に定める「法律に定める学校」に位置づけられた)。

(2) 専修学校

次に、専修学校は、一条校以外の教育施設で「職業若しくは実際生活に必要な能力を育成し、又は教養の向上を図ることを目的」(学校教育法第124条)とし、一定の条件(①修学年限が一年以上、②授業時数が文部科学大臣の定める以上、③教育を受ける者が常時40名以上)を満たすものである。専修学校には、入学資格の別により①高等課程(中学卒業程度以上)、②専修課程(高校卒業程度以上)、③一般課程(特段の入学資格なし)が置かれる。専修学校は、従来は後述の「各種学校」に一括されていたが、1975(昭和50)年の学校教育法改正で新たに制度化された。

(3) 各種学校

学校教育法134条による各種学校は、一条校・専修学校以外の教育施設で「学校教育に類する教育を行うもの」を指す。各種学校は設置者や教育内容に関する規制が相対的に軽微で設置が容易であるため、実社会の需要に対応した多種多様な学校が設置されている。例えば、いわゆる「インターナショナルスクール」(主に英語により授業が行われ、外国人児童生徒を対象とする施設)は、一部に一条校として認められているもの、また無認可のものもみられるが、各種学校として認められているものが少なくない。

(4) 文部科学省所管外の学校

(1)~(3)にみた学校は、学校教育法に根拠を置く文部科学省所管の学校と言えるものであるが、そのほかに、学校教育法以外の根拠法により他の省庁が所管する学校あるいは教育施設がある。例えば、厚生労働省所管の保育所、防衛省所管の防衛大学校、防衛医科大学校などが挙げられる。

以上に日本で法令上の位置づけを有する学校の種類を概観したが、相互の接続関係から学校体系を整理したものが図2－1である。関連して、2019(令和元)年度文部科学省「学校基本調査報告書」をもとに、これらの学校の在学者数の概数（通信教育を除く）を示すと、幼稚園115万人、幼保連携型認定こども園70万人、小学校637万人、中学校322万人、義務教育学校4万人、高等学校317万人、中等教育学校3万人、特別支援学校14万人、大学（短期大学・大学院を含む）303万人、高等専門学校6万人、専修学校66万人、各種学校12万人となっている。

3 現代日本の学校制度のしくみ（2） 学校の設置と管理運営のしくみ

(1) 学校の設置者

教育基本法第6条第1項は、「法律に定める学校は、公の性質を持つものであって、国、地方公共団体及び法律に定める法人のみが、これを設置することができる」と規定している。学校教育の営みは、広く国民全体の利益に関わる「公の性質」を有し、継続性・安定性の確保が求められることから、学校の設置者は、国（国立大学法人、国立高等専門学校機構を含む）、地方公共団体（公立大学法人を含む）、法律に定める法人（私立学校法に基づく学校法人）の三者に限定されている。この場合、地方公共団体とは、主に都道府県・市区町村を指し、これらの設置する学校を公立学校と言うが、高等専門学校（公立大学法人の設置によるものを除く。2021年4月現在、神戸市立工業高等専門学校のみ）及び高等学校以下の公立学校については、都道府県又は市区町村等に置かれる教育委員会が設置することとなっている（地方教育行政の組織及び運営に関する法律〔以下「地方教育行政法」と略〕第2条、第21条）。

ただし、以上の限定によらない学校設置として、「特別な学校法人」である放送大学学園による放送大学の設置（放送大学学園法）や、私立の幼稚園として当分の間学校法人以外による設置（学校教育法附則第6条）が認められている。関連して、幼保連携型認定こども園の設置者は、国・地方公共団体・学校法人・社会福祉法人のみと定められている（認定こども園法第12条）。

さらに、2002年制定の構造改革特別区域法により、手続き（地方公共団体による計画申請等）を経て内閣総理大臣が認定する場合、株式会社や特定非営利活動法人（NPO法人）も特例的に学校を設置できるようになっており、学校の設置者についての多様化が進みつつある。

(2) 学校設置義務と学校設置基準

憲法及び教育基本法は、教育の機会均等の理念に基づき、保護者の就学義務（保護する子を就学させる義務）を中心とする義務教育制度を定めている（3章参照）。この義務教育制度が確実に機能するために、地方公共団体には、区域内の学齢児童生徒を就学させるのに必要な学校を設置する義務（学校設置義務）が課されている。具体的には、市町村に小・中学校の設置義務（学校教育法第38・49条。ただし義務教育学校設置による代替可）、都道府県に特別支援学校の設置義務（同法第80条）が設けられている。このとき、小・中学校については、設置義務を負う市町村が適当と判断した場合、複数市町村が共同（学校組合の設置）して学校を設置・管理することが認められている（同法第39・49条）。

実際の学校の設置に際しては、国民に教育の機会均等を保障することと共に、公教育の水準・条件を確保することが重要となる。したがって学校教育法第4条は、学校の設置廃止や設置者の変更等について、学校区分に応じて指定される監督庁の認可を必要（設置義務を負う者が設置する学校等は不要）とすることを定めている。また、学校教育法第3条は、学校を設置しようとする者に対して、学校の種類に応じ、文部科学大臣が定める設置基準に従って設置することを義務づけている。

これに基づき、多くの校種について、学級等の編制、施設・設備等の基準を定めた学校設置基準（省令）が定められている。例えば小学校設置基準の場合、1学級の児童数（40人以下）、配置される教員数（1学級あたり1人以上）、校舎及び運動場の面積や備えるべき施設等についての基準が設けられている。この設置基準は、国・公・私立の設置者の別なく従わなければならない「最低基準」で、監督庁の設置認可等の根拠となるものであるが、設置者にはさらなる水準の向上に努めることが求められている。なお、公立学校については、以上の設置基準のほか、標準学級数、授業時数、学級編制や教職員定数の詳細、通学距離等についての基準が、学校教育法施行規則や公立義務教育諸学校の学級編制及び教職員定数の標準に関する法律（以下、「定数標準法」）等で別に定められている。

(3)　学校の管理運営の制度的しくみ

設置された学校は、当該校種の目的の達成に向けてどのように維持管理されるのだろうか。この点について学校教育法第5条は、「学校の設置者は、その設置する学校を管理し、法令に特別の定のある場合を除いては、その学校の経費を負担する」と、前段で設置者管理の原則、後段で設置者負担の原則を定めている。

まず、「設置者管理の原則」とは、設置した学校の管理権限をその設置者に認めるものである。公立学校（高等専門学校及び高等学校以下）の場合は各地方公共団体が設ける教育委員会が、私立学校の場合は学校法人の理事会が、具体的な管理運営の機関となる。このとき、学校管理の内容は、一般的には①人的管理（児童生徒、教職員）、②物的管理（施設・設備、教育財産の管理）、③運営管理（組織編制、教育課程、教材・教具の取扱等）の三領域で捉えられている。

公立学校の場合、教育委員会が包括的な学校管理の権限と責任をもつものの、学校現場の日常的業務の全てを直接執行するのは事実上難しい。この点、地方教育行政法第33条は、各教育委員会が、上述の学校運営の基本的事項に関わる権限関係や教育委員会・学校の役割分担等について教育委員会規則（「学校管理規則」）を定めることとしている。この学校管理規則を通じて学校の判断に委ねられたことがら、また他法令で学校の裁量が認められたことがらを中心に、具体的・日常的な管理運営については、校務掌理権をもつ校長を中心に、各学校が一定の主体性をもって行うこととなっている。ここに、各学校レベルでの、創意と自律性あるマネジメントの必要性が浮上する。

次に、「設置者負担の原則」は、学校の設置・運営について必要な経費（土地・建物の取得費、教職員人件費等）を設置者が負担することを求める原則である。この原則は、各学校で適切で健全な教育活動が営まれるために重要な原則と言えるが、一方で学校施設整備や教職員人件費には膨大な費用を要するために、そのすべてを各地方公共団体に賄わせるのは難しい（財政力による教育条件の格差発生などの問題も懸念される）。

そこで、この原則の例外（学校教育法第５条「法令に特別の定めのある場合」）として、例えば公立学校については義務教育諸学校の教職員給与や施設整備費に関する国庫負担制度や補助金制度等、私立学校に対しては経常費補助制度等の、国による一部費用負担のしくみがつくられている。

本節では、学校の運営管理の基本的枠組みをみてきたが、この枠組みについては、近年いくつかの変化がみられる。例えば、1990 年代後半以降、総合的な地方分権改革の動きの中で、教育分野においても国による規制や文部（科学）省－教育委員会－学校の関係構造を見直し、教育委員会や特に学校の裁量権限の拡大をねらいとする地方教育行政改革が進んできている。

さらに、学校の管理運営の在り方の踏み込んだ改革として、2004 年の地方教育行政法改正による学校運営協議会制度の導入がある。これは、教育委員会（設置者）が、公立学校に合議制の学校運営協議会（委員は保護者・地域住民等より選任）を置き、地域の参画のもと学校運営を行う制度であるが、同制度は、2004 年同法改正当時、学校の裁量権限の一層の拡大も意識されていた。2017 年同法改正による制度変化（学校運営協議会設置の努力義務化、学校運営協議会の機能の変化等）により、この点の展望には不透明な部分があるが、本制度に基づく学校の設置管理の枠組みの変化については、今後なお注目される。

4 社会変化と学校制度の改革

これまで、日本の学校の体系や管理運営のしくみを概観してきた。第二次大戦後 10 年ほどの間に新たに構築された日本の学校制度は、1990 年代半ばまでは大きな変化なく普及を遂げてきた。しかし、この 10 年ほどの間、社会状況の影響を受けて日本の学校制度にはいくつかの質的変化が生じつつある。

本章で学んだことを再度取りあげつつ、この点に触れてみたい。

(1) 社会のダウンサイジング化（縮小化）の影響による学校制度の変容－学校統廃合の進行

第一に、今日の学校制度には、少子化の進行など社会のダウンサイジング化の影響による変化（象徴的には学校統廃合の動き）がみられる。図２－２は、各校種の在学者数の推移を表したものであるが、小学校・中学校・高等学校（相当）在学者については、1980年代後半から1990年代前半にかけて第二次ベビーブーム世代就学による在学者数のピークを迎えて以降、長期にわたる減少傾向となっている（高等教育進学率の上昇に伴い大学・短期大学等は増加傾向、また局所的に初等・中等教育段階の在学者数が増加傾向の地域もある）。

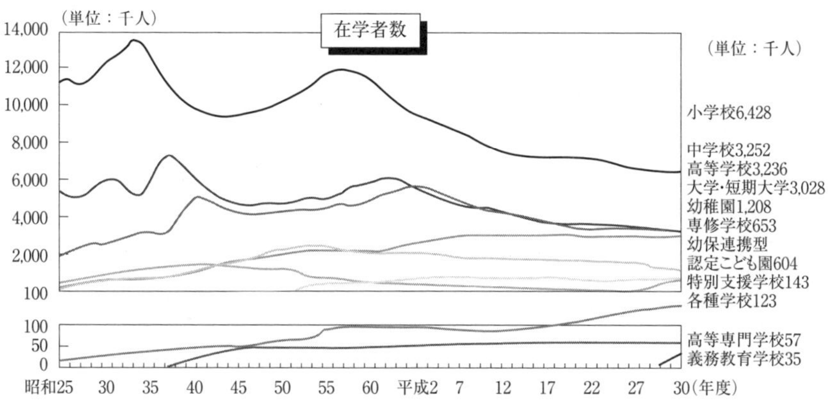

★図2-2　各校種の在学者数の推移
（出典：文部科学省『平成30年度 文部科学白書』2019年7月）

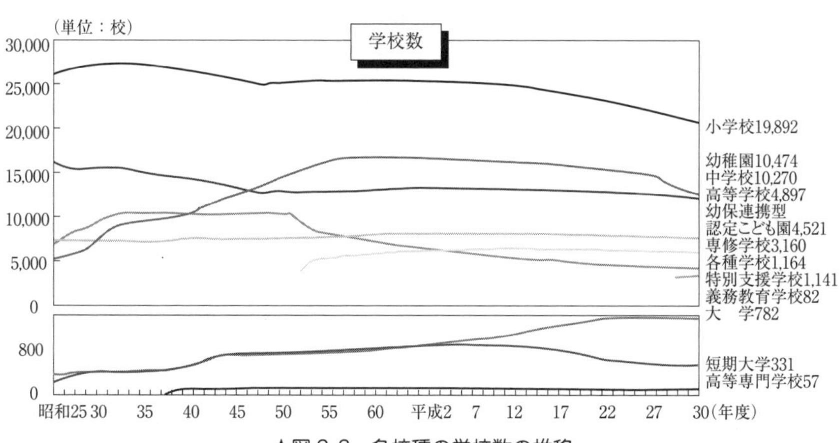

★図2-3　各校種の学校数の推移
（出典：文部科学省『平成30年度 文部科学白書』2019年7月）

3節（2）の学校設置基準の部分で述べたように、日本の学校制度（ここでは、公立小・中学校に焦点を当てる）では、各学校がその教育活動を適正に展開するための基準として、1学級あたり児童生徒数（学級規模）の基準や標準のほか、1学級あたりの学級数（学校規模）の標準が定められている。学級規模については、詳細には定数標準法第3条第2項により、「同学年の児童で編制する学級」は小学校35人以下、中学校40人以下（小学校については、2021年同法改正により、従前の40人以下から引き下げられた。ただし、2024年度までの間における学級編成の標準については、第6学年までを段階的に35人とする経過措置が設けられている）、「二の学年の児童で編制する学級（いわゆる複式学級）」は小学校16人（第一学年を含む場合は8人）以下、中学校8人以下が標準と定められている（これをもとに各都道府県が基準を設定可能）。次に学校規模については、学校教育法施行規則第41・79条により、12学級以上18学級以下を標準としている。

したがって地方公共団体では、以上の標準と学校ごとの児童生徒数の長期的な推計とを照らし合わせ、その減少・増加傾向が深刻である場合、適切な教育環境整備の観点から通学区域変更や学校統廃合（または新設）等の対応を余儀なくされることになる。実際、図2－3のように全国の小・中学校数も1990年以降減少傾向にある（文部科学省「平成30年度 廃校施設等活用状況実態調査」では、2002～2017年度間で公立小学校5,005校、公立中学校1,484校が廃校となったことが明らかにされている）。特に、2015年の文部科学省『公立小学校・中学校の適正規模・適正配置等に関する手引』策定・公表以後、各市町村において、学校統廃合は急務の制度的課題となっている。

なお、公立小・中学校の学校統廃合を行う場合、法的には当該市町村（議会）での学校設置条例の改正（地方自治法第244条の2）、市町村教育委員会による都道府県教育委員会への届出（学校教育法施行令第25条）及び通学区域規則等改正の手続きが必要となる。しかし、公立小・中学校の廃止には、児童生徒への一定の負担の発生、地域住民との対立の発生が懸念されるために、多くの場合、上の法的手続きの事前に、①教育委員会での統廃合計画案の検討、②審議会等組織の設置、③地域住民・保護者への説明・意向聴取などのプロセスが設けられている。このプロセスでは、統廃合の当否（統廃合のメリット・デメリットや小規模特認校制度等の代案可能性の検討)、適切な統廃合案（児童生徒の通学条件や地域の文脈の勘案)、統廃合後のビジョン（統合後の学校の在り方や廃校の活用等）が丁寧に検討される必要があり、当該地方公共団体の学校づくり・地域づくり両面のマネジメントの視野が問われるところとなっている。

(2)　国民の意識変化や現代教育問題を受けた学校制度の変化－学校の多様化の進行

第二に、日本の学校制度には、近年の国民の価値観・意識の変化やそれに伴う学校教育の問題を受けた変化（学校の多様化）が生じている。

２節（１）の最後に述べたように、戦後の日本の学校制度は、幼稚園、小学校、中学校、高等学校、大学、盲学校、聾学校、養護学校の校種構成で発足した。これは、基本的に国民が就学する場合、全ての教育段階で共通（単一）の学校系統をたどる「単線型」学校体系と言える。これに、初等・中等教育段階では圧倒的に公立の割合が高い（小・中学校では９割、高等学校では７割弱）学校設置状況も相まって、日本の学校制度は平等性・均質性重視の特徴を長期にわたり保持してきた。こうした学校制度は、国民全体に高い水準の基礎学力を保障し、日本の高度経済成長を支える原動力の一つとして評価されるものであった。

しかし、高度経済成長期以降、国民の価値観・意識の多様化や社会構造の変

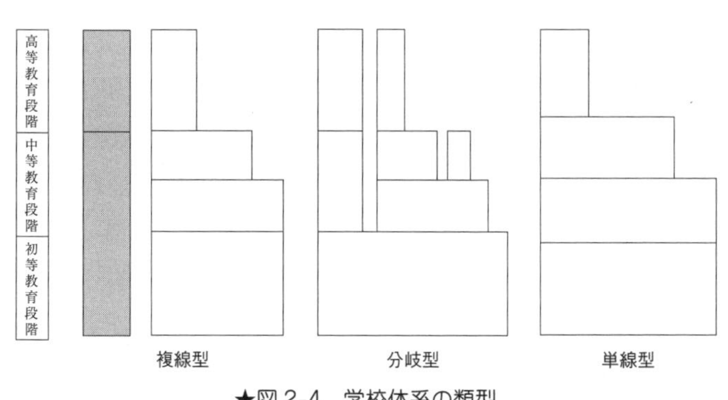

★図 2-4　学校体系の類型

化に伴い、従来の学校制度の負の側面（受験戦争やいじめ・不登校などの教育問題）が提起されるようになり、政府レベルの審議会（1980年代の臨時教育審議会や2000年の教育改革国民会議等）で学校制度改革が活発に議論された。そこでの改革案のいくつかは現在までに具体化され、日本の学校制度に大きな質的変化（多様化）が生じてきている。

例えば、学校体系については、1962年に中等・高等教育にまたがる「高等専門学校」の新設、1975年に「専修学校」の制度化、1998年には中高一貫教育を行う「中等教育学校」が新設され、学校種が増加し国民の学校教育の機会が多様化した。また、高等学校においても、1990年代以降単位制・総合学科制等の新しいタイプの学校の設置が進み、義務教育段階でも、2005年の中央教育審議会答申「新しい時代の義務教育を創造する」を受けて、各地で実験的に小中一貫教育校を設置する動きが見られる（この動きは、2015（平成27）年学校教育法改正による義務教育学校の制度化に帰結した）。このように、日本の学校体系は、国民の選択に基づき、たどる学校種が枝分かれする「分岐型」あるいは「複線型」への変化を遂げてきている。

また、学校の設置者の側面においても、公立学校以外の多様なタイプの学校設置を促進する動きがみられる。2002年の小・中学校設置基準の制定では、私立学校の参入促進を直接的な目的として、従来の準用基準を大幅に緩和した「最低基準」が設定された。そして、同年の構造改革特別区域法の制定は、従来学校の設置者に含まれなかった株式会社やNPO法人の学校教育参入を、特例的にではあるが現実化したものである。これらを受けて、2000年代を通じて、私立の義務教育諸学校の設置や株式会社等による独自の着想による学校設

★表2-1　中高一貫教育と小中一貫教育

〔中高一貫教育の実施形態〕
①中等教育学校：一つの学校で一体的に中高一貫教育を行う。
②併設型：同一の設置者が設置する中学校・高等学校で中高一貫教育を行う。
③連携型：既存の市町村立中学校と都道府県立高等学校が、教育課程編制や教員・生徒間交流で連携を深めながら中高一貫教育を行う。

〔小中一貫教育の実施形態〕
①義務教育学校（施設一体型、施設隣接型、施設分離型
②併設型小学校・中学校
③連携型小学校・中学校

置が少しずつではあるが展開した。

以上のような学校制度の変化（多様化）は、「保護者・子どもの学校選択の尊重」「子どもの個性・ニーズに対応する多様な教育機会の実現」といった、「選択」や「格差」の積極的可能性を捉える改革趣旨に支えられたものと考えられる。しかし、このような「選択」を基盤とする学校制度が効果的であるかについては賛否両論（学校・保護者の意識改革への影響、学校と地域社会の関係への影響、株式会社等の設置する学校の教育水準の問題等）あり、いまだ検証の余地が残されている。また、以上の学校制度の多様化は、各地方公共団体の主導で展開できるものが少なくないが、上の統廃合の場合と同じく、いかなる意図・ビジョンのもとで、どのようにこれを進めるかという政策の経営能力が厳しく問われることになると指摘できる。

【引用・参考文献】

教育制度研究会『要説　教育制度（新訂第二版）』学術図書出版社、2007 年
篠原清昭編『教育のための法学』ミネルヴァ書房、2013 年
内閣府ウェブページ（認定こども園ページ）最終参照日：2020 年 7 月 31 日
日本教育経営学会編『公教育の変容と教育経営システムの再構築』玉川大学出版部、2000 年
日本教育経営学会『日本教育経営学会紀要』第 52 号（課題研究報告　学校の学区再編・統合と学校経営の課題）、第一法規、2010 年
樋口修資『教育行財政概説』明星大学出版部、2007 年
文部科学省『公立小学校・中学校の適正規模・適正配置等に関する手引』2015 年
文部科学省『諸外国の教育統計（平成 31（2019）年版）』2019 年

3章 児童生徒の就学と管理

章のねらい

本章では、子どもがどの学校に通い、どの学級で学ぶかがいかにして決まるのか、そのしくみを法的な側面から解説する。また、学校に通う子どもの在学がどのように管理されているかについても取り上げる。

1 義務教育における「義務」は誰が果たすのか

(1) 教育を受けさせる義務

私たちはなぜ一定の年齢になると学校に通い始めるのだろうか。

日本国憲法では、第26条1項で「すべて国民は、法律の定めるところにより、その能力に応じて、ひとしく教育を受ける権利を有する」と規定している。このことは教育を受けることが、子どもだけでなく、どの国民にも等しく与えられた「権利」であることを意味している。一方、同2項では「すべて国民は、その保護する子女に普通教育を受けさせる義務を負う。義務教育はこれを無償とする」と規定している。つまり、憲法上教育に関して義務を負うのは、子どもの保護者である。憲法の規定を受け、教育基本法第5条は義務教育における保護者の義務を確認し、その目的や国・地方公共団体の責任を定めている。さらに学校教育法（以下「学教法」）第16条で、9年間の義務教育を定めている。

子どもは教育を受ける「権利」があり、保護者は教育を受けさせる「義務」がある。義務教育の「義務」は、子どもの義務ではなく、子どもの教育を受ける権利を保障するため保護者に課せられた「義務」である。

ただし、憲法は保護者が子どもに教育を受けさせる義務を規定しているが、その方法は特定していない。下位の学教法で、保護者に「学校に通わせる義務」（就学義務）を課し、義務教育の「義務」の履行を学校に通わせることに限定している。また、国や地方公共団体が果たす義務教育に関する代表的な義務に、市町村が小学校および中学校（または義務教育学校）を、都道府県が特別支援学校を設置する義務がある（学校教育法第38条・第49条・第80条）*[1]。

日本では義務教育は学校教育に限定されるが、義務教育の「義務」を果たす方法には、例えばアメリカやイギリスで見られる、家庭で教育を行なう「ホームスクーリング」*2により子どもの教育を受ける権利を保障するしくみもある。

(2)　学校に通わせる義務（就学義務）

保護者に就学義務があるとされるのは、学教法の以下の規定によってである。

「保護者は、子の満六歳に達した日の翌日以後における最初の学年の初めから、満十二歳に達した日の属する学年の終わりまで、これを小学校、義務教育学校の前期課程又は特別支援学校の小学部に就学させる義務を負う。ただし、子が、満十二歳に達した日の属する学年の終わりまでに小学校の課程、義務教育学校の前期課程又は特別支援学校の小学部の課程を修了しないときは、満十五歳に達した日の属する学年の終わり（それまでの間においてこれらの課程を修了したときは、その修了した日の属する学年の終わり）までとする。」（学教法第17条1項）

「保護者は、子が小学校の課程、義務教育学校の前期課程又は特別支援学校の小学部の課程を修了した日の翌日以後における最初の学年の初めから、満十五歳に達した日の属する学年の終わりまで、これを中学校、義務教育学校の後期課程、中等教育学校の前期課程又は特別支援学校の中学部に就学させる義務を負う。」（同2項）

学教法第17条1項で、保護者は子どもが満6歳を迎えた次の学年から、12歳となる学年まで小学校（あるいは義務教育学校前期課程または特別支援学校小学部）に、同2項で小学校の課程を修了した次の学年から15歳となる学年まで中学校（あるいは義務教育学校後期課程、中等教育学校前期課程または特別支援学校の中学部）に就学させる義務（就学義務）があると定めている。なお、保護者が小学校に就学させなければならない子どもを「学齢児童」、中学校に就学させなければならない子どもを「学齢生徒」という。

(3) 就学義務の猶予・免除と「不登校」

義務教育は、子どもの教育を受ける権利を保障する制度である。その権利保障のため保護者に就学義務が課せられている。それゆえ、学校教育法施行令（以下「学教令」）では、保護者が正当な理由なく学齢児童または学齢生徒（以下「児童生徒）を就学させていない場合、市（含む特別区）町村教育委員会（以下「市町村教委」）はその保護者に学校への児童生徒の出席を督促する義務がある（学教令第21条）。保護者がその督促に応じず就学義務を果たさない場合、処罰の対象となる（学教法第144条）。

「正当な理由」の一つに、就学義務の猶予・免除がある。市町村教委は、病弱、発育不完全その他やむを得ない事由で就学困難な児童生徒の保護者の就学義務を猶予または免除できる（学教法第18条）。児童生徒が重度の障害で特別支援学校への就学が困難、児童自立支援施設に入所している、または二重国籍者で将来外国籍を選択するなどの場合、就学義務の猶予・免除が認められることがある。就学義務の猶予・免除は、子どもの教育を受ける権利を制限するものであり、厳格な適用が求められる。

なお、さまざまな理由で子ども自身が学校に通わないことを選び「不登校」となる場合もある。1992（平成4）年には、不登校の児童生徒が教育委員会の指定する「教育支援センター（適応指導教室）」[*3]や「フリースクール」[*4]などに通った日数が、学校の出席日数と認められるようになった[*5]。2016（平成28）年には「義務教育段階における普通教育に相当する教育機会の確保等に関する法律」が公布され、国や地方公共団体に不登校の児童生徒への教育機会を確保する施策の実施が義務づけられた。同法の付帯決議では「不登校は学校生活その他の様々な要因によって生じるものであり、どの児童生徒にも起こり得るものであるとの視点に立って、不登校が当該児童生徒に起因するものと一般に受け取られないよう、また、不登校というだけで問題行動であると受け取られないよう配慮すること」とされており、不登校の児童生徒へ学校に通う以外の方法でも教育を受ける権利を保障することが求められている。

また、就学義務に関連する教育課題に、外国籍の子どもへの対応がある。国際化の進展により、日本に住む外国籍の人々は増加している。学教法は、日本国民に対し日本国内でのみ有効であり、外国籍の子どもは対象ではない。しかし、日本が批准する国際人権規約（第13条）や児童の権利に関する条約（第28条）は、国籍を問わず教育についての権利の保障を規定しており、外国籍の子どもも教育を受ける権利を保障するため学校で受け入れている。

2　就学校の決定のしくみ

(1)　市町村による就学校の指定（小学校・中学校・義務教育学校）

文部科学省「学校基本調査」によると、義務教育段階で子どもが通う学校（就学校）は、小学校・中学校・義務教育学校（以下「小中義務教育学校」）では地方公共団体（都道府県および市町村）が設置する公立学校が学校数・児童生徒数ともに90%以上を占める*[6]。

幼稚園や高等学校、中等教育学校は、子どもや保護者が通い（通わせ）たい学校を選択できる。小中義務教育学校でも国私立の場合は、子どもや保護者が就学校を選択するが、公立学校の場合は一部を除き*[7]、市町村教委が就学校を指定する。市町村教委は、次の学年から小中義務教育学校に通う子どもの保護者に入学期日を通知し、市町村内に複数の小中義務教育学校がある場合は、同時に就学校を指定しなければならない（学教令第5条1項・2項）。

図3は、就学校の決定の流れである。就学校の決定のため、市町村教委にはその市町村の児童生徒の名簿である「学齢簿」の作成が義務づけられており（学教令第1条）、さらに毎年10月末までには次の学年に小学校または義務教育学校に入学する子どもの学齢簿を作成する義務がある（学教令第2条）。

小学校または義務教育学校へ入学する際の就学校決定においては、すべての子どもが幼稚園や保育所、認定こども園に通っているわけでないため、市町村教委は子どもの状況をすべて把握しているとは限らない。そこで、市町村教委には毎年11月末までに、次の学年に小学校または義務教育学校に入学する子どもの健康診断（就学時の健康診断）の実施が義務づけられている（学校保健安全法第11条）。就学時の健康診断で障害がない（あるいは障害のある場合も、特別支援学校への就学が適当ではない）と判断された子どもは、市町村教

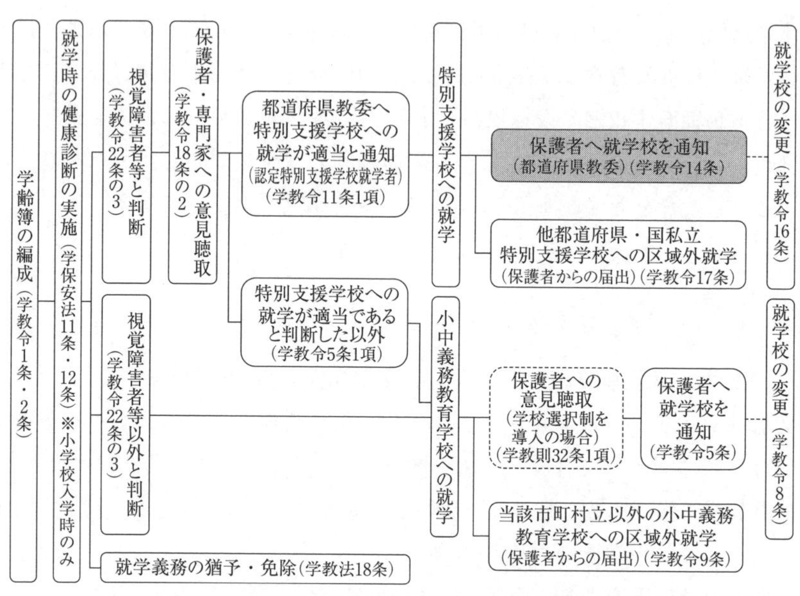

★図３　就学校の決定までの流れ（概要）（筆者作成）

委から就学する小学校または義務教育学校が指定され、保護者に通知される。小学校から中学校への進学の際は、学齢簿や小学校在学中の健康診断の結果等をふまえ、市町村教委が就学する中学校を指定する。

また、市町村に小中義務教育学校が複数ある場合、市町村教委が規則で定めた各学校に通う児童生徒の住所の範囲（通学区域（学区、校区）と児童生徒の住所を照合し、就学校を指定する。

(2)　障害のある子どもの就学

市町村教委は、障害のある子どものうち特別支援学校への就学が適当である子ども（認定特別支援学校就学者）について、都道府県教育委員会（以下「都道府県教委」）に特別支援学校への就学が望ましいと通知する義務がある（学教令第11条1項）*8。都道府県教委は、この通知を受け、住所や障害の状況などをふまえ、保護者に就学先の特別支援学校を指定する（学教令第14条1項・2項）。障害のある子どもは、就学時の健康診断を行なう小学校または義務教育学校入学時にのみ特別支援学校への就学が指定されるわけではない。障害の状態、必要な教育的支援、地域の教育体制の変化などにより特別支援学校と小中義務教育学校との間で就学校が変わることもある。

市町村教委は、障害のある子どもの就学校の決定にあたっては、保護者や教育学、医学、心理学などの専門家から意見を聴取する義務がある（学教令第18条の2）。保護者からの意見聴取は2007（平成19）年の学教令改正で新たに追加された。さらに2013（平成25）年の学教令改正で、障害のある子どもの就学のしくみはそれまでの「原則として障害のある子どもは特別支援学校に就学」から「障害の状態、その者の教育上必要な支援の内容、地域における教育の体制の整備の状況その他の事情を勘案」（学教令第5条1項）して「総合的な観点」から就学校を決定する方針に転換した。

障害のある子どもの就学に関する近年の制度改正の背景には、社会のノーマライゼーションの進展に合わせ、障害のある子どもに小中義務教育学校で教育を受けさせることを望む保護者が増加したり、インクルーシブ教育システムを構築するという考え方が広まってきたりしたことがある。

(3)　多様な就学校の決定の手続

市町村立小中義務教育学校への就学でも、通学区域だけで判断せず、子どもや保護者の意見を聞き、就学校を決定することができる。

就学校の変更は、保護者の申立があれば可能である（学教令第8条）。就学校変更は、地理的、身体的な理由といった客観的理由に加え、いじめへの対応でも認められることがある。その後、「地理的・身体的・いじめへの対応」以外でも、子どもの具体的な事情による就学校変更が可能となった*9。さらに、学校教育法施行規則（以下「学教則」）改正により、2003（平成15）年には就学校変更の要件や手続きの公表（学教則第33条）が、2006（平成18）年には就学校指定の通知の際、保護者に就学校変更の申立ができると示すこと（学教則第32条2項）が市町村教委に求められるようになった。就学校変更では、あくまでも市町村教委が指定した後に、「保護者の申立」の理由を妥当と認めた場合のみ、就学校の変更が認められる。

一方、2003（平成15）年から市町村教委は就学校指定の前に保護者の意見

★表 3-1 学校選択制の種類

自由選択制	当該市町村内の全ての学校のうち、希望する学校に就学を認めるもの
ブロック選択制	当該市町村内をブロックに分け、そのブロック内の希望する学校に就学を認めるもの
隣接区域選択制	従来の通学区域は残したままで、隣接する区域内の希望する学校に就学を認めるもの
特認校制	従来の通学区域は残したままで、特定の学校について、通学区域に関係なく、当該市町村内のどこからでも就学を認めるもの
特定地域選択制	従来の通学区域は残したままで、特定の地域に居住する者について、学校選択を認めるもの

（出典:文部科学省（2009）『公立小学校・中学校における学校選択制等についての事例集（平成21年12月）』）

を聞くことが可能となった（学教則第32条）。公立小中義務教育学校において、保護者の意見をふまえ市町村教委が就学校を指定するしくみを「学校選択制」という（表3-1）。

学校選択制にはいくつかの種類に分かれるが、就学校変更と異なり、学校を希望する理由は原則として問われない。市町村教委は、保護者に希望する学校の調査を行ない、希望する学校が受入可能な場合、保護者が希望する学校を就学校として指定する。希望者が多い場合には抽選などにより就学校が決まる。

この他、子どもが住所のある市町村が設置する小中義務教育学校以外を就学校とすること（区域外就学）もできる（学教令第9条1項）。他の市町村が設置する小中義務教育学校に就学する場合、関係市町村教委の協議の上、通学の利便性やいじめへの対応、希望する部活動の有無などの理由の他、個別の事情に応じた対応がなされている。例えば、配偶者からの暴力を避けるため住民票を異動させずに転居している場合や、住民票は他市町村へ異動させたが卒業学年は転居前の学校に通う場合など、市町村ごとに条件を設けている。

なお、市町村立以外の小中義務教育学校に通う場合も区域外就学の扱いになる。児童生徒が国私立小中義務教育学校や、中高一貫教育を行なう中学校*[10]、中等教育学校前期課程に通う場合、保護者は市町村教委に届け出る必要がある（学教令第9条1項）。

3 学級編制の基準

(1) 単式学級

就学校が決まると、次に子どもたちが所属するのが学級である。ここでは、小中義務教育学校において、子どもが所属する学級にはどのような法的基準があるかみていく。

小中義務教育学校では、学級の児童生徒数は40人以下が原則である（小学校設置基準第4条、中学校設置基準第4条）。これは、設置者を問わずすべての小中義務教育学校に該当する。さらに、学級は同学年の児童生徒での編制が原則である（小学校設置基準第5条、中学校設置基準第5条）。

この同学年の児童生徒で編制された学級を「単式学級」という。小中義務教育学校のうち大多数を占める公立学校については、公立義務教育諸学校の学級編制及び教職員定数の標準に関する法律（以下「標準法」）第3条2項によって、異なる規定がなされている。

公立小中義務教育学校および中等教育学校前期課程について、標準法第3条2項で定められた児童生徒数（表3-2）を標準としつつ、都道府県教委は、2001（平成13）年度から「児童生徒の実態等を考慮して特例的に」、2003（平成15）年度から「全県一律に」40人を下回る人数を学級編制の基準として定められるようになった（学級編成の弾力化）。つまり、各都道府県教委の判断で、例えば30人を学級編制の基準と定めれば、その都道府県の公立の小中義

★表3-2　公立小中義務教育学校の学級編制の標準

校種	学級編制の区分	一学級の児童又は生徒の数
小学校（義務教育学校の前期課程を含む）	同学年の児童で編制する学級（単式学級）	35人
	複数学年の児童で編制する学級（複式学級）	16人（第1学年の児童を含む場合8人）
	特別支援学級	8人
中学校（義務教育学校の後期課程及び中等教育学校の前期課程を含む）	同学年の生徒で編制する学級（単式学級）	40人
	複数学年の生徒で編制する学級（複式学級）	8人
	特別支援学級	8人

務教育学校および中等教育学校前期課程では31人以上の学級は原則として編制されない。なお、2011（平成23）年度から公立の小学校および義務教育学校の１年生は、単式学級の場合35人以下で学級を編制することとなった。同時に、都道府県教委の同意が必要であった市町村独自の学級編制も、届出で済むようになった。さらに、2021（令和3）年度から公立小学校および義務教育学校の前期課程は、単式学級の場合に全学年35人以下で学級を編成することとなっている。

(2) 複式学級

学級は単式学級が原則である。しかし、小中義務教育学校および中等教育学校前期課程では、特別の事情がある場合、異なる学年の児童生徒で編制された学級（複式学級）を設けられる（小学校設置基準第５条、中学校設置基準第５条)。複式学級は、離島や山間地など人口が少ない地域に多い。そうした地域では、通学区域に住所のある児童生徒が少なく、すべてまたは一部の学級が複式学級となることがある。

公立学校の場合、複式学級は小学校または義務教育学校前期課程では16人以下（１年生を含む場合は８人以下)、中学校、義務教育学校後期課程また中等教育学校前期課程では８人以下で学級を編制することとされている（標準法第３条２項)。

表3-3は、公立小中学校の特別支援学級を除く学級数に占める複式学級の割合が高い都道府県を示している。複式学級では、児童生徒の自習が多くなり、教育条件が不十分であるという認識から、複式学級を解消し単式学級での学級

★表3-3　公立小中学校の学級数に占める複式学級の割合

小学校		中学校	
鹿児島県	12.8%	鹿児島県	2.4%
高知県	9.1%	沖縄県	1.2%
島根県	8.2%	福島県	0.8%
岩手県	7.0%	北海道	0.8%
山口県	7.0%	佐賀県	0.7%

（出典：文部科学省（2019）『学校基本調査（令和元年度)』を基に作成）

編制が目指されてきた。しかし、過疎化がすすむ地域を中心に、少子化の進展もあり公立小中義務教育学校における複式学級は一定数存在している。

(3) 特別支援学級

小中義務教育学校には、障害の軽い子どもを対象とした「特別支援学級」を設置できる*[11]。特別支援学級は、知的障害、肢体不自由、病弱・虚弱、弱視、難聴、その他（言語障害、情緒障害など）の区分ごとに設置される（学教法第81条2項）。

小中義務教育学校および中等教育学校前期課程の特別支援学級の児童生徒数は、15人以下とされている（学教則第136条）。ただし、公立学校の場合は8人以下である（標準法第3条2項）。

表3-4は、特別支援学級の学級数と児童生徒数を示している。2002（平成14）年に「適切な教育を受けることができる特別の事情がある」場合に障害のある子どもの小学校や中学校への就学が認められるようになり、2007（平成19）年に「特殊教育」から「特別支援教育」への転換に伴い、障害のある児童生徒と障害のない児童生徒とが共に学ぶ重要性が社会的に認識されるようになった。さらに、2013（平成25）年に「特別支援学校に原則就学」から「総合的な観点から就学校を決定」へと方針転換したことなどが、特別支援学級の児童生徒数の増加と関連している。

(4) 義務教育段階以外の学校

小中義務教育学校以外の学校にも学級編制の基準がある。幼稚園は、一学級35人以下で、同年齢の幼児で学級を編制する（幼稚園設置基準第3条・第4

★表3-4　特別支援学級の学級数と児童生徒数の推移

年度	学級数			児童生徒数		
	小学校	中学校	合計	小学校	中学校	合計
平成11年	17,121	7,881	25,002	47,094	22,493	69,587
平成21年	29,015	12,987	42,002	93,212	41,442	134,654
令和元年	46,554	19,692	66,246	199,314	76,905	276,219

（出典：文部科学省『学校基本調査』各年度版を基に作成）

条)。幼稚園は、小中義務教育学校と異なり同年齢での学級編制はあくまで「原則」であり、異年齢の幼児での学級編制は比較的容易に行なうことができる。

高等学校（中等教育学校の後期課程を含む）は、一学級40人が標準である（高等学校設置基準77条）。高等学校の場合は、学年制をとらない単位制*[12]の学校もある。そのため、同学年での学級編制を原則とはしていない。

特別支援学校は、幼稚部は教諭等（主幹教諭、指導教諭、教諭）一人当たり8人以下、小学部、中学部、高等部は一学級15人以下で学級を編制する（小・中学部の視覚障害者、聴覚障害者による学級は10人以下）（学教則第120条）。また、特別支援学校では、特別の事情のある場合を除き障害種別ごとに学級を編制する（同第121条2項・3項）。ただし、公立学校の場合、小・中学部は一学級6人以下（重複障害児童生徒による学級は3人以下）（標準法第3条3項）、高等部は一学級8人以下（重複障害生徒による学級は3人以下）で学級を編制する（公立高等学校の適正配置及び教職員定数の標準等に関する法律第14条）。

4 児童生徒の在学管理

(1) 入学

児童生徒は、これまで見てきたしくみにしたがい、就学校や在籍する学級が決まる。ここでは、改めて誰が学校に入学し、卒業できるかを確認する。子どもが初めに通える学校は幼稚園である。幼稚園に通えるのは、「満三歳から、小学校就学の始期に達するまでの幼児」であり、法的には3歳の誕生日の翌日から6歳になった学年末まで幼稚園に通うことができる（学教法第26条）。実際には、園ごとに入園を認める年齢や、入園期日を定めている。

義務教育段階では、子どもは満6歳を迎えた翌学年から小学校、義務教育学校前期課程または特別支援学校小学部に入学できる。小学校の課程を修了した児童は中学校、義務教育学校後期課程または特別支援学校中学部へ進学する。就学校変更や区域外就学を除き、児童生徒は入学許可の手続を必要とはしない。

高等学校は、中学校または義務教育学校を卒業したか、中等教育学校前期課程を修了した者、それと同程度の学力があると認められた者に入学資格がある（学教法第57条）。公立高等学校では、設置者の判断で通学区域が設定されている場合もある。ただし、実際に入学が認められるのは、調査書や選抜のための学力検査（入学試験）の成績などをもとに各高等学校の校長が許可した場合に限られる（学教則第90条）。中等教育学校も、入学は校長が許可することとなっており、公立中等教育学校では学力検査を行なわないとされている（学教則第110条2項）。

(2)　在学中の管理

入学した幼児・児童・生徒・学生（児童等）について、学校はその在学を適切に管理しなければならない。校長は、その学校に在学する児童等の指導要録を作成する義務がある（学教則第24条1項）。指導要録は、児童等の学習及び健康の状況を記録した書類であり、一般に入学・卒業年度や校長・学級担任など「学籍に関する記録」と、各教科等の成績など「指導に関する記録」からなる。学籍に関する記録は20年間、それ以外は5年間の保存義務がある（学教則第28条2項）。指導要録は、児童等が進学した場合は進学先の校長に対し抄本又は写しを、転学した場合は転学先の校長にその写しと進学のために送られてきた抄本又は写しを送付する義務がある（学教則第24条2項・3項）。指導要録は在学記録や成績など多くの個人情報を含むため、厳重に取り扱う必要がある。法的に作成・保存の義務があるため多くの学校では、指導要録の学校外への持ち出しは固く禁じられている。

一方、多くの学校で指導要録をもとに作成される「通知表」（「通信簿」）には法的根拠はない。通知表の作成、内容などはすべて校長の判断であり、必ずしも通知表を作成する法的義務はない。

指導要録の作成に必要な出席状況の管理と関連して、校長には「出席簿」の作成が義務づけられている（学教則第25条）。これは、小中義務教育学校、中等教育学校、特別支援学校では、校長が常に児童生徒の出席状況を明らかにしておかなければならず（学教令第19条）、正当な理由がなく出席状況が良好でない場合は、そのことを市町村教委に通知する義務がある（学教令第20条）

こととも関連する。義務教育としての学校教育が、子どもの教育を受ける権利を保障するものである以上、学校への出席の保障は学校の重要な役目である。

しかし、学校は児童等の出席を認めないことがある。それは「出席停止」と「停学」である。「出席停止」は、問題行動への対応の出席停止と、感染症予防のための出席停止がある。問題行動への対応の出席停止は、小中義務教育学校において性行不良*[13]である児童生徒の保護者に市町村教委が命じる（学教法第35条・第49条）。感染症の予防のための出席停止は、校種を問わず感染症にかかっているか、そのおそれのある児童等に校長が命じる（学校保健安全法第19条）。出席停止は、他の児童等の教育を受ける権利、学習環境を保障する側面から命じられる。

一方、「停学」は児童等への懲戒として行なわれ、校長が命じる（学教則第26条）。停学は、命じられる児童等自身への教育上必要な場合に行なわれるが、その期間は教育を受けられないため、学齢児童または学齢生徒に対しては行なうことができない。

(3) 児童生徒への懲戒

児童等の在学管理に関する指導に、児童等の自己教育力や規範意識の育成を期待し行なう「懲戒」がある。児童等への懲戒は次のように定められている。

「校長及び教員は、教育上必要があると認めるときは、文部科学大臣の定めるところにより、児童、生徒及び学生に対し懲戒を加えることができる。ただし、体罰を加えることはできない。」（学教法第11条）

懲戒は、事実行為としての懲戒と処分としての懲戒がある。事実としての懲戒とは、「授業中、教室内に起立させる」、「立ち歩く子どもを叱って着席させる」といった行為である。ただし、体罰は明確に禁止されており、いかなる理由があろうと体罰は認められない*[14]。体罰以外でも、校長・教員は教育上必要な配慮をした上で、適切に懲戒を行なう必要がある（学教則26条1項）。

処分としての懲戒は、「退学・停学・訓告」があり、いずれも校長が行なう（学教則第26条2項）。「退学」は在学する学校の児童生徒としての身分を剥奪する処分、「停学」は一定期間登校を禁止する処分、「訓告」は児童生徒の行為について口頭や文書で戒め諭す処分である。

★表 3-5　退学・停学の対象

		小学校	中学校	義務教育学校	高等学校	中等教育学校	特別支援学校
退学	公立	×	×	×	○	○	△
	国私立	○	○	○	○	○	○
停学	公立	×	×	×	○	△	△
	国私立	×	×	×	○	△	△

（○：適用できる、×：適用できない、△：学齢児童または学齢生徒には適用できない）

懲戒としての退学が認められる理由は、①性行不良で改善の見込みがないと認められる者、②学力劣等で成業の見込がないと認められる者、③正当の理由がなく出席常でない者、④学校の秩序を乱し、その他学生又は生徒としての本分に反した者、に限定される（学教則第 26 条３項）。

表 3-5 は、退学と停学の対象を示したものである。設置者により、児童生徒に行なえる懲戒には制限がある。訓告については設置者による制限は特にない。

懲戒としての退学は、義務教育段階以外や義務教育段階のうち国私立学校の児童生徒には認められているが、公立学校の学齢児童または学齢生徒（中等教育学校前期課程を除く）には認められない（学教則第 26 条３項）。停学は、義務教育段階の学齢児童または学齢生徒には一切認められない（学教則第 26 条４項）。懲戒としての退学や停学は、児童等の教育を受ける権利と大きく関わるため、それらの行使にあたっては適切な管理がなされなくてはならない。

(4)　課程の修了と卒業

各学年の課程を修了したと校長が認めると、児童生徒は次の学年に進むこと（進級）ができる。学年ごとに課程の修了を認定する仕組みを「学年制」という。各学年の課程の修了認定は、児童生徒の平素の成績を評価し行なう（学教則第 57 条・第 79 条・第 79 条の８・第 104 条・第 113 条・第 135 条２項）。学年途中の進級や二学年以上の進級は認められない。また、小中義務教育学校でも、校長が進級させるべきでないと認めたときは、次も同じ学年で学ばせる（原級留置）ことができる。ただし、単位制高等学校は、各学年での課程の修了は認定せず、全課程の修了認定のみ行なう。

全課程を修了すると卒業となる。卒業も、校長が児童生徒の平素の成績を評価して認める（学教則第57条・第79条・第79条の8・第104条・第113条・第135条2項)。また、校長は卒業する児童生徒に卒業証書を授与しなければならない（学教則第58条・第79条・第79条の8・第104条・第113条・第135条2項)。幼稚園や特別支援学校の幼稚部には、課程の修了を校長が認定することは義務づけられておらず、卒業証書の授与も義務ではない。しかし、実際には多くの幼稚園や特別支援学校の幼稚部で、園長の判断により卒業（修了）証書が授与されている。

【註】

＊1　その他、国公立義務教育諸学校における授業料の不徴収（教育基本法第5条4項、学教法第6条)、国による義務教育諸学校への教科書の無償給付（義務教育諸学校の教科用図書の無償措置に関する法律第3条)、経済的理由による修学困難者への奨学（教育基本法第4条3項、学教法第19条)、使用者に対する子どもが義務教育を受けることを妨げてはならない（学教法第20条）義務がある。

＊2　基本的に自宅を拠点として学習するもので、自宅以外でも図書館や他のホームスクール学習者とのグループ学習などの他、特定の教科に関して学校でのパートタイム就学を行なう場合がある（文部科学省（2009）p.45)。

＊3　教育支援センターとは、従来「適応指導教室」と呼ばれていた、教育委員会が設置する、不登校児童生徒の学校生活への復帰を支援するため施設である。

＊4　フリースクールは、一般的には不登校の児童生徒を対象に教育相談や体験活動、学習指導などを行なう民間施設であり、設置理念や運営形態などは施設により異なる。

＊5　1992（平成4）年の文部省通知「登校拒否問題への対応について（通知)」による。

＊6　文部科学省『令和元年度学校基本調査』

＊7　公立小中義務教育学校で、児童生徒が学校を選択できるのは、その市町村が「学校選択制」を導入しているか、中高一貫を行なう公立中学校に通わせるなどに限られる。

＊8　学校教育法施行令第22条の3で、障害種別ごとの判定基準が示されている。

＊9　1997（平成9）年の文部省通知「通学区域制度の弾力的運用について（通知)」による。

＊10　区域外就学の扱いとなるのは、併設型の中学校のみである。中高一貫教育には、6年制の「中等教育学校」、同一の設置者が設置する「併設型」、設置者間の協議に基づき行われる「連携型」がある。

＊11　中等教育学校および高等学校にも特別支援学校を置くことはできる。

＊12　「単位を基準として学習量が測られる仕組み」（中教審（1991)）

＊13　他の児童に傷害、心身の苦痛又は財産上の損失を与える行為、職員に傷害又は心身の苦痛を与える行為、施設又は設備を損壊する行為、授業その他の教育活動の実施を妨げる行為、のいずれかを繰り返し行なうなどが該当する。

＊14　「体罰」の定義については、文部科学省（2007)「問題行動を起こす児童生徒に対する指導について（通知)」を参照のこと。

【引用・参考文献】

姉崎洋一他『ガイドブック教育法』三省堂、2009年

窪田眞二・小川友次『学校の法律がこれ1冊でわかる 教育法規便覧 令和2年版』学陽書房、2020年

中央教育審議会『新しい時代に対応する教育の諸制度の改革について』、1991年
文部科学省『公立小学校・中学校における学校選択制等についての事例集（平成21年12月）』、2009年
文部科学省『諸外国の教育改革の動向－6か国における21世紀の新たな潮流を読む－』ぎょうせい、2009年
結城忠（編）『教育法規　重要用語300の基礎知識』明治図書、2000年

4章　教職員の人事管理

章のねらい

本章では、教員の人事管理、すなわち、学校教育における「ヒト」の確保、活用、育成がどのような仕組みのもとで営まれているかを学ぶ。言い換えれば、教員の資格、採用、服務、研修、評価のあり方について確認をする。ただし、それは単にそれらの制度や法律に関する知識を身につけることが目的ではない。それらがどのような仕組みになっているのかを知ることを通して、社会における教員という存在やその職務の捉えられ方、教員としての働き方や果たすべき使命について熟考してもらうとともに、制度等の仕組みのあり方についてもその意味や妥当性を論考してもらうことが目的である。

はじめに

本章では、教員の人事管理について理解を深めていくことになるが、そもそも、人事管理とはいったいどのようなもので、何のためにあるのかを確認するところから始めたい。

たとえば、糟谷正彦（2000）は、学校の人事管理について説明する中で、人事管理は、「目的をもって継続的に活動する組織体に、より適性を持った人間を導き入れて、その人間が内在的能力を最大限に生かし、最も効率的に職務を分担しうるように維持していくための作用（p. 6）」と定義づけられると述べている。また、経営における人事管理についてまとめた今野浩一郎・佐藤博樹（2002）は、人事管理の目標には、「効率的・効果的な『ヒト』の調達と活用によって、組織あるいは部門の『いま』の生産性の向上をはかること」と、「有能な人材」を内部に蓄積しておく「人材面のインフラを整備すること」の２点があることを説明している。そして、人事管理が果たしている機能を、４点に分類している。①人材（労働力）を確保し、仕事に配置する機能（企業外部から確保するには採用が、内部から確保するには教育などが必要になる）。②人材が能力を発揮できる就業の条件を整備する機能。③働きに対する報酬を決める機能。④従業員の働きぶりを評価する「人事評価」の管理。以上の４点である（pp.4-5）。

つまり、人事管理とは、組織における「ヒト」の管理に関わる営み全般であるといえる。組織にとって必要な「ヒト」を確保し、育て、配置し、活用することから、組織において「ヒト」がその力を発揮しやすいよう条件を整備することまで含まれている。そうだとすれば、教員の人事管理といった場合には、教員たる資格は何か、教員をどのように採用・活用し、職能向上の機会を保障しているのか、ということがテーマとなるだろう。

1 教員の人事管理に関わる法制度

公立学校の教員は、当該地方公共団体（都道府県・市町村）の職員、すなわち地方公務員としての身分を有している。したがって、地方公務員法等の公務員制度（人事行政制度）の基本ルールの中に組み込まれている。それに加え、公立学校の教員に対しては、その職務と責任の特殊性に基づき、教育公務員特例法という法律が定められている。本節では、教員の人事管理に関わる主たる法制度について確認しておく。

教員の身分については、全体の奉仕者であり、教育をとおして国民に奉仕する立場にある旨が規定されている。たとえば、日本国憲法第15条2項において、「すべて公務員は全体の奉仕者であって、一部の奉仕者ではない」とされ、地方公務員法第30条において、「すべて職員は、全体の奉仕者として公共の利益のために勤務し、且つ、職務の遂行に当っては、全力を挙げてこれに専念しなければならない」と規定されている。

地方公務員法は、地方公務員一般を対象に、「任用、人事評価、給与、勤務時間その他の勤務条件、休業、分限及び懲戒、服務、退職管理、研修」等について規定している。地方公務員としての身分を有する公立学校の教員は、まずはこの地方公務員法の規定が適用される。一方で、地方公務員法には、第57条に、職員のうち、公立学校の教職員など、「その職務と責任の特殊性に基づいてこの法律に対する特例を必要とするものについては、別に法律で定める」との規定があり、教育公務員特例法等によって必要に応じて特例が定められている。

教育公務員特例法は、「教育を通じて国民全体に奉仕する教育公務員の職務とその責任の特殊性に基づき、教育公務員の任免、人事評価、給与、分限、懲戒、服務及び研修等について規定する」（第１条）ものである。したがって、公立学校の教員には、基本的には地方公務員法の規定が適用されるが、その一部の条項については、教育公務員特例法の規定が優先して適用されることになる。

他にも、学校教育法、地方教育行政の組織及び運営に関する法律、教育職員免許法、公立の義務教育諸学校等の教育職員の給与等に関する特別措置法、義務教育費国庫負担法など、教員の人事管理に関わる法律には様々なものがある。本章では、それら個々の法律の中身を詳しくみていくのではなく、教員の人事管理のあり方についてテーマごとに理解を深めていく構成をとり、その中で必要に応じて関連する法律を取りあげていくこととしたい。

2 教員の資格・採用・任命

さて、教員になろうとする者には、どのような資格や条件が必要とされているのだろうか。また、どのように教員を採用しているのだろうか。

校長および教員の資格については、学校教育法の第８条及び第９条ならびに教育職員免許法において定められており、教員の資質の保持と向上を法律で保障している（教員免許の法律主義）。教員の免許状は、国の定める基準に基づいて教員として必要な資格を備えているかどうかを判定し、その資格を有すると認定したときに都道府県教育委員会が授与する。

教育職員免許法において、教員は、それぞれの学校の種類、教科等に応じた免許状を有していなくてはならない旨が規定されており、これを「相当免許状主義」という。つまり、小学校教諭であれば小学校教諭の普通免許状を、中学校の数学担当の教諭であれば、中学校の数学科の普通免許状が必要となり、所定の免許状を保持しない者は、それらの学校の教員になることができない。教員に任用資格を課すことで、一定の教育水準を維持しようとするものであるといえる。ただし、相当免許状主義の原則については、特別免許状や特別非常勤講師制度、免許外教科担任の許可や民間人校長の登用など、多くの例外的・特例的制度が設けられている。

特別免許状は、教員免許状を持っていないが優れた知識経験等を有する社会人等を教員として迎え入れることにより、学校教育の多様化への対応や、その活性化を図るため、授与権者（都道府県教育委員会）の行う教育職員検定により学校種及び教科ごとに授与する「教諭」の免許状である。小学校、中学校、高等学校における全教科、特別支援学校における自立教科（理療、理容、自立活動など）が担当可能となっている。特別非常勤講師制度は、地域の人材や多様な専門分野の社会人を学校現場に迎え入れることにより、学校教育の多様化への対応やその活性化を図るため、教員免許を有しない非常勤講師を登用し、教科の領域の一部を担任させることができる制度である。小学校、中学校、高等学校、特別支援学校における全教科、外国語活動、道徳、総合的な学習の時間の領域の一部及び小学校のクラブ活動が担当可能となっている。

教員の資格としての教員免許状の「相当免許状主義」は、教職の専門性に由来している。教育の本質は幼児児童生徒との人格的触れ合いにあり、教員は、幼児児童生徒の教育を直接つかさどることから、その人格形成に大きく影響を及ぼす。また、将来の社会を支える児童生徒に、教科指導を通して、社会人、職業人となるために必要な知識・技能の基礎・基本を身に付けさせるという、極めて重要な使命を負っている。この専門性は、幼児児童生徒の発達段階に応じ、幼稚園、小学校、中学校、高等学校及び特殊教育諸学校の教員でそれぞれ異なっていることから、教員は各相当の免許状を有する者でなければならないとされている。

その一方で、特別免許状や特別非常勤制度など、「相当免許状主義」に相反すると思われる教員免許状の総合化・弾力化が進められている背景・理由には、優れた社会人の活用や、時代状況への対応が目指されていることが挙げられる。優れた知識・技術や社会経験を持つ学校外の社会人を、学校教育に積極的に活用していくことによって、学校における学びがより広がり、質が高まることが期待されている。また、近年の幼児児童生徒の様々な変化や、97%に達する高等学校への進学率の状況を踏まえたとき、幼児期から高等学校段階までを一貫したものととらえて指導を行うことが必要であり、各学校段階間の連携を一層強化することが求められている*[1]。

このように、教員の資格をめぐる問題は、教職の専門性とその人材の質の確保と、時代の変化や学校現場の実態への対応のせめぎ合いを含んでおり、極めて重要かつ論争的なテーマであると理解できる。

また、2009年度より教員免許更新制度が導入実施され、教員免許状には10年の有効期限が設けられた。教員免許状を持つ者は、免許状の期限終了前2年間に30時間以上の講習を受講して修了し、更新手続きを取る必要がある。同制度は、多忙な中で講習を受講するために休日を割いて時間を捻出しなければならなかったり、講習の受講費用や受講に伴う旅費を自己負担しなければならなかったりと、講習を受講すること自体に伴う負担が課題となっている。また、全国的に教員不足が深刻となっているなかで、教職には就いていないが免許状を所持しているといった潜在的な免許状所持者にとっては更新が壁となり、各自治体における教員確保を難しくしている側面などに課題が表れている。

次に、校長や教員になるためには、先に確認したように法律で定められた条件を満たすことが必要となるが、それ以前に、校長・教員あるいは公務員として最低限必要な資格を欠く要件（欠格条項）についても定められている。具体的には、地方公務員法第16条、学校教育法第9条、教育職員免許法第5条第1項に規定されている。この欠格条項は、そのいずれに該当しても教員になることはできない。表4-1を見てわかるように、教員の欠格条項は、一般の地方公務員の欠格条項よりも厳しいものとなっている。教員の社会的役割、使命、責任が、それだけ重いものであると位置づけられていることの表れといえよう。

公立学校の教員の採用は、教員免許状を保持している者の中から、都道府県・政令指定都市教育委員会が、選考試験によって行う。その選考試験を、一般に教員採用試験と呼んでいる。

ここで、一般公務員の採用は、原則として試験成績の上位者から合格者を決定していく「競争試験」によって行うのに対して、教員の採用は、教育公務員特例法に基づき、「競争試験」ではなく「選考」によって行うことになっていることを確認しておく必要がある。それはなぜだろうか。ひとつには、教員免許状の所有がその資格要件となっているため、教員としての能力は一定程度実証されていることがある。そして、児童生徒の人格形成にかかわるという教員

★表 4-1　欠格条項

地方公務員法第 16 条	学校教育法第 9 条	教育職員免許法第 5 条第 1 項
		1. 18 歳未満の者
		2. 高等学校を卒業しない者（通常の課程以外の課程におけるこれに相当するものを修了しない者を含む。）。ただし、文部科学大臣において高等学校を卒業した者と同等以上の資格を有すると認めた者を除く
1. 成年被後見人又は被保佐人		
2. 禁錮以上の刑に処せられ、その執行を終わるまで又はその執行を受けることがなくなるまでの者	1. 禁錮以上の刑に処せられた者	3. 禁錮以上の刑に処せられた者
3. 当該地方公共団体において懲戒免職の処分を受け、当該処分の日から 2 年を経過しない者	2. 教育職員免許法第 10 条第 1 項第 2 号又は第 3 号に該当することにより免許状がその効力を失い、当該失効の日から 3 年を経過しない者	4. 第 10 条第 1 項第 2 号又は第 3 号に該当することにより免許状がその効力を失い、当該失効の日から 3 年を経過しない者
4. 人事委員会又は公平委員会の委員の職にあって、第 5 章に規定する罪を犯し刑に処せられた者	3. 教育職員免許法第 11 条第 1 項から第 3 項までの規定により免許状取上げの処分を受け、3 年を経過しない者	5. 第 11 条第 1 項から第 3 項までの規定により免許状取上げの処分を受け、当該処分の日から 3 年を経過しない者
5. 日本国憲法施行の日以後において、日本国憲法又はその下に成立した政府を暴力で破壊することを主張する政党その他の団体を結成し、又はこれに加入した者	4. 日本国憲法施行の日以後において、日本国憲法又はその下に成立した政府を暴力で破壊することを主張する政党その他の団体を結成し、又これに加入した者	6. 日本国憲法施行の日以後において、日本国憲法又はその下に成立した政府を暴力で破壊することを主張する政党その他の団体を結成し、又はこれに加入した者

（各法律より筆者が作成。）

の職責の重要性からみて、教育者としての使命感や責任感、豊かな人間性や社会性など、教員として真にふさわしい人物を選ぶことを重要視しているからである。そのため、一般教職教養、専門教科などの筆記試験のほか、面接、実技、論文、模擬授業等の多様な方法を組み合わせ、受験者の資質能力や適性を多面的に評価し、選考する方法がとられている。

なお、公立学校の教職員については、地方教育行政の組織及び運営に関する法律第 34 条に基づき、その学校を設置する地方公共団体の教育委員会が任命を行うこととなっている。しかし、教職員の給与については、義務教育費国庫負担法および市町村立学校職員給与負担法によって国が 3 分の 1、残る 3 分の 2 を都道府県が負担している。学校の設置者は、その学校の経費を負担することが原則であるため、公立学校の教職員の給与は当該学校を設置する地方公共団体が負担することが原則である。しかし、指定都市を除く市町村立の小学校、中学校、義務教育学校、中等教育学校の前期課程、特別支援学校の教職員の給与については、市町村立学校職員給与負担法第１条により、例外的に都道府県が負担することとされている。これを、県費負担教職員制度とよぶ。県費負担教職員の任命権は、市町村ではなく都道府県教育委員会が有し、県費負担教職員の給与、勤務時間その他の勤務条件については、都道府県の条例で定めることとされている。それは、都道府県内の人事交流の円滑化を図るとともに、地方財政の大きな負担となる教職員の給与費を財政的に安定している都道府県の負担とすることで、義務教育水準の維持向上に資することを目的としているからである。

3 教員に求められる倫理観と服務規程

では、教員には、どのような心構えや使命感、責任感、倫理観が求められるのだろうか。教員は、日本国憲法ならびに地方公務員法に規定されているように、全体の奉仕者であり、教育をとおして国民に奉仕する立場にある旨をすでに確認した。公務員には、職務上あるいは職務外において課せられる規律に服する義務があり、その守るべき義務や規律のことを服務とよぶ。公立学校の教員は地方公務員であるため、地方公務員法の服務についての規定が適用される。さらに、教育公務員としての職務の特殊性から、一般の公務員とは別に、教育公務員特例法において若干の特例が設けられている。

服務義務には、職務上課せられる義務と職務外において課せられる身分上の義務がある。職務上の義務には、①服務の宣誓、②法令等及び上司の職務上の命令に従う義務、③職務に専念する義務、④政治的中立の義務、⑤宗教的中立の義務がある。一方、身分上の義務には、①信用失墜行為の禁止、②秘密を守る義務、③政治的行為の制限、④争議行為等の禁止、⑤営利企業等の従事制限がある。各々の服務の内容の詳細については、表 4-2 に整理した[*2]。

前者の職務上の義務の、③職務に専念する義務については、法律または条例に定めがある場合は免除される。教育公務員特例法第22条第2項に、「教員は、

★表 4-2　服務の内容

	服務と関連法規	服務の内容
職務上の義務	① 服務の宣誓 ・地方公務員法第 31 条	職員は、条例の定めるところにより、服務の宣誓をしなければならない。
	② 法令等及び上司の職務上の命令に従う義務 ・地方公務員法第 32 条 ・地方教育行政の組織及び運営に関する法律第 43 条	職員は、その職務を遂行するに当つて、法令、条例、地方公共団体の規則及び地方公共団体の機関の定める規程に従い、且つ、上司の職務上の命令に忠実に従わなければならない。（地公法 32 条） 県費負担教職員は、その職務を遂行するに当つて、法令、当該市町村の条例及び規則並びに当該市町村委員会の定める教育委員会規則及び規程に従い、かつ、市町村委員会その他職務上の上司の職務上の命令に忠実に従わなければならない。（地教行法 43 条）
	③ 職務に専念する義務 ・地方公務員法第30条、35 条	すべて職員は、全体の奉仕者として公共の利益のために勤務し、且つ、職務の遂行に当つては、全力を挙げてこれに専念しなければならない。（30 条） 職員は、法律又は条例に特別の定がある場合を除く外、その勤務時間及び職務上の注意力のすべてをその職責遂行のために用い、当該地方公共団体がなすべき責を有する職務にのみ従事しなければならない。（35 条）
	④ 政治的中立の義務 ・教育基本法第 14 条 ・公職選挙法第 137 条	良識ある公民として必要な政治的教養は、教育上尊重されなければならない。 2　法律に定める学校は、特定の政党を支持し、又はこれに反対するための政治教育その他政治的活動をしてはならない。（教基法 14 条） 教育者（学校教育法に規定する学校及び就学前の子どもに関する教育、保育等の総合的な提供の推進に関する法律に規定する幼保連携型認定こども園の長及び教員をいう。）は、学校の児童、生徒及び学生に対する教育上の地位を利用して選挙運動をすることができない。（公職選挙法 137 条）
	⑤ 宗教的中立の義務 ・教育基本法第 15 条	宗教に関する寛容の態度、宗教に関する一般的な教養及び宗教の社会生活における地位は、教育上尊重されなければならない。 2　国及び地方公共団体が設置する学校は、特定の宗教のための宗教教育その他宗教的活動をしてはならない。
身分上の義務	① 信用失墜行為の禁止 ・地方公務員法第 33 条	職員は、その職の信用を傷つけ、又は職員の職全体の不名誉となるような行為をしてはならない。
	② 秘密を守る義務 ・地方公務員法第 34 条	職員は、職務上知り得た秘密を漏らしてはならない。その職を退いた後も、また、同様とする。
	③ 政治的行為の制限 ・地方公務員法第 36 条 ・教育公務員特例法第 18 条 ・国家公務員法第 102 条	職員は、政党その他の政治的団体の結成に関与し、若しくはこれらの団体の役員となつてはならず、又はこれらの団体の構成員となるように、若しくはならないように勧誘運動をしてはならない。（地公法 36 条） 公立学校の教育公務員の政治的行為の制限については、当分の間、地方公務員法第 36 条の規定にかかわらず、国家公務員の例による。（特例法 18 条） 職員は、政党又は政治的目的のために、寄附金その他の利益を求め、若しくは受領し、又は何らの方法を以てするを問わず、これらの行為に関与し、あるいは選挙権の行使を除く外、人事院規則で定める政治的行為をしてはならない。 2　職員は、公選による公職の候補者となることができない。 3　職員は、政党その他の政治的団体の役員、政治的顧問、その他これらと同様な役割をもつ構成員となることができない。（国公法 102 条）

	④ 争議行為等の禁止 ・地方公務員法第37条	職員は、地方公共団体の機関が代表する使用者としての住民に対して同盟罷業、怠業その他の争議行為をし、又は地方公共団体の機関の活動能率を低下させる怠業的行為をしてはならない。又、何人も、このような違法な行為を企て、又はその遂行を共謀し、そそのかし、若しくはあおつてはならない。
	⑤ 営利企業等の従事制限 ・地方公務員法第38条 ・教育公務員特例法第17条	職員は、任命権者の許可を受けなければ、商業、工業又は金融業その他営利を目的とする私企業を営むことを目的とする会社その他の団体の役員その他人事委員会規則で定める地位を兼ね、若しくは自ら営利企業を営み、又は報酬を得ていかなる事業若しくは事務にも従事してはならない。ただし、非常勤職員については、この限りでない。(地公法38条) 教育公務員は、教育に関する他の職を兼ね、又は教育に関する他の事業若しくは事務に従事することが本務の遂行に支障がないと任命権者において認める場合には、給与を受け、又は受けないで、その職を兼ね、又はその事業若しくは事務に従事することができる。(特例法17条)

(関連法規より筆者が作成)

授業に支障のない限り、本属長の承認を受けて、勤務場所を離れて研修を行うことができる」と定められている。「勤務場所を離れて」というのは、勤務を離れて研修できるという意味である。「授業に支障のない限り」との定めから、夏休み等の長期休業期間などのいわゆる「自宅研修」も、この規定による。ただし、「本属長」(教員にとっては校長)の承認を受ける必要がある。この第22条第2項は、職務専念義務を免除された研修(一般に「職専免研修」とよぶ)を認めた規定であり、教員の職務の専門性に基づいた特例であるといえる。

後者の身分上の義務は、職務の内外を問わず、公務員としての身分を有することによって守るべき義務であり、休職中であろうと停職中であろうと、勤務時間外であろうと、必ず遵守しなければならないとされる。特に、①信用失墜行為の禁止については、特定の法令の規定に直接違反する場合に限られるものではなく、何が信用失墜となるかの判断は、個々具体的に判断される。教員の場合、教育の性質上、他の公務員以上に厳格に解されることになる。

4 教員の自己研鑽と研修

ここまでに、教員の資格、採用、服務といった、教員の人事管理の機能のうち、どのように「ヒト」を確保・活用するのかという側面について確認をしてきた。つぎに、どのように「ヒト」を育てていくのかという機能に関わる人事管理上の仕組みについてみていきたい。

教員が学習し続けていくことの重要性は、法律においても強調されている。

それは、教員の研修の位置づけを、一般の地方公務員と比較してみるとより明確になる。

地方公務員法では、第 39 条において、「職員には、その勤務能率の発揮及び増進のために、研修を受ける機会が与えられなければならない」と規定されている。一般の地方公務員には、勤務能率の向上のために、研修を受ける機会が必要だと考えられている。そして、「研修は、任命権者が行うものとする」と規定されており、研修の実施主体は任命権者である。

一方、教員の研修に関しては、教育基本法第 9 条において、「法律に定める学校の教員は、自己の崇高な使命を深く自覚し、絶えず研究と修養に励み、その職責の遂行に努めなければならない」と定められている。また、教育公務員特例法では、以下のように定められている。

第四章　研修

（研修）
第二十一条　教育公務員は、その職責を遂行するために、絶えず研究と修養に努めなければならない。

2　教育公務員の任命権者は、教育公務員の研修について、それに要する施設、研修を奨励するための方途その他研修に関する計画を樹立し、その実施に努めなければならない。

（研修の機会）
第二十二条　教育公務員には、研修を受ける機会が与えられなければならない。

2　教員は、授業に支障のない限り、本属長の承認を受けて、勤務場所を離れて研修を行うことができる。

3　教育公務員は、任命権者の定めるところにより、現職のままで、長期にわたる研修を受けることができる。

（教育公務員特例法第 21 条，第 22 条より）

これらの規定からわかるように、教員にとっての研修は、一般の地方公務員とは異なり、その使命と職責の重要性から、職責を遂行するために不可欠なものとして位置づけられている。また、教育基本法、教育公務員特例法第 21 条ともに、第一に、「教員は」もしくは「教育公務員は」、「絶えず研究と修養に

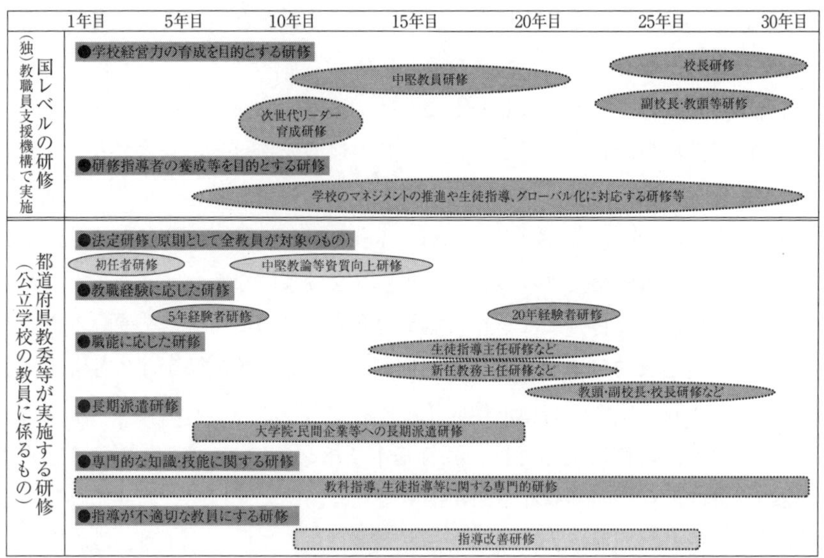

出典 ： 文部科学省ホームページ内「教員研修」のページ
（https://www.mext.go.jp/a_menu/shotou/kenshu/index.htm：最終アクセス日 2020年８月1日）より。

★図 4-1 教員研修の実施体系

努めなければならない」と規定されていることから、研修の実施主体としてまず教員自身が位置づけられていることが確認できる。つまり、一般の地方公務員とは異なり、外部から課せられた研修に参加しなければならないというよりも、教員自身が教職生涯を通して自律的・主体的に学び続けていくことが求められているといえる。そして、教育基本法第９条第２項においては、「前項の教員については、その使命と職責の重要性にかんがみ、その身分は尊重され、待遇の適正が期せられるとともに、養成と研修の充実が図られなければならない」と定められており、教育公務員特例法第 21 条、第 22 条にも規定されているように、任命権者（都道府県教育委員会）には、そのような教員の学習が実現するような研修体制を充実させることが課せられている。

国レベルや都道府県教育委員会によって準備・実施されている教員研修は、文部科学省が図 4-1 に整理して示しているように、教員がライフステージに応じて担うべき役割が異なることに対応する形で整備されている。

これらのうち、各自治体における教員研修については、教育委員会と大学等が相互に議論し、養成や研修の内容を調整するための「教員育成協議会」を設置したうえで、教員のキャリアステージに応じて身に付けることが求められる能力を明確化する「教員育成指標」を定め、その指標を効果的に活用して研修体系を改善していくことが求められている。2016年の教育公務員特例法の一部改正により、第22条の2において、文部科学大臣が教員の資質向上を図る指標の策定に関する指針を作成することが、第22条の3において、教育委員会は「その地域の実情に応じ、当該校長及び教員の職責、経験及び適性に応じて向上を図るべき校長及び教員としての資質に関する指標」を定めることと規定されたからである。

表4-3は、教員育成指標の一例としての鹿児島県の教員育成指標である。

そこでは、教員のキャリアステージを「養成期」「初任期」「発展期」「充実期」「円熟期」とし、それぞれのステージで教員に求められる資質が「学習指導力」「生徒指導力」「連携協働力」「課題対応力」という観点で示されている。都道府県教育委員会は、各自治体に設置された協議会において策定されたこのような指標を踏まえ、毎年度、体系的かつ効果的に実施するための「教員研修計画」を定めることとされている。

5 教員の人事管理と教員評価

教員の任用、給与その他人事管理において重要な位置づけがなされているのが、教員評価制度（教員の人事評価制度）である。

2014年、人事評価制度の導入等により能力及び実績に基づく人事管理の徹底を図ることを内容とした地方公務員法及び地方独立行政法人法の一部を改正する法律が制定された。そこでは、職員の任用は、職員の人事評価その他の能力の実証に基づき行うものとされ、職員がその職務を遂行するに当たり発揮した能力及び挙げた業績を把握した上で行われる人事評価制度を導入し、任用、給与、分限その他の人事管理の基礎とすることが明示された。また、人事評価の基準及び方法に関する事項その他人事評価に関し必要な事項は、任命権者が定めるものとされた。

教員評価の評価方法には、各教員が管理職との面談を通して、学校教育（経

★表 4-3　鹿児島県の教員育成指標

かごしま教員育成指標（教諭等）

<table>
<tr><td rowspan="4">鹿児島の教員としての素養</td><td>人間性・社会性</td><td colspan="5">豊かな人間性と広い視野をもって，他者との信頼関係を築き，多様な発想のもとに鹿児島の未来を担う児童生徒と深く関わる力。</td></tr>
<tr><td>職責感・使命感</td><td colspan="5">教育に携わる者としての崇高な使命感を自覚するとともに，教育公務員としての職責感・倫理観をもって職務を遂行する力。</td></tr>
<tr><td>探究心・自己研鑽</td><td colspan="5">常に謙虚な姿勢で自己研鑽に努め，教員として必要な資質や教科の専門性を個及びチームとして主体的に高める力。</td></tr>
<tr><td>教育に対する情熱</td><td colspan="5">鹿児島の教育的な伝統や歴史を生かし，児童生徒のよりよい未来の実現に向けて，人権教育を基盤とした教育にかける信念や愛情と豊かなコミュニケーション能力をもって児童生徒へ働きかける力。</td></tr>
<tr><td colspan="2" rowspan="2">ステージ／求められる資質</td><td>養成期</td><td>Ⅰ・初任期</td><td>Ⅱ・発展期</td><td>Ⅲ・充実期</td><td>Ⅳ・円熟期</td></tr>
<tr><td>採用前</td><td>1～5年経験相当</td><td>6～10年経験相当</td><td>11～20年経験相当</td><td>21年経験相当～</td></tr>
<tr><td rowspan="3">学習指導力</td><td>学習指導の構想・実施</td><td>学習指導要領における目標や内容等を理解している。</td><td>学習指導要領に基づき，適切な指導計画を構想できる。</td><td>自校の教育目標に基づく適切な指導計画を作成できる。</td><td>自校や地域の実態を踏まえた指導計画の改善ができる。</td><td>実態を踏まえたカリキュラム・マネジメントの構想ができる。</td></tr>
<tr><td>学習指導の展開</td><td>学習指導に必要な基礎的技術を身に付けている。</td><td>基礎的技術を生かした学習指導ができる。</td><td>児童生徒の実態に応じた学習指導ができる。</td><td>実態に応じた学習指導と同僚への助言ができる。</td><td>実態に応じた学習指導と同僚への指導・助言ができる。</td></tr>
<tr><td>学習指導の評価・改善</td><td>評価の考え方や基礎的な学習理論を理解している。</td><td>児童生徒の実態に応じた評価を生かした指導ができる。</td><td>児童生徒の評価に基づく授業改善ができる。</td><td>児童生徒の実態に応じた評価の工夫ができる。</td><td>自校の実態に基づく評価と指導計画の改善ができる。</td></tr>
<tr><td rowspan="2">生徒指導力</td><td>児童生徒の理解</td><td>生徒指導の意義や原理を理解している。</td><td>児童生徒一人一人と向き合い，環境を理解できる。</td><td>一人一人の環境を理解し，個に応じた関わりができる。</td><td>児童生徒の状況の関係職員間での理解を促進できる。</td><td>児童生徒の状況を全校体制で理解・促進を図ることができる。</td></tr>
<tr><td>児童生徒への指導</td><td>生徒指導に必要な技法等の基礎的知識を理解している。</td><td>生徒指導に係る技法を用いた指導ができる。</td><td>保護者や校内組織と連携し，個に応じた指導ができる。</td><td>関係機関とも連携した指導ができる。</td><td>学校全体が連携した生徒指導を推進できる。</td></tr>
<tr><td rowspan="2">連携協働力</td><td>校務の遂行・運営</td><td>組織的に諸課題に対応する重要性を理解している。</td><td>校務分掌の自らの役割を理解し，職務を遂行できる。</td><td>組織運営や教科経営等について，他の職員と連携して推進できる。</td><td>組織運営や教科経営等を推進し，同僚への助言ができる。</td><td>組織運営や教科経営等を推進し，同僚への指導・助言ができる。</td></tr>
<tr><td>同僚性と自らの成長</td><td>教員に求められる役割や資質能力を理解している。</td><td>組織の一員としての自覚をもち，他の職員と協働できる。</td><td>他の職員と課題を共有する環境づくりができる。</td><td>課題を共有する環境づくりと同僚への支援ができる。</td><td>同僚への支援を通して，自らの資質向上を図ることができる。</td></tr>
</table>

	安全管理・危機管理	危機管理を含む学校安全の必要性を理解している。	安全に配慮した環境整備と危機時の迅速な連絡ができる。	危機の未然防止の取組や危機時の迅速な連絡ができる。	危機の未然防止の取組や危機の早期発見・対応の取組ができる。	危機の未然防止や早期発見・対応の取組を学校全体で推進できる。
	保護者・地域等との連携	連携・協働による学校教育活動の意義を理解している。	保護者・地域と積極的に関わり，連携できる。	保護者・地域と積極的に関わり，適切な対応ができる。	保護者・地域・関係機関等との連携を深め，適切な対応ができる。	保護者・地域・関係機関等との連携・協働体制を確立できる。
課題対応力	特別支援教育の推進	障害の特性や支援の方法，支援体制の必要性等を理解している。	特別支援教育に関する基本的な知識を活用できる。	特別支援教育の基本的な知識を基に，個に応じた指導ができる。	特別支援教育の専門的な知識を基に，個に応じた指導ができる。	特別支援教育を他の職員と連携して推進できる。
	情報管理とICT活用	情報機器の基礎的活用と情報管理について理解している。	授業や校務に情報機器を活用し，適切に情報管理できる。	情報機器の有効活用を図り、適切な情報管理の工夫ができる。	情報機器の活用や情報管理を全校体制で推進できる。	情報機器の活用や情報管理を全校体制で推進できる。
	複式・少人数指導の充実	教育方法の基礎的理論を理解している。	複式・少人数指導を理解し，個に応じた指導ができる。	少人数指導のよさを生かし，個別指導や複式学級での指導ができる。	複式・少人数指導について，同僚への助言ができる。	複式・少人数指導について，同僚への指導・助言ができる。
	新たな課題への対応	学校教育に係る今日的課題について理解している。	自校の喫緊の課題について理解し，解決に取り組むことができる。	自校の喫緊の課題に，同僚と協力して取り組むことができる。	自校の新たな課題について検討し，解決策を構想できる。	新たな課題の解決に向け，同僚や外部専門家と協力して取り組むことができる。

営）目標に沿う内容で自己目標を設定し、年度末にその目標に基づいて取り組みの成果を自己評価する形式の「目標管理」の手法が採用されている。そして、各教員の自己評価の結果を参考に、管理職が能力と業績の評価を絶対評価にて行う方法が、多くの自治体において共通して採用されている。一例として、大分県の教職員評価システムの年間の流れを図 4-2 に示す。

現行の教員評価は、各自治体共通して、①管理職との関係性の中で、②個別のコミュニケーションを通じて、③組織目標との整合性を強調する方法で目標管理を進めるという特徴を持っている。このような現在の評価の方式においては、自己目標を設定する際に教職員が直接的に影響を受ける外的要素として、管理職からの指導・助言のみが強く影響することになる。そのような取り組み

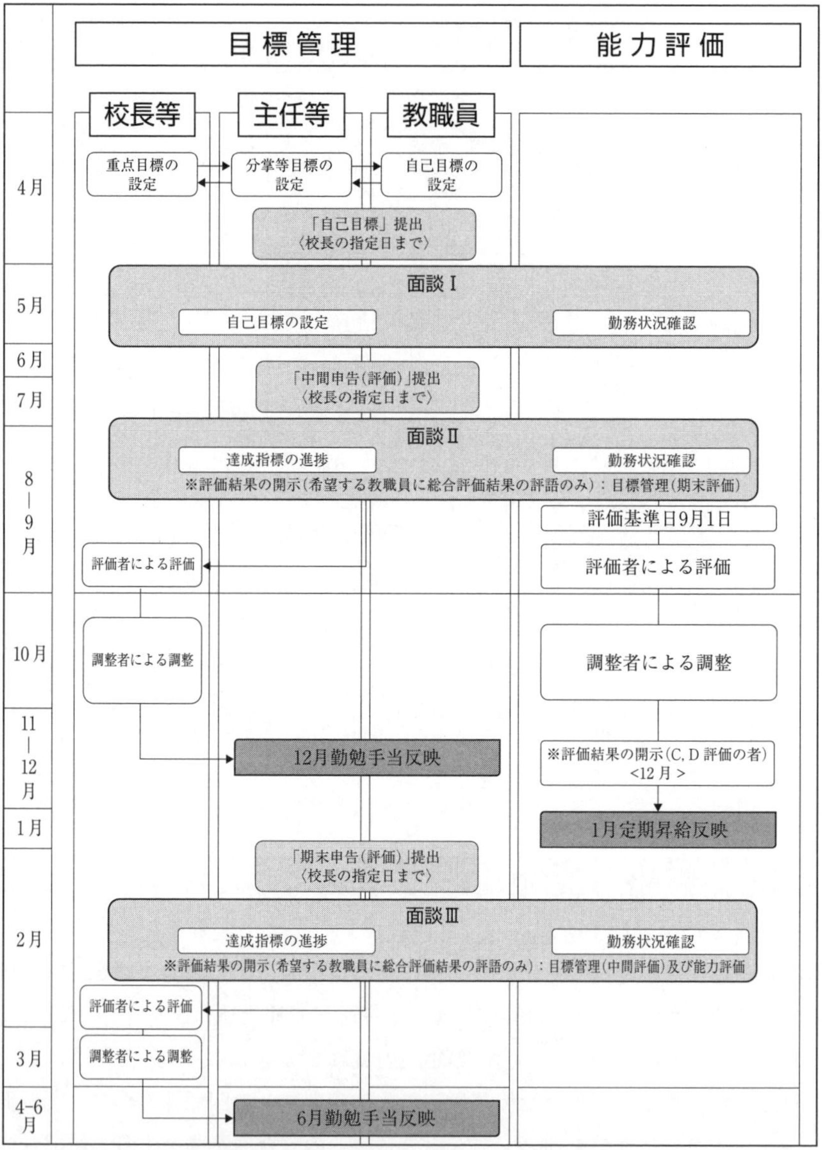

月	目標管理：校長等	目標管理：主任等	目標管理：教職員	能力評価
4月	重点目標の設定	分掌等目標の設定	自己目標の設定	
		「自己目標」提出〈校長の指定日まで〉		
5月	面談Ⅰ　自己目標の設定			勤務状況確認
6月–7月		「中間申告（評価）」提出〈校長の指定日まで〉		
8–9月	面談Ⅱ　達成指標の進捗　※評価結果の開示（希望する教職員に総合評価結果の評語のみ）：目標管理（期末評価）			勤務状況確認
				評価基準日9月1日
	評価者による評価			評価者による評価
10月	調整者による調整			調整者による調整
11–12月		12月勤勉手当反映		※評価結果の開示（C, D 評価の者）<12月>
1月				1月定期昇給反映
2月		「期末申告（評価）」提出〈校長の指定日まで〉		
	面談Ⅲ　達成指標の進捗　※評価結果の開示（希望する教職員に総合評価結果の評語のみ）：目標管理（中間評価）及び能力評価			勤務状況確認
	評価者による評価			
3月	調整者による調整			
4–6月		6月勤勉手当反映		

★図 4-2　大分県「教職員評価システム（令和２年３月改訂版）」年間の流れ＊3

のもとでは、教員の自主性・自律性を制約する形で教員評価が機能する可能性が高くなることが危惧される。なぜなら、自身の問題関心、同僚からのアドバイス、管理職からの指導助言、所属する校務分掌上での協議内容、子どもや保護者からの要望といった、他の様々な要素を同列に勘案したうえで自律的に目標を具体化するというよりは、管理職とのコミュニケーションの中で指摘されたことに留意して（強く影響を受けて）目標を設定することになりやすい構造になっているからである。

事実、勝野正章（2009）によれば、自己目標の設定について、「校長の学校経営（運営）方針と整合的なものになるように指導を受けた」教職員が49.7%であるのに対して、「教科や学年の他の教員とよく相談しながら決めた」教職員は17.1%であり、「教師が自分の目標を設定する場面では同僚教師の意見よりも、校長の意見や学校経営方針を参照している（p.34）」ことが報告されている。

複雑性や不確実性の特徴を有し、明確な成果を把握することや結果を個々の教員の業績として還元することが本質的に困難な職業である教員の評価における納得性の向上と、教員を管理・統制するかたちで機能することを防ぐ制度設計への改善や運用方法上の工夫の追究は、教員の職能向上ならびに自律性の保障という、専門職としての教員の人事管理のあり方を考えるうえで、極めて重要な課題となっている*4。

6　教員の人事管理をめぐる今日的課題

以上、教員の人事管理、すなわち、学校教育における「ヒト」の確保、活用、育成が、現在どのような枠組みのもとで営まれているかについて簡単にではあるが、確認してきた。最後に、教員の専門性とその成長という視点から、現在論考が求められている課題について触れておきたい。それは、教員の研修についてである。

教員の研修については、主に公的な研修と自主研修のふたつに分けることができる。公的な研修については、第4節で確認したように、教員のライフステージに応じた研修体系が各教育委員会を中心に整備されている。しかしその一方で、教員が自主的・自律的に行う学校外での授業研究やサークルでの学習といった自主研修に取り組む機会が失われてきていることが危惧されている。たとえば、久保富三夫ほか（2006）は、長期休業中の行政研修、校内研修、学校行事、会議などが増加し、必ず出校しなければならない仕組みが強化されていたり、自己研修を申請する場合に、研修計画書・報告書の提出・記載の詳細化という教育委員会・管理職からの要求が、教員に心理的圧迫感を与えていたりすること、研修申請に対する管理職の承認行為がきわめて消極的・制約的になっていることなどを指摘している。

教員の研修の機会を保障していくうえで、任命権者は、自身が提供する教員の職責と職務の専門性に対応した体系的な研修を準備していくだけでなく、研修の実施主体である「教員自身が」自律的に学び専門性を高めることのできる機会も保障していくべきであろう。そうしなければ、「提供されなければ学ばない」「指示されなければ学ばない」教員を、任命権者が気づかぬうちに育ててしまう構造に陥ることになりかねないからである。

また、養成段階に求められる資質能力までも含めて策定される「教員育成指標」のもとで進められる教員の資質向上施策や人事管理は、養成・採用・研修の一体的改革という側面がある一方で、様々な危険性も同時にはらんでいる。「教員のキャリアステージに応じて身に付けることが求められる能力」の明示化という、一見歓迎されやすい目的のもと、内容や項目の細分化・網羅化が進むことによって、教員養成段階と現職研修において提供される学習が拘束・画一化されていく危険性は、すでに顕在化し始めている。また、本来多様なキャリアやプロセスがあるはずの教師としての生き方が、指標に基づいた「標準」が示される事によって、単一の統一モデルに縛られることになる危険性もある。教師の現実の成長プロセスには、経験を重ねキャリアステージを進むことによって失っていく側面もある。しかし、キャリアステージに伴って一方向的に高まっていくことが想定されている指標のもとでは、そういった現実の教師の成長プロセスとは乖離した単純な右肩上がりの単線的な成長モデルを描く成長イメージが理想化され、要求されてしまう危険性がある。固定的な指標に基づいた取り組みが徹底され、それが評価や価値判断の基準とまでなっていった場合、教師の学習機会や成長の営みを本来あるべき形から変質させてしまう危険性があることを、常に認識しておく必要がある。

教育という複雑で不確実な営みに携わる教師に求められる専門性にふさわしい成長の機会には、自律的な学習と状況に応じた多様性が保障されなければならない。そこで実現が目指されるべき研修や学習の内容と質のコントロールは、教師研究や教育学諸分野の学術的研究知見に基づいた教職の「専門性」の側面から慎重に検討され具体化されることが極めて重要である。

【註】

＊1　中央教育審議会答申「今後の教員免許制度の在り方について」(2002年2月21日）より。

＊2　表4-2の作成にあたっては、主に参考文献（花輪、佐藤、曽余田・岡東）における整理の枠組みを参考に、令和2年度時点の各法律の内容を記載した。

＊3　大分県教育委員会「教職員評価システム実施手引（平成28年4月<令和2年3月改訂>)」、5頁より。

＊4　この点については、参考文献（諏訪ほか2019、髙谷2005、2008、2011）において詳しく論じられている。

【引用・参考文献】

今野浩一郎・佐藤博樹『マネジメント・テキスト 人事管理入門』日本経済新聞社、2002年

糟谷正彦『校長・教頭のための 学校の人事管理<改訂版>』学陽書房、2000年

勝野正章「教師の協働と同僚性—教員評価の機能に触れて」民主教育研究所編『人間と教育』第63号、旬報社、2009年、28-35頁

久保富三夫・兵庫民主教育研究所教師論委員会編『よくわかる教員研修』学文社、2006年

子安潤「教育委員会による教員指標の『スタンダード化』の問題」『日本教師教育学会年報』第26号、2017年、38-45頁

佐藤徹編著『教職論—教職につくための基礎・基本—』東海大学出版会、2010年。

諏訪英広・髙谷哲也・湯藤定宗・林孝「教員評価制度における成果報酬に連動した勤務評価に関する調査研究—被評価者の『納得度』を中心として—」『兵庫教育大学研究紀要』第54巻、2019年、173-185頁

曽余田浩史・岡東壽隆編著『新・ティーチング・プロフェッション』明治図書、2006年

髙谷哲也「日本の教員人事評価の課題と改善方策—人事管理と教員の職務特質の観点からの一考察—」『日本教師教育学会年報』、第14号、2005年、92-100頁

髙谷哲也「教員評価問題の特徴と方法論上の課題」『現代思想』第36巻第4号、青土社、2008年、178-192頁

髙谷哲也「教員評価の基盤をなす力量観･組織観の特徴と課題」『鹿児島大学教育学部研究紀要』第62巻､2011年、251-269頁

髙谷哲也「教員の免許・養成・研修制度改革の進展」日本教育経営学会編『現代教育改革と教育経営』学文社、2018年、121-133頁

高野和子編著『教職原論』学文社、2019年

仲田康一「『スタンダード化』時代における教育統制レジーム—テンプレートによる統治･データによる統治—」『日本教育行政学会年報』第44巻、2018年、9-26頁

花輪稔『学校運営便覧［第三版]』教育出版、2010年

水本徳明編『総合教育技術8月号増刊 図解でマスター！実践教育法規2020』小学館、2020年

5章　教育内容・教育課程

章のねらい

本章では、公の性質を有する学校が、国や地方の定める様々な基準にしたがって、教育目的・目標の達成を図るための教育計画である教育課程を主体的に編成・実施し、教育の質の向上を図るために継続的に改善していくことの重要性を確認する。教育課程の編成にあたり、学校は、児童・生徒の学びの過程に留意し、実際の教育場面で用いる具体的な手立てを考慮することが必要である。

1　教育内容に関する法規定

(1)　教育の目的・目標

学校は、所定の人的・物的要件を備え、設定された教育の目的や目標を達成するための活動を組織的・計画的・継続的に行う専門の施設である。したがって、設定される教育の目的・目標に応じて、それぞれの学校の教育活動に違いや特色が生じることになるが、学校の「公の性質」を踏まえ、一定の統一性と水準を確保するための法的な基準に従っていることが求められる。

日本国憲法は、第26条第1項において、すべての国民に「教育を受ける権利」を保障している。この「教育を受ける権利」は、教育を受けることなしに「健康で文化的な最低限度の生活」を営むことが現実的に不可能であることから、生存権的な基本的人権の一つととらえられている。さらに、より本質的には、国民各自の成長・発達に必要な学習をする自由権的な基本的人権（幸福追求権）という側面があるとされている。そのため、教育に関する理念的・基礎的な法律である教育基本法においては、教育の目的の中核に「人格の完成」が置かれ（第1条）、日本国憲法の根本原理である「個人の尊厳」とそれを前提した「公共の精神」を形成する教育の推進が普遍的な理念とされている。

これは、教育が、個人の能力を可能な限り発達させるといった私的な活動でありながらも、生活環境としての文化・社会制度とのかかわりなしに、個人が自らの生き方やあり方について考えることができないという認識に基づいている。また個人の学習成果は、それを獲得する教育プロセスが生活環境としての文化・社会制度との関係の上に成り立つことによって、はじめて社会全体の発展に役立つこととなる。したがって、学校においては、個人の生活の向上とともに社会全体の発展に貢献することが、提供される教育内容のすべてで配慮されなければならない。

教育基本法は、「人格の完成」という教育の目的を実現するため、達成されるべき教育の目標を５つの項目に整理して掲げている（第２条）。具体的には、①知・徳・体の調和的な発達を基盤としつつ、②能力の伸長、創造性、職業との関連の重視、③公共の精神、社会の形成に参画する態度、④生命や自然の尊重、環境の保全、⑤伝統と文化の尊重、それらをはぐくんできた我が国と郷土を愛するとともに、他国を尊重し、国際社会の平和と発展に寄与などが挙げられている。これらは、学校教育、家庭教育及び社会教育といった教育全般において実現されるものであるが、特に、学校教育については、児童・生徒の「心身の発達に応じて、体系的な教育が組織的に行われなければならない」ことが定められている（第６条）。

これを受けて、学校教育法では、学校種ごとの教育目的・教育目標が示されている。たとえば、中学校の教育目的は、「小学校における教育の基礎の上に、心身の発達に応じて、義務教育として行われる普通教育を施すこと」と定められている（第45条）。また、この教育目的を実現するため、第21条に掲げられた義務教育の10項目の目標を達成するよう行われるとされている。

こうした法律に定められた教育の目的・目標は、すべての学校に共通するものであり、国の理念や体制に基づく包括的な教育目的・目標であることから一般的・抽象的な表現にとどまる。したがって、それぞれの学校においては、地域の特性、学校の人的・物的条件及び児童・生徒等の実態等を考慮し、できるだけ具体的な目標・目的を設定することが必要となる。

(2)　教育内容の選択・配列・組織

教育の目的・目標が設定されると、それを達成するために適切な教育内容が選択されなければならない。さらに、選択された教育内容は、児童・生徒の心身の発達や授業時数との関連において総合的に配列・組織されることが必要となる。このような教育の目的・目標に沿って教育内容を選択・配列・組織した学校の教育計画が、教育課程と呼ばれるものである。

学校教育法には、文部科学大臣が学校種ごとの教育課程に関する事項を定めることが明記され、これを受けた学校教育法施行規則（文部科学省令）には、学校種ごとの教育課程の構成が示されている。たとえば、同規則第50条では、小学校の教育課程は「国語、社会、算数、理科、生活、音楽、図画工作、家庭、体育及び外国語の各教科、特別の教科である道徳、外国語活動、総合的な学習の時間並びに特別活動によって編成する」とされている。同規則第72条では、中学校の教育課程は「国語、社会、数学、理科、音楽、美術、保健体育、技術・家庭及び外国語の各教科、特別の教科である道徳、総合的な学習の時間並びに特別活動によって編成する」とされている。また、同規則第83条では、高等学校の教育課程は「各教科に属する科目、総合的な探究の時間及び特別活動によって編成する」とされている。なお、同規則には、別表という形で、小学校と中学校については年間の授業時数の基準が明示され、高等学校に

★表5-1　小学校の標準授業時数

（学校教育法施行規則別表第一）

区分		第1学年	第2学年	第3学年	第4学年	第5学年	第6学年
各教科の授業時数	国語	306	315	245	245	175	175
	社会			70	90	100	105
	算数	136	175	175	175	175	175
	理科			90	105	105	105
	生活	102	105				
	音楽	68	70	60	60	50	50
	図画工作	68	70	60	60	50	50
	家庭					60	55
	体育	102	105	105	105	90	90
	外国語					70	70
特別の教科である道徳の授業時数		34	35	35	35	35	35
外国語活動の授業時数				35	35		
総合的な学習の時間の授業時数				70	70	70	70
特別活動の授業時数		34	35	35	35	35	35
総授業時数		850	910	980	1015	1015	1015

1　この表の授業時数の一単位時間は、四十五分とする。
2　特別活動の授業時数は、小学校学習指導要領で定める学級活動（学校給食に係るものを除く。）に充てるものとする。

★表 5-2　中学校の標準授業時数

（学校教育法施行規則別表第二）

区　分		第1学年	第2学年	第3学年
各教科の授業時数	国　語	140	140	105
	社　会	105	105	140
	数　学	140	105	140
	理　科	105	140	140
	音　楽	45	35	35
	美　術	45	35	35
	保健体育	105	105	105
	技術・家庭	70	70	35
	外国語	140	140	140
特別の教科である道徳の授業時数		35	35	35
総合的な学習の時間の授業時数		50	70	70
特別活動の授業時数		35	35	35
総授業時数		1015	1015	1015

1　この表の授業時数の一単位時間は、五十分とする。
2　特別活動の授業時数は、中学校学習指導要領で定める学級活動（学校給食に係るものを除く。）に充てるものとする。

ついては教科と科目の一覧が掲げられている。

また、学校教育法施行規則は、文部科学大臣が教育課程の基準として学習指導要領（幼稚園については幼稚園教育要領）を別に公示することを定めている。学習指導要領は、国民の「教育を受ける権利」を保障する観点から、地域や学校の違いに関係なく一定水準の教育が行われるよう、最低限度の合理的・大綱的な国レベルの教育課程の基準として、学校種ごとに作成・提示される。その主な構成は、教育課程全般にわたる配慮事項や授業時数の取扱いなどを示した総則と、各教科や領域等の目標、内容、内容の取扱いを大まかに明らかにした各章からなっている。

こうした学習指導要領は、1947（昭和22）年に初めて示されたが、当初は、試案として刊行され、教員が自ら計画した授業を実践するための手引き書と位置づけられていた。1958（昭和33）年からは、文部科学大臣の告示として学習指導要領の全文が官報に告示され、教科書や時間割を含めた教育課程に関する法的拘束力を伴った基準と位置づけられるようになり、その後、社会や学校をとりまく状況の変化に対応するため、およそ10年ごとに改訂されている。

(3) 学習指導要領の内容と特色

学習指導要領の改訂作業は、教育の振興等に関する重要事項を調査審議する中央教育審議会での検討を踏まえて進められる。中央教育審議会は、2014（平成26）年11月に文部科学大臣による諮問「初等中等教育における教育課程の基準等の在り方について」を受け、幅広い分野の有識者による調査審議を重ね、2016（平成28）年12月に「幼稚園、小学校、中学校、高等学校及び特別支援学校の学習指導要領の改善及び必要な方策等について（答申）」を取りまとめた。

この答申を全面的に反映して改訂された学習指導要領等が、2017（平成29）年3月（幼稚園、小学校、中学校）と2018（平成30）年3月（高等学校、特別支援学校）に公示された。この学習指導要領の基礎となる理念は、学校と社会が、よりよい学校教育を通してよりよい社会を創るという目標を共有し、連携・協働しながら、加速度的に変化する未来の創り手に必要な資質・能力を育成する「社会に開かれた教育課程」の実現という点にある。

この理念の実現のためには、どのような資質・能力を児童・生徒に身につけられるようにするのかが、各学校の教育課程において明確に示されなければならない。学習指導要領は、AI等の発展やグローバル化の進展などによりますます複雑で予測困難となる未来を見据えつつ、学校で育成されるべき資質・能力を「何ができるようになるか」という観点から、①生きて働く「知識・技能」（何を理解しているか、何ができるか）、②未知の状況にも対応できる「思考力・判断力・表現力等」（理解していること・できることをどう使うか）、③学びを人生や社会に生かそうとする「学びに向かう力・人間性等」（どのように社会・世界と関わり、よりよい人生を送るか）の3つの柱で整理している。これを踏まえ、全ての教科等の目標や内容が、資質・能力の3つの柱に沿って再整理され、それらをバランスよく育成できるように留意することが明示された。

このような資質・能力を育成するために「何を学ぶか」といった教育内容についても、教科・科目の新設等を含めた具体的な改善・充実が図られている。

教育内容の主な改善事項としては、言語能力の確実な育成、理数教育の充実、伝統や文化に関する教育の充実、道徳教育の充実、体験活動の充実、外国語教育の充実、情報活用能力（プログラミング教育を含む）の育成、現代的諸課題への対応などが挙げられる。たとえば、道徳教育の充実では、学習指導要領の改訂に先行した道徳の特別教科化（小学校・中学校）により、道徳的価値を自分事として理解し、多面的に深く考えたり、議論したりする教育活動の推進が求められている。

また、「どのように学ぶか」といった指導方法について、「主体的・対話的で深い学び」の実現といった視点から、授業の工夫・改善を進めることが目指されている。法的拘束力を伴う学習指導要領に、教員の裁量に委ねられる指導方法に関する事項が明示されたことが注目されるが、このことは、国家が指示する新しい指導方法を学校に導入しなければならないということではない。各学校が、従来からの教育実践の蓄積を踏まえ、各教科等の学習を通じて身につけられる資質・能力が、児童・生徒にとって、未来のよりよい社会やよりよい人生を創りだすことにつながるように、授業改善の活性化に組織的・計画的に取り組んでいかなければならないことを示したものと理解される。

こうした学習指導要領の基準に則し、学校には、児童・生徒が「何ができるようになるか」という資質・能力を明確にし、「何を学ぶか」という教育内容と「どのように学ぶか」という指導プロセスを、それぞれの学校が備える諸条件に応じて組み立てていくことが求められる。つまり、学校として育成を目指す資質・能力を明確にした上で、児童・生徒、学校及び地域の実態を適切に把握し、それらを総合的に考慮して編成された教育課程に基づいた教育活動を展開し、適切に振り返りながら教育活動の質の向上を図る改善を組織的・計画的に進めていく「カリキュラム・マネジメント」の確立が必要とされている。「カリキュラム・マネジメント」にあたっては、①教育の目的・目標の達成に必要な教育の内容等を教科等横断的な視点で配列していくこと、②教育課程の実施状況を適切に評価してその改善を図っていくこと、③教育活動に必要な学校内外の人的・物的資源等を効果的に活用していくことなどに留意することとされている。ただし、これらの側面は、「カリキュラム・マネジメント」の本来のねらいである教育活動の質の向上を実現していくための手段であり、それ自体が目的化してはならないことに注意する必要がある。

2 教育課程行政の制度

(1) 学習指導要領の定着化

日本の教育行政は、法律に別段の定めがある場合を除き、強制的な指揮・監督・命令ではなく、指導・助言・援助に重点をおいた指導行政を原則としている。これは、国が全国に共通する教育の目的・目標や様々な基準（ナショナル・スタンダード）を設定し、その実現のために地方がそれぞれの特性や実態に応じた最適な状態（ローカル・オプティマム）をつくり出して教育活動を展開していこうとするものである。

教育課程に関する行政においても、文部科学省は、中央教育審議会等を通じて国民の意思や専門家の意見を調査・集約して、国レベルの教育課程の基準である学習指導要領を作成する一方で、各学校が編成・実施する教育課程について、教育委員会や学校に直接的な指示・命令を行うことができない。そのため、文部科学省は、全国的な教育の機会均等と教育水準の維持向上を実現する観点から、「学習指導要領解説」の作成・公表や様々な説明会の開催等を通じて、学習指導要領を学校の教育活動に定着させることを図る。

「学習指導要領解説」は、大綱的な学習指導要領の記述の意味や解釈などを説明した文部科学省の著作物である。これは、法的拘束力を伴うものではないが、学校種や教科等の別に学習指導要領の内容をより詳細に記述していることから、実際の教育活動に一定の影響を及ぼしている。たとえば、2017（平成29）年に改訂された小学校及び中学校の「学習指導要領解説 総則編」には、現代的な諸課題に対応して求められる資質・能力に関して、教科等横断的に教育内容を構成するための例が付録として掲載されている。掲載事項は、伝統や文化に関する教育、主権者に関する教育、消費者に関する教育、法に関する教育、知的財産に関する教育、郷土や地域に関する教育、海洋に関する教育、環境に関する教育、放射線に関する教育、生命の尊重に関する教育、心身の健康の保持増進に関する教育、食に関する教育、防災を含む安全に関する教育など多様であり、各学校の教育目標や児童生徒の実態等を踏まえた「カリキュラム・マネジメント」を進めていくために活用されることが期待されている。

文部科学省が開催する説明会は、学校種の別に設けられた教育課程説明会や指導主事連絡協議会など、教育委員会を通じて各学校の教育課程に学習指導要領の内容が反映されることを意図したものである。これらの説明会では、都道府県・指定都市教育委員会から派遣された指導主事等に対して、学習指導要領の改訂の趣旨や内容が「学習指導要領解説」等を用いて説明される。指導主事は、教育委員会事務局に属し、学校における教育課程・学習指導その他専門的事項の指導を行う専門的教育職員であり、学校の教育活動の改善にむけた指導・助言・援助を業務としている。したがって、学習指導要領の定着が教育委員会と学校の接点に位置づく指導主事を通じて図られることは、地方や学校の自主性を尊重した教育課程の編成が期待されていることのあらわれといえる。

これらを踏まえ、都道府県教育委員会は、地方レベルの教育課程の基準や学習指導上の資料・手引きを作成し、域内の市町村教育委員会や学校に提示する。一部の教育委員会では、学校管理規則等に基づき、国の学習指導要領を踏まえつつも、当該地域の公立学校が取り組むべき教育の理念・基本方針や内容・方法を示した教育課程編成・実施の基準が策定されている。一方、法的な拘束力を伴わない資料や手引きについては、国や当該地域で課題とされているテーマを中心に様々なものが作成され、教育課程の編成・実施に役立てられるよう各学校に配付されている。

また、教育委員会は、域内の各学校に対して、学習指導要領の趣旨・内容の説明、参考資料の配付、先進校等の事例の提示などを行う。具体的には、校長会、教頭会、教育委員会が主催する教員研修のほか、指導主事による学校訪問の機会が利用される。

(2)　教科書の検定・採択

学校が編成した教育課程が実施される際、各教科の授業では、「文部科学大臣の検定を経た教科用図書又は文部科学省が著作の名義を有する教科用図書を使用」することが学校教育法によって義務づけられている（第 34 条）。教科用図書（教科書）とは、「教育課程の構成に応じて組織配列された教科の主たる教材」であることから、それが授業で使用されることを通じて、国が定めた学習指導要領の内容が児童・生徒に伝えられることとなる。

教科書は、原則として民間の発行者によって著作・編集されるが、実際に授業の主たる教材として使用されるためには、教育基本法や学習指導要領などに照らして適切であるかの審査を経て、文部科学大臣の検定を受けなければならない。その趣旨は、民間に教科書の著作・編集を委ねることで、発行者の創意工夫に基づく多様な教科書が作成されるとともに、検定を行うことで、適正な教育内容や教育の中立性などを保障する教科書の確保にある。

具体的には、教科書として作成された図書は、発行者の申請により、文部科学大臣の諮問機関である教科用図書検定調査審議会に諮問される。審議会による審査の前には、文部科学省の教科書調査官による調査に付され、必要があるときには審議会に専門委員が置かれて調査される。これらの調査結果を踏まえ、教科書としての適否が検定基準（文部科学省告示）に照らして審査され、この審議会の答申に基づいて文部科学大臣が検定を行う手順となっている。

検定を受けた教科書は、通常、一つの教科につき数種類が作成されるため、その中から各学校で使用される一種類の教科書が採択される。採択の権限は、公立学校の場合は当該の教育委員会にあり、国立並びに私立学校の場合は校長にある。ただし、市町村立の義務教育諸学校で使用される教科書については、都道府県教育委員会が設定した採択地区ごとに、教科書の採択権限を有する市町村教育委員会が協議して採択する広域採択制がとられている。採択地区の市町村は、一般に採択地区協議会を設置し、共同調査・研究を行っている。

文部科学大臣は、採択された教科書の需要数の集計結果に基づいて、発行者に発行する教科書の種類や部数を指示する。これを受けて発行者は、教科書を発行し、供給業者を通じて各学校に供給する。義務教育諸学校で使用される教科書については、国の負担によりすべての児童・生徒に無償で給与されている。

なお、主たる教材である教科書以外の教材は補助教材と呼ばれ、学校教育法により「有益適切なものは、これを使用することができる」と定められている。その使用について学校は、地方教育行政の組織及び運営に関する法律により、あらかじめ教育委員会に届け出ること又は承認を受けることが求められている（第33条2)。これは、教員の授業実践にかかる裁量を制限するものでは

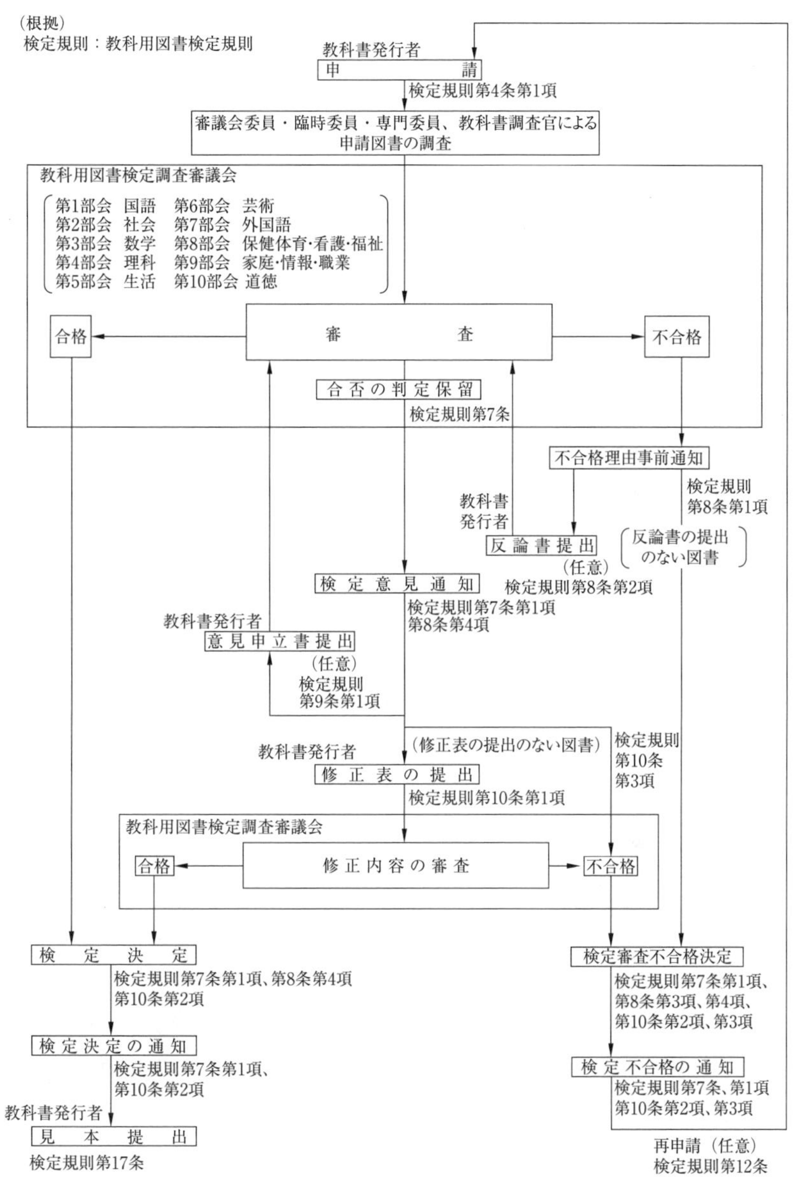

★図 5-1　教科書検定の手続き

文部科学省：https://www.mext.go.jp/a_menu/shotou/kyoukasho/gaiyou/04060901/1235090.htm：最終アクセス日 2020 年 9 月 30 日

なく、あくまで教育上に必要があると認められる補助教材を適切に使用することを求めた措置ととらえられる。

3 学校における教育課程の編成・実施

(1) 教育課程の編成主体

教育課程の編成は、学習指導要領の総則にも明記されているとおり、各学校が主体となって行われる。つまり、それぞれの学校には、法律、省令及び教育委員会規則や学習指導要領の趣旨を踏まえ、児童・生徒の心身の発達状況、教職員の配置や施設・設備等の条件及び地域から期待される役割などを十分に考慮しつつ、達成可能で一貫した教育目的・目標に則した教育課程を主体的に編成することが求められている。具体的には、学校の最高責任者である校長による積極的なリーダーシップの下、教育の専門職である教員を中心とした教職員のすべてが組織的に連携・協力しながら、学校として統一性・独自性のある教育課程が編成されなければならない。

教育課程の編成にあたっては、教育内容の範囲（scope）と系統（sequence）の問題を考慮していく必要がある。範囲については、特に、教育内容全体をどのように区分し、相互に関係づけるかが問題となる。系統については、学問体系に基づく論理的な系統性と児童・生徒の学習プロセスを踏まえた心理的な系統性を踏まえ、教育内容をどのような順序に配するかが問題となる。

日本においては、教育内容の範囲と系統の大枠が学習指導要領によって定められている。さらに、学習指導要領に基づいて整理された教材として、その使用が義務づけられた教科書が準備されている。こうした背景から、日本の教育課程が、児童・生徒の発達状況や特性を考慮しないままに学習指導要領や教科書に依存して編成され、学校が教育内容の選択に積極的な役割を果たしてこなかったという状況がみられる。

これまでの学校教育が「教科書で教える」というよりも、「教科書を教える」ことを重視する傾向が強かった点を反省し、今後、児童・生徒の学習に対する意欲の向上に配慮した改善を進めていくことが求められる。学校や地域の実態にとどまらず、児童・生徒一人ひとりの心身の発達段階や特性まで配慮した教育課程を編成できるのは、実際に学校での教育活動に直接的に携わる教員をおいて他にいない。

(2)　教育課程の展開

教育課程は、教育内容の範囲と系統を考慮しながら編成されるが、これだけでは、学校全体の大まかな教育計画が形づくられたに過ぎない。実際に授業をおこなうためには、教育課程に盛り込まれた各教科、特別の教科である道徳（小・中学校)、外国語活動（小学校)、総合的な学習の時間並びに特別活動について、学年、学期、月、週、時限ごとなどに小分けし、それぞれの指導目標、指導内容・方法、使用教材、時間配当などを定めた具体的・段階的な指導計画が立てられなければならない。

こうした指導計画は、学校の実態（地域の特性・文化、クラスの雰囲気、児童・生徒の発達状況、施設・設備、教員組織など）を踏まえて個々に作成されるが、あくまで共通の目的・目標をもった教育課程全体の中に位置づけられることに注意する必要がある。したがって、教科や学年の間で相互に関連づけるとともに、指導内容のまとめ方や重点の置き方に適切な工夫を加えるなど、系統的・発展的・効果的な指導ができるように配慮することが求められる。

そのためには、教育課程や指導計画を単元（unit）によって構成するという考え方が重要となる。単元とは、児童・生徒が知識・技能や経験を習得しやすいように整えられた教育内容の一つのまとまりであると同時に、より広い範囲の教育内容から構成される教育課程の一部分と理解される。単元は、教科書に記載された知識・技能等の習得を図る教材単元と、児童・生徒の問題解決能力の育成を図る経験単元に分けられ、その両方を適切に組み合わせることによって、より効果的な教育課程を編成することができる。しかし、現実には、単元を一義的に教材単元ととらえ、教科書の構成（章、節、項）に対応した単元が形づくられていることが多い。教育課程全体に占めるそれぞれの指導計画の意義を再検討し、必要に応じて単元を分解・再構成することが必要である。

また、各教科等や学年の間で相互に関連づけられた指導計画を作成するためには、それぞれの教員が、学校全体の組織的な活動を踏まえた上で、分担する校務に取り組むことが不可欠となる。個々の指導計画は、一般的に、教科等や学年などの別に組織される各種委員会において作成される。個々の教員の関心が担当する教科等や学年の指導計画のみに向けられることにより、他の教科等や学年との間の関連性が意識されにくくなり、教育課程全体としての方向性を見失うことにもつながりかねない。教育課程や指導計画の作成にあたっては、それぞれに関連する校務分掌組織の間での意思疎通が適切に図られなければならない。

(3) 教育課程の改善

教育委員会の多くは、各学校に対して、編成された教育課程を届け出るか又は承認を得ることを義務づけている。ただし、学校教育の質の向上をねらいとした「カリキュラム・マネジメント」の確立が求められる中、編成した教育課程それ自体よりも、その実施状況や成果を把握し、改善に結びつけていくことの必要性が高まっている。これは、従来、教育課程の編成にあたり、教員の立場から教育内容の伝達を管理することが重視されるあまり、児童・生徒の学習経験に対する視点が希薄となり、教育課程の形式化・空洞化が生じていたとの認識による。

具体的には、「何を学ぶか」の計画に留まる教育課程では、所定の教育内容と授業時数を確保することが優先され、「どのように学ぶか」といった教育目標や教育内容に応じた適切な手立て（指導方法）に関する計画が副次的な課題として編成されることになる。そうした場合、編成された教育課程が、児童・生徒が「何ができるようになるか」という学校で育成されるべき資質・能力との関わりから「何を学び、何を学べていないか？」といった実際の教育場面で必要となる現状の理解に必ずしも役立たないことになり、教育課程に対する教員の無関心を招くことにつながる。したがって、教育課程の編成にあたっては、教育内容と授業時数の確保だけでなく、授業などの教育場面において教員が自らの教育活動を現在進行形で振り返りながら、教育目標の達成や教育課題の解決に導いていくための手立てを想定しておくことが求められる。

こうした教育課程を開発・編成するには、その実践の経過やある時点での結果を評価し、それを次の指導計画にフィードバックさせた修正を施していかなければならない。年度初めに編成された教育課程を絶対的な計画ととらえるのではなく、児童・生徒や学校・地域の諸条件の変化に応じて、絶えず教育課程の改善に努めていくことが期待される。

そのためには、まず、学校の実態を踏まえた児童・生徒の学習経験を評価・診断し、実施されている教育課程の成果や問題点を学校全体で把握することから始められる。さらに、現行の教育課程が抱える問題点を解消するための改善策について検討し、その検討結果を踏まえた修正計画を立案して、次の教育活動を行っていくといったサイクルを継続することが重要である。

このような診断・評価（Check）－更新・改善（Action）－計画（Plan）－実施（Do）といった一連のサイクルは、児童・生徒が「何を学び、何を学べていないか？」といった診断・評価が起点となることにより、教育課程を実施する過程で生じた問題にかかる具体的な原因を把握し、それを改善に向けた取り組みにスムーズに結びつけることが可能となる。児童・生徒の学習経験に基づいた教育課程の開発・編成が継続的に行われることにより、その主体となる教員一人ひとりの資質・能力が向上し、学校の組織的な教育力・実践力が高められていくことが期待される。

【引用・参考文献】

河野和清編『現代教育の制度と行政［改訂版］』福村出版，2017年
古賀一博編『教育行財政・学校経営［改訂版］』協同出版，2018年
田中耕治・水原克敏・三石初雄・西岡加名恵『新しい時代の教育課程 第4版』有斐閣，2018年
田村知子・村川雅弘・吉冨芳正・西岡加名恵『カリキュラムマネジメント・ハンドブック』ぎょうせい，2016年
日本教育経営学会編『現代の教育課題と教育経営』学文社，2018年
山口健二・高瀬淳・今井康好・森安史彦編『教職論ハンドブック［改訂版］』ミネルヴァ書房，2020年

コラム1 学校における教育の経営

学校における教育活動には、学習指導、道徳教育、生徒指導、キャリア教育、人権教育、特別支援教育、国際理解教育、情報教育、環境教育、その他非常に多くの分野があり、教師は職務としてそれらを担っている。この中で時間的にも労力的にも多くを占めるのが学習指導である。いわゆる授業であるが、実は教師は授業中、単に教科内容の指導だけしているわけではない。授業における重要な要素の一つに生徒指導がある。生徒指導とは、本来、「積極的な生徒指導」と呼ばれる、児童生徒の健全な人格形成のために必要な自己指導能力の育成をめざしたものであり、単に問題行動への対応というものではない。教師は「積極的な生徒指導」を展開するため授業を大切にすることを最重要ととらえて教育活動に携わっている。

一方、近年の学校には、いじめ、不登校、問題行動等、生徒指導上の課題が山積している。これらの課題に積極的に対応することも学校に求められている。いじめや不登校の子どもへの指導・支援、問題行動を起こした子どもへの指導など、多くの教師は勤務時間内外を問わずこれらに対応している。特に問題行動に対しては、社会で許されないことは学校でも許されないという毅然(きぜん)とした態度が必要である。

また、多くの学校ではいじめ、不登校や問題行動等が起こらない学校づくりに着手している。その方法は多種多様でありそれぞれ成果もあがっているが、多くの場合、その根底にある理念は同様なものであろう。それは、子ども同士の人間関係づくり、子どもと教師の人間関係づくりであり、これに教師同士の人間関係づくりの視点を加える場合もある。特に、子ども同士の良質なコミュニケーションを形成するための心理教育を意図的に取り入れる学校も増えてきているようだ。人と人が心理的・社会的なつながりを実感できる関係をつくることができれば、いじめ、不登校、問題行動等生徒指導上の諸課題の減少につながるわけで、そのような雰囲気を持つ学校風土を形成することが有効である。そして、学校風土の形成には教師（あるいは教師集団）の雰囲気が大きな影響を与えることも忘れてはならない。集団を構成するのは子どもだけでなく、教師もその一員だからである。

本来、学校とは落ち着いた学習環境の中で子ども同士が互いに切磋琢磨(せっさたくま)し成長する場所であり、そうなることをめざした取り組みが繰り広げられている。

吉備国際大学心理学部教授（元岡山県総社市立総社西中学校校長） 藤井和郎

6章 学校組織論

章のねらい　変化の激しい外部環境に対応するためには、学校組織マネジメントが必要である。本章では、学校組織マネジメントの主要構成要素である「組織システム」「マネジメントタスク」「リーダーシップ」について学ぶ。

1 はじめに

21世紀に入り、公立学校組織（以下、学校組織）は、大規模な組織環境の変動に突入している。たとえば、閉鎖志向から開放志向へ、安定的市場から競争的市場へ、プロセス重視から成果重視へ、既得権重視から顧客重視へ、行政資源活用から民間資源活用へと組織環境が変化しつつある。また、コロナワールドへの突入は、組織環境の変動性（Volatility）・不確実性（Uncertainly）・複雑性（Complexity）・曖昧性（Ambiguity）、すなわちVUCA環境を一段と高めている。こうした組織環境の変動に適応し生存するための思考と技法、すなわち、組織マネジメントへの関心が今日急激に高まっている。

しかしながら、学校組織マネジメントについて、教育経営学分野での研究が蓄積されているとは言い難い。なぜならば、これまでの教育経営学が企業や民間の理論は教育分野になじまないとする「学校組織の特殊性」に立脚したスタンスを長らく採用し続けてきたためである。こうした状況下において、学校組織の特殊性にとらわれることなく、学校を対象とする組織マネジメント論を展開した木岡（2003）らのもつ意義は大きいといえる。ただし、先行研究では、学校組織マネジメントに関して、定義が曖昧であるだけでなく、その理論構造もほとんど確立されていない。そのため実証性がとても脆弱な領域となっている。

学校組織マネジメントについて論じるためには、最初に、その基礎概念及び構成要素を確認しておく必要がある。本章では、学校組織マネジメントを「不確実で流動的な学校組織環境に適応し生存するための思考と技法」と定義し、次の3つの構成要素の相互作用過程として捉えるモデル（図6-1）を提示する。

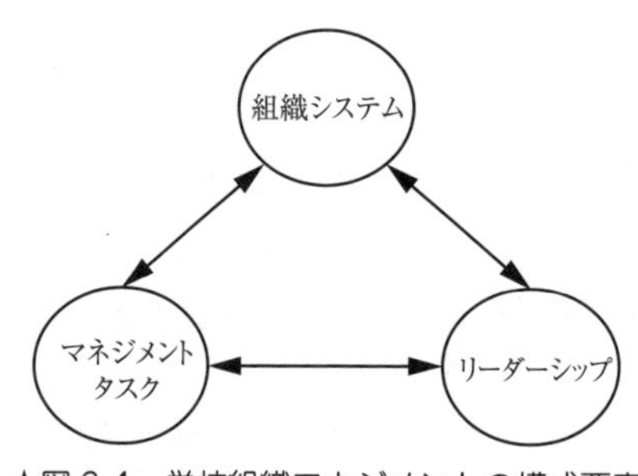

★図 6-1　学校組織マネジメントの構成要素

すなわち、第１の構成要素は組織システムである。これは、組織構造や意思決定の仕組みを意味する。組織には目標を達成するため、また、タスク（課業）を効果的に遂行するためのルールの束が存在する。組織図として整備されたフォーマルな組織システムもあれば、メンバー間で暗黙的に認知されている（あるいは認知されていない）インフォーマルな組織システムもある。

第２の構成要素は、マネジメントタスクである。組織システムは、組織存続のための目標達成やタスク遂行のために存在する。学校組織では、たとえば、カリキュラムマネジメントやリスクマネジメント等が主要なマネジメントタスクである。これらのマネジメントタスクは組織システムの特性から影響を受けることもあれば、組織システムに対して影響を及ぼすこともある。つまり、組織システムが整備されていなければどのようなマネジメントタスクも遂行できない。ライン系統が整備されていない学校組織では、リスクマネジメントの遂行は極めて困難である。一方、新たなマネジメントタスクを当該組織に導入することで、組織システムが変化することもある。たとえば、総合的な学習の時間のカリキュラムマネジメント導入により、学年組織内教員の緩やかなつながりが緊密なつながりに変化すること等がその一例である。

第３の構成要素は、リーダーシップである。リーダーシップは、主にコミュニケーションを通して組織システムやマネジメントタスクを変革・改善する。学校管理職を対象とするリーダーシップ研究では、リーダーシップ→組織システム→マネジメントタスク（特に学力向上のためのカリキュラムマネジメント）の媒介影響モデルに立脚した分析が支配的であった（露口 2008）。その一方で、リーダーシップが組織システムやマネジメントタスクから影響を受ける側面については、ほとんど焦点があてられていない。

そして、これらの組織マネジメントの構成要素は、いずれも、組織が置かれる外部環境との相互作用関係を有している。外部環境に応じて組織システム・

マネジメントタスク・リーダーシップは変化するであろうし、これらが外部環境を変化させることもある。

さて、本章では、学校組織マネジメントをこのように捉えた上で、まず第1に、組織システムについて言及する。学校組織システムを説明する理論として、いくつかの主要モデルを紹介し、それぞれの特質について記述する。第2に、今日の学校組織での主要なマネジメントタスク（7領域）について、その概要を説明する。そして、第3に、組織システムとリーダーシップの関係について論じる。組織システムのモデルチェンジと変革型／交流型リーダーシップの関係について論じた後に、新たな組織システムに適したリーダーシップ論を紹介する。

2　学校組織システム

学校組織システムの代表的な理論は、合理的官僚制モデル、疎結合モデル、構造的疎結合・文化的緊結合モデル、専門的コミュニティモデルであろう（露口 2008）。合理的官僚制モデルとは、管理者が決定した単一の目標を共有する、ルールを通しての分業を含む公式的な統制システムを有した部局間の強度の統合化を象徴とするとの視点に立ったモデルである（Herriott & Firestone 1984）。疎結合モデルとは、管理者と教員層との職務遂行上の結びつきの欠如、すなわち、監督による行動制御の困難さを強調する一方、このことが逆に外部環境への対応や多様な児童生徒に対する即時的対応を可能にするとの視点に立ったモデルである（Weick 1976）。構造的疎結合・文化的緊結合モデルとは、教師個人の活動をベースとした上で（構造的疎結合）、教師に対して新たなアイデアや変革への期待を教師に与え、個別に柔軟性をもって対応にあたらせるとの視点に立ったモデルである（Firestone & Wilson 1991）。専門的コミュニティモデルとは、教師間の相互作用の頻度が高く、教師の行為は共有化された教授・学習の実践と改善に焦点化された規範によって統治されているとの視点に立ったモデルである（Louis, Marks, & Kruse 1996）。

本章では、これらの先行研究の知見と、我々が知覚している学校組織の状況・文脈・実践言説を踏まえて立案した、離散モデル・統制モデル・分散モデル

★表 6-1　学校組織システム

	離散モデル	統制モデル	分散モデル
組織構造	平等化	ライン	フラット
活動形態	個業	統制	協働
サイクル	PD	PDCA	WHDCA
目的	日常的職務の実施	目標達成	問題解決
期待される行動	裁量行動	役割行動	裁量行動
意思決定	教員集団	校長	トップマネジメントチーム

の3つの理論を紹介する*[1]。

(1)　離散モデル

離散モデルとは、「ナベブタ組織」「教師がバラバラの組織」等の実践的言説に象徴される学校組織を説明する。離散モデルは、次のような特徴をもつ組織である（以下、各モデルの比較については表6-1参照)。すなわち、①管理職以外のメンバーがほぼ同一の地位と権限をもつ（平等化)。②職務活動の主体は個人である（個業中心)。③マネジメントサイクルで重視されるのは計画（Plan）と実施（Do）である。④組織目的は、メンバーによる日常的職務の遂行である。⑤メンバーに期待される行動は、役割の内外を問わない裁量行動である。⑥実質的な意思決定は教員集団によって行われる。これらの要件の中でも、特に個業については、その負の側面が解明されつつある。たとえば、学級崩壊等の場合に困難な事態が固定化される（佐古・葛上・芝山 2005)。学級担任が個別に関わる必要のある子どもへの指導の困難さを感じやすく、地域活動への関与志向が低い（佐古 2007)。保護者対応において信頼構築がうまくいかない（露口 2007）こと等が報告されている。

(2)　統制モデル

そこで、上記の不確実性の高い組織環境に適応するために、2000年頃から推進されているのが、権限集約・垂直的統合・成層化に象徴される統制モデルである。このモデルは、校長の人事権・予算権の拡充や主幹教諭の導入等、具体的な政策の裏付けによって定着化しつつある。

統制モデルの学校組織は次のような特徴をもつ。すなわち、①トップである校長に権限が集約され、トップが掲げるビジョン・目標を達成するためのラインが形成される。②職務活動の主体は、成層化された各層のリーダーである。そのためミドルリーダー（主任層教員）の活性化が強調される。③ PDCA（Plan-Do-Check-Action）のマネジメントサイクルが重視される。④組織目的は、学校組織のビジョン・目標の達成である。⑤メンバーに期待される行動は、目標達成に準拠した役割行動である。⑥実質的な意思決定主体は、もちろん校長である。

しかしながら、統制モデルに対しては、次のような問題点が指摘されている。すなわち、第1は、目標達成志向がもたらす「予期せざる（有意味な）結果」の排除である。統制モデルでは、目標に対応した評価基準が初期の段階で設定され、その基準にしたがった成果の測定が予定されている。所与目標との関連で捉えられる組織行動のみが検討の対象となり、目標からのズレが逸脱あるいは失敗として知覚される等の限界を有している（佐古 1994）。第2に、成層化された組織形態に基づいて PDCA を実践することで、教師個々の側からの創発的発案が具現化するまでに相当の時間を要してしまうことも問題点として指摘できる。そして、第3に、トップへの権限の集約化が図られるため、トップの資質によって組織全体が強い影響を受ける点である。校長の資質能力は多様である。トップのリーダーシップに対して過度に期待する組織システムは、一定のリスクを抱えていることを我々は認識しておかねばならない。第4は、決定への参加の抑制に伴う教員のモチベーションの低下である。この点は、国内外を問わず検証されている（露口・佐古 2004）。

このように、統制モデルは万能ではなくいくつかの問題点を内包している。しかしながら、危機管理や日常的な管理業務遂行の上で、必要不可欠の機能を数多く有していることも事実である。組織の管理統制が機能していない学校では、危機への対応が不十分であり、また、些末な内容の決定で時間をとられる。我々は、統制モデルが必要不可欠であることを確認した上で、その欠点を補足する組織モデルが必要であると考えている。

(3) 分散モデル

統制モデルの限界性を補完するのが、児童生徒が抱える問題を絶えず解決していく行為に焦点をあてた分散モデルである。分散モデルの特徴は次の通りである。すなわち、①第一線で実践を行うチームを中核とするフラット組織が形成される。②職務活動の主体は、当該実践チームである。③ WHDCA（What-How-Do-Check-Action）＊[2]，OODA（Observe-Orient-Decide-Act）＊[3]，CAPD（Check-Action-Plan-Do）が重視される。④組織目的は、児童生徒が抱える問題の解決である。⑤メンバーに期待される行動は、役割内外を問わない裁量行動である。⑥実質的な意思決定主体はトップマネジメントチーム（校長・教頭・主任層教員から構成される）である。

分散型組織は、統制モデルの要件を充足しており、ラインがスムーズに通っていることが前提となる。校長はトップマネジメントチームを編成し、中長期的な目標達成のために PDCA を、短期的な問題解決のために WHDCA を機能させる。WHDCA サイクルの機能化を志向した、学年組織等の最小単位チームへのエンパワーメント（パワーの分散化）が特徴的である。

分散モデルの組織を構築するためには、ミドルリーダーの育成が必要不可欠である。しかも、指示・命令を的確に遂行する管理型ミドルではなく、問題解決能力のある変革型ミドル（金井 1990）である。

分散モデルは、統制モデルにおける問題点の克服に貢献する。予期せざる結果を新たな課題として認識する。教師個々の創発性を重視する。そして、重厚なミドルリーダー層が職務遂行の中核であるためトップ交代の影響を緩和することができる。

3 学校組織におけるマネジメントタスク

組織システムは、何らかのマネジメントタスクを遂行するために存在し、また、マネジメントタスクは組織システムがなければ遂行できない。双方は不可分の関係にあり、相補的関係にある。

学校組織マネジメントの対象は、目的群（２領域）と資源群（５領域）に区分することができる。目的群とは、学校組織の中心的価値である効果的な教育活動による子どもの成長と安全な学習環境の提供をねらいとしたマネジメントを示し、カリキュラムマネジメントとリスクマネジメントがこれに該当する。実際の公立小学校の指導計画をみても、その大半がカリキュラム（教育課程・指導計画・研究計画等）とリスク（事故・災害等）の計画にあてられている。

一方、資源群とは、学校組織の中心的価値を達成するための諸資源の活用と拡充を目標としたマネジメントを示す。学校組織において活用・拡充の対象となる主な資源には、知識・人材・情報・信頼・施設設備等*4がある。学校組織マネジメントにおいて、これらの諸資源はカリキュラムマネジメント及びリスクマネジメントへの活用の対象であるとともに、拡充の対象でもある点に留意すべきである。

教育実践に関わる知識の活用・拡充を対象としたマネジメントは、研究開発マネジメントと呼ばれている。組織的な研究推進活動を通して、研究仮説の検証を試みる中で、新たな知識を創造していく。

人材の活用と拡充を対象としたマネジメントは、人的資源マネジメントと呼ばれている。組織内における人的資源マネジメントには、採用・育成・活用・評価・処遇・退職6領域（大橋 2000）があるとされるが、学校組織では、育成・活用・評価に限定されている（教員評価が浸透する以前は、育成と活用だけであった）。今日の学校管理職には、目標管理システム等の人事管理の手法を活用した人材の育成・活用・評価が期待されている。この他、地域人材の活用等を意味する組織外の人的資源マネジメントについても、その重要性が指摘されている。

情報（データ）の活用と拡充を対象としたマネジメントは、データ活用型意思決定（Data-Driven Decision Making）と呼ばれている。学校組織において生成される情報・データは、学力調査や学校評価の制度化を契機として、ここ数年で飛躍的に増大した*5。情報（データ）を適切に管理し、カリキュラムマネジメントやリスクマネジメントのための新たな知識の創造につなげる活動が重要となる。

信頼の活用と拡充を対象としたマネジメントは、コミュニティマネジメントと呼ぶことが出来る。コミュニティマネジメントは、保護者との信頼構築に焦点化する次元と、地域住民との信頼構築に焦点化する次元に区分できる。前者は、学校と保護者との間に、相互が子どものよりよい成長という共通の目標に向けて期待し合う関係的信頼（relational trust）を醸成するマネジメントである（露口 2012）。後者は、コミュニティスクール等の制度を活用しつつ、地域とともにある学校づくりを目指して、地域における人々のつながり、すなわち、社会関係資本（social capital）としての信頼を醸成するマネジメントである（露口 2018a）。

最後に、施設設備（場）の活用と拡充を対象とした、施設マネジメントをあげておきたい。空き教室・余剰教室の活用、各種スペースの有効活用、学年・教室の配置等、近年では施設マネジメントによる教育活動の質の向上が可能となってきた。効果的な施設マネジメントによって、学びの場の拡充も可能である。

これらのマネジメントタスクは、離散モデルの組織では、ほとんど機能しないことは明らかである。統制モデルあるいは分散モデルの要件を備えた組織システムが必要である。それでは、離散モデルの組織において、どのように組織システムを変革し、マネジメントタスクを遂行するのか。ここで期待されるのが、学校管理職のリーダーシップである。

4 学校組織におけるリーダーシップ

組織システムの各モデルは、学校組織が置かれる環境に対応している。離散モデルは、教師個々の多義性が環境の多義性を上回っている状況下では、即時的な問題解決機能をもった組織モデルとして安定する。また、統制モデルは、環境の多義性（外部環境からの圧力を含む）が教師個々の多義性を上回り、組織として環境に対応せざるを得ない状況下で、その重要性が認識される。さらに、環境対応のスピードが求められるようになると、トップに起案し指示・決済を待つタイプの統制モデルでは追いつかなくなる。児童生徒及び保護者にもっとも近い学年チーム等が一定の裁量をもって問題を解決するシステムが必要となる。

しかし、環境変動に応じて、必ずしも組織が変化するとは限らない。環境変動にうまく適応できず、機能障害を引き起こしている学校組織の姿は、頻繁に指摘されるところである。学校組織は、環境変動に応じて組織システムを変えていかなければならない。リーダーによる環境適応プロセスは、組織システムを変革する変革型リーダーシップによって説明できる。変革型リーダーシップには、Bass（1985）以降、様々な定義と次元構成が紹介されている。ここではわが国での先行研究の成果（淵上 2002；古川 1998；金井 1990 等）と学校管理職による実践の文脈を踏まえ、変革型リーダーシップを「より高次の目標達成の方向に集団を動機づけ、組織内外における価値と資源とを新たに結合化し、各教師の学級・学年（教科）・学校レベルでの変革志向の教育活動を引き出そうとするリーダー行動」（露口 2008）であると定義しておく。そして、具体的な行動次元として次の５点を指摘しておきたい。すなわち、①理念とネットワーク：明確なビジョン・ミッションを持ち、問題解決においてキャリア／コミュニティ・ネットワークを活用する。②忍耐と決断：メンバーから尊敬・信頼され、卓越した忍耐力と決断力を有していることを示す。③動機づけ：仕事の意味を理解させ、やる気を引き出し、元気づける。④知的刺激：問題を的確に発見し、メンバーの考え方の視野を広げたり、転換したりする等の刺激を与える働きかけ。⑤個別的配慮：メンバー個々の達成や成長に配慮を払い、仕事を支援し、親身になって面倒をみる、である。

しかし、変革を志向する学校管理職も、赴任当初から変革型リーダーシップを行使するわけではない。最初は、メンバーとの交流の中で、これまで前任者が積み上げてきたものに従う姿勢を示す（同調性）。また、PDCA サイクルを機能化させ、自身の有能性を明らかにしていく（有能性）。リーダーは、コミュニケーション・交流活動を通して、信頼を築いていくのである（金井 1990）。こうした「現在の仕事をメンバーとの交流やかかわりの中で仕上げる」ことを意図したリーダー行動は、交流型リーダーシップと呼ばれている（古川 1998）。交流型リーダーシップの具体的な次元構成は次の通りである。すなわち、①理念の翻訳と伝達：所与の組織目標を正確に理解し、メンバーに伝達する。②部門の目標設定と実行：自部署の組織目標の設定、理解・浸透化・実行。③活動の振り返り：目標達成の活動を振り返り、成果を報告し、メンバーにフィードバックする。④改善の実行：振り返りを通して抽出された改善策を実行する、である。

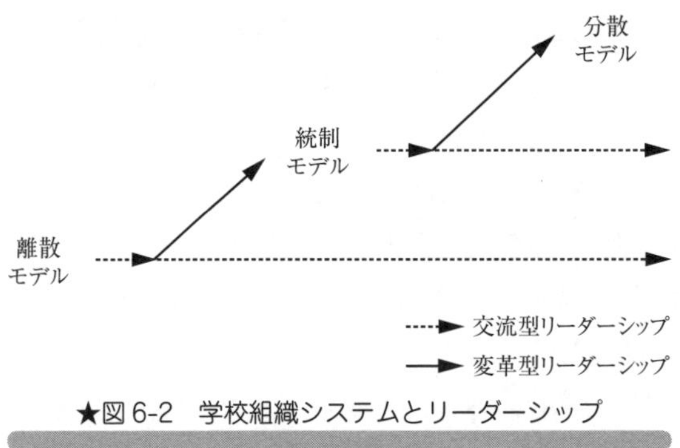

★図 6-2 学校組織システムとリーダーシップ

それでは、既述した学校組織システム（離散・統制・分散）と変革型／交流型リーダーシップは、どのような関係にあるのか。双方の関係について、我々は図６－２に示す通り整理した。ここでのポイントは、次の２点である。

すなわち、第１は、交流型リーダーシップを既存の組織システムの維持・微修正のためのリーダー行動、変革型リーダーシップを新たな組織システムの創造のためのリーダー行動として理解し、組織システム間の関連性を説明する点である。この理論では、変革型リーダーの出現を、組織システム進化の重要な契機として位置づけている。

第２は、離散モデルから統制モデルへの変動過程、統制モデルから分散モデルへの変動過程では、変革型／交流型リーダーシップの焦点が若干異なる点である。離散モデルから統制モデルへの変動過程では、「組織体制の整備」に象徴されるように、学校管理職の指示が通るようなラインの整備、学校管理職のパワーの拡充、教職員のコントロール強化に焦点があてられている。この過程での交流型リーダーシップは、職員団体や変革に異を唱える教職員との交換関係の形成（管理的要求と自律性要求との交換）に集約される（露口 2008)。変革型リーダーシップにおいては、組織を一体化させるための危機意識の喚起、変革に際して生じる軋轢への忍耐と的確な決断、教職員が是非とも実現したいと思うようなビジョンの設定とコミュニケーションによる理解の促進等が具体的なリーダー行動である。一方、統制モデルから分散モデルへの変動過程では、学校管理職から各チームへのパワー分配、チームの能力と自律性の強化に焦点があてられる。交流型リーダーシップの焦点は、教職員とのコミュニケーションの質・量にあてられる。また、変革型リーダーシップの焦点は、チームの目標設定支援、権限委譲の決断、チームの失敗に対して責任をとる毅然とした態度、チームが安心して挑戦できる組織的公正の実現等である。

5 分散モデルに適したリーダーシップ

(1) サーバント・リーダーシップ

フォロワーの主体性や下部チームへのエンパワーメントに焦点があてられる分散モデルの学校組織では、トップリーダーによる変革型リーダーシップとは別の理論が必要となる。そこで、近年注目されている理論がサーバント・リーダーシップ論である。サーバント・リーダーとは、簡単にいえば、フォロワーや顧客の成功や幸福のために奉仕・貢献することを第一に考え行動するリーダーのことである。トップからグイグイ引っ張るリーダーではなく、下から縁の下の力持ちとして関係者を支えるタイプのリーダーとして描かれている（池田・金井 2006）。

サーバント・リーダーシップの特性については、この理論の先導者であるGreenleafの主張を整理したSpears（1998）によって、次の10属性にまとめられている。すなわち、①傾聴：人の話をしっかりと聴く、②共感：人の気持ちを理解し共感することができる、③安心感：組織における精神的・情緒的問題を克服する、④気づき：自分と所属組織を正確に理解する、⑤説得：職務権限や強制力を使用せずに人を納得させる、⑥概念化：希望のみえるビジョンを示す、⑦先見性：未来を予測する、⑧貢献の美徳：個人又は組織による社会貢献の価値を説く、⑨成長への関与：人々の成長を支援する、⑩コミュニティの創造：組織における共同体意識の創造、である。

サーバント・リーダーシップは、1970年代以降、主としてリーダー哲学や思想論の領域で概念研究が進展してきた。実証的な研究が展開されはじめたのはここ数年の間である。たとえば、Barbuto & Wheeler（2006）では、SLQI（The Servant Leadership Questionnaire Items）を開発し、サーバント・リーダーシップの5次元を析出している。その5次元とは、自分の利益よりも、常に部下の利益を優先して行動する「愛他的使命」、自分の情緒的環境をリーダーが整え、また、情緒問題の解決をリーダーに期待できる「情緒的安定」、現状を正確に理解し、未来を見通す「賢明さ」、部下の進むべき方向性を示し、行動選択を説得する「説得的図解」、組織が共同体として機能し、社会貢献に邁進すべきことを説く「組織的貢献の美徳」である。これら5次元は確証的因子分析によっても適合度の高さが検証されている。

サーバント・リーダーシップの効果についても、これらの実証研究では言及されている。たとえば、Barbuto & Wheeler（2006）では、サーバント・リーダーシップの5次元の中でも、説得的図解と組織的貢献への美徳が成果指標（追加的職務努力・職務満足・リーダー効果認知）との間に有意な相関が認められることを明らかにしている。また、露口（2016）では、校長のサーバント・リーダーシップは、専門的コミュニティと教師の授業改善との調整要因として機能していることが明らかにされている。

(2) 分散型リーダーシップ

統制モデルの学校組織では、その性質上、トップに集約化されたリーダーシップモデルが適合する。これに対して、分散モデルでは、ミドルリーダーをはじめとする各メンバーに分散化されたリーダーシップモデルが適合する。トップに限らず組織メンバーが状況に応じてリーダーとして問題解決にあたるとするリーダーシップモデルは、分散型リーダーシップと呼ばれ、近年研究が急速に進んでいる（Leithwood & Mascall 2008 ; Spillane, Halverson, & Diamond 2004 ; 露口 2010, 2021）。学年チーム等を問題解決の主体と仮定する学校組織には、分散型リーダーシップモデルのあてはまりがよい。

変革型リーダーシップに象徴されるトップリーダーに焦点をあてるリーダー論では、リーダーシップの被説明変数として組織文化に焦点があてられてきた（中留 1998 ; 岡東と福本 2001 ; 露口 2008）。露口（2008）の調査研究では、学校の組織文化を5つの次元において捉えている。第1は、創造性である。創造性の高い学校とは、環境に適応した新たな実践の創造を志向しており、専門性・職能成長・目標達成・変革等の価値が浸透した学校を示す。第2は、職務環境性である。これは、私生活への配慮、会議の効率化、時間的ゆとり等、働きやすさに関する価値が浸透した学校である。第3は、自律性である。これは周囲からの圧迫感が少なく、自由裁量の価値が認められている学校を示す。第4は、同僚性である。これは同僚相互のコミュニケーションや相互支援の価値が浸透している学校を示す。第５は、規律性である。これは、服務規律や提出物期限に関する厳格さの価値が浸透している学校を示す。校長等のトップリーダーがこれらの組織文化を形成し、それが教員の職務態度を変革するというプロセスが描かれている。

しかし、ミドルリーダーは、組織文化よりもむしろ、より可視的で具体的な人工物（designed-artifacts）によって、人々を動かしている。目標、行事計画、指導案、教材・教具、評価シート、評価データ（表・グラフ）、報告書、学校通信、学年・学級通信、会議資料等のモノが実際に人々を動かしているのである。そして、今求められているものは、これらの具体的なモノの作り方、工夫の仕方という、より実践的な知識である（Spillane *et al.* 2004）。分散モデルの学校組織では、ミドルリーダー（teacher leader）がこれら様々な人工物を活用し、人々を動かしていると説明することができる。ミドルリーダーによる分散型リーダーシップ実践は、露口（2012）において紹介されている。

たとえば、授業改善のための分散型リーダーシップ実践として、授業研究チームの編制と共通課題の創出、授業研究チームにおける人工物（指導案・教材・教具・評価シート・研究協議・議題等）の活用、管理職のモデリング行動の誘発、研究協議における人工物活用（拡大指導案・ワークシート・付箋等）に取り組んだ研究主任の事例を記述している。また、データ活用に焦点化した分散型リーダーシップ実践として、学校データを活用して困難校の組織活性化を図った教務主任の実践事例を紹介している。これは、危機意識の共有化、学年経営の活性化、生活・学習習慣の改善、保護者と磨製の把握、成果の視覚化、学年経営研究部会での協議等の各過程において、人工物としてのデータを有効に活用した事例である。

さらに、保護者との信頼構築を対象とした教務主任の分散型リーダーシップ実践についても紹介している。これは、学級懇談会の参加率実態データ、広報用パンフレット作成、広報ルート開発、学級懇談会の質の改善を通して、保護者の学校参加を促進した事例である。

近年では、こうした人工物を活用したミドルリーダーの実践が、教員リーダーシップ論として分散型リーダーシップ論の一つの分野を形成し、研究の蓄積が進められている（露口 2018b）。

【註】

＊1　モデルの開発においては佐古（2007）から大きな示唆を受けている。

＊2　高橋（2000）が提唱するマネジメントサイクルである。学校組織におけるWHDCAは、たとえば、次のように捉えることができる。実践チームが児童生徒や保護者との相互作用から問題を発見する（What）。実践チーム及びトップマネジメントチームと共有化して方法を考案する（How）。実践チームが方法を試みる（Do）。実践チーム及びトップマネジメントチームで検証・評価を行う（Check）。実践チームで改善行動を試みる（Action）。

＊3　OODA（ウーダ）ループとは、Observe（観察）、Orient（状況判断）、Decide（意思決定）、Act（行動）のフェーズから成る思考法であり、近年、企業経営分野を中心に注目されている（Richards 2004）。

＊4　これらの他に、財的資源があるが、この資源については、学校管理職のコントロールが及びにくく、所与の資源としての色彩が濃いことから、ここでは対象から除外している。

＊5　「学校評価のマネジメント」という表現を見かけることがある。しかし、評価はマネジメントという行為の一部分であり、マネジメントの対象ではない。学校評価のマネジメントを実施しようとすると、「評価のための評価」が発生する。

【引用・参考文献】

Barbuto jr, J. E. & Wheeler, D.W. "Scale development and construct clarification of servant leadership" *Group & Organizational Management*, 31(3), 2006, pp.300-326

Bass, B. M. *Leadership and performance beyond expectations*, NY: The Free Press, 1985

Firestone, W. A. & Wilson, B. L. "Using bureaucratic and cultural linkages to improve instruction : The principal's contribution." in Burdin, J. L. (ed.), *School leadership : A contemporary leader*., CA : SAGE., 1991, pp.297-317

淵上克義『リーダーシップの社会心理学』ナカニシヤ出版、2002年

古川久敬『基軸づくり　創造と変革を生むリーダーシップ』富士通ブックス、1998年

Herriott, R. E. & Firestone, W. A. "Two images of schools as organization : A refinement and elaboration" *Educational Administration Quarterly*, 20(4), 1984, pp.41-57

池田守男・金井壽宏『サーバントリーダーシップ入門』かんき出版、2006年

金井壽宏『変革型ミドルの探求－戦略・革新指向の管理者行動－』白桃書房、1990年

金井壽宏『組織変革のビジョン』光文社新書、2004年

木岡一明『これからの学校と組織マネジメント』教育開発研究所、2003年

Louis, K. S., Marks, H. M., & Kruse, S. "Teachers' professional community in restructuring schools" *American Educational Research Journal*, 33(3), 1996, pp.757-798

Leithwood, K. L. & Mascall, B. "Collective leadership effects on student achievement" *Educational Administration Quarterly*, 44(4), 2008, pp.529-561

中留武昭『学校文化を創る校長のリーダーシップ－学校改善への道－』エイデル出版、1998年

岡東壽隆・福本昌之『学校の組織文化とリーダーシップ』多賀出版、2000年

大橋靖雄『人的資源の組織戦略』中央経済社、2000年

Richards, C. *Creation to win*, 2004（邦訳：原田勉『OODA LOOP』東洋経済新報社、2019年）

佐古秀一「学校組織研究の視座と課題－目標活動性モデルの限界と転換に関する考察－」金子照基『現代公教育の構造と課題―転換期社会の教育改革への展望』学文社、1994年、121-148頁

佐古秀一「学校改善と組織変革－学校組織の個業化、統制化、協働化の比較を通して－」北神正行・高橋香代『学校組織マネジメントとスクールリーダー』学文社、2007年、61-74頁

佐古秀一・葛上秀文・芝山義明「『学級崩壊』に対する小学校の組織的対応に関する事例研究（1）－学校組織に

おける個業維持の実態とその要因に関する考察－」『鳴門教育大学紀要』20、2005年、37-49頁

Spears, L. C. *Insights of leadership: Service, stwerdship, spirit and servant-leadership*, NY: John Wiley & Sons, 1998

Spillane, J. P., Halverson, R. & Diamond, J. B. "Towards a theory of leadership practice : A distributed perspective" *Journal of Curriculum Studies*, 36(1), 2004, pp.3-34

高橋俊介『キャリアショック』東洋経済新報社、2000年

露口健司「学校組織におけるデータマイニングシステム構築の臨床的アプローチ」『教育経営学研究紀要』9、2006年、7-26頁

露口健司『学校組織のリーダーシップ』大学教育出版、2008年

露口健司「スクールリーダーのリーダーシップ」小島弘道・淵上克義・露口健司『スクールリーダーシップ』学文社、2010年、137-163頁

露口健司『学校組織の信頼』大学教育出版、2012年

露口健司『「つながり」を深め子どもの成長を促す教育学－信頼関係を築きやすい学校組織・施策とは－』ミネルヴァ書房、2016年

露口健司「地域とともにある学校は実現できるか」篠原清昭編著『教育の社会・制度と経営』ジダイ社、2018a年、201-214頁

露口健司「リーダーシップ研究の進展と今後の課題」『教育経営学の研究動向』学文社、2018b年、14-23頁

露口健司「子供の学力と幸福度を高める分散型リーダーシップ」露口健司・藤原文雄『子供の学力とウェルビーイングを高める教育長のリーダーシップ』学事出版、2021年、59-94頁

露口健司・佐古秀一「校長のリーダーシップと自律的学校経営」河野和清『地方分権下における自律的学校経営の構築に関する総合的研究』多賀出版、2004年、175-203頁

Weick, K. E. "Educational Organization as Loosely Coupled System" *Administrative Science Quarterly*, 21, 1976, 1-19

7章　学級・学年組織論

章のねらい

「学級」は学校の生活と学習指導の基本単位である。また「学年」は入学年度で区切られた集団である。いずれも子どもたちを教育する目的で人為的に作られた組織である。本章では、学級·学年組織の特性を明らかにする。そのうえで、学級・学年は、どの子にも居場所のある集団へと高める必要があることを示す。

1　学級の組織特性

(1)　公立学校は刑務所と同じ？

図7－1はCarlson（1964）の理論をもとに筆者が作成した組織の４類型である。Carlsonは、①組織を管理する立場の者と、②組織に参加する立場の者とが、お互いを選びあえるのか、それとも選びあえないのかという関心に基づいて、世の中のあらゆる組織を分類しようと試みた。

タイプ１は、いわば相思相愛の関係にある組織である。組織を管理する者は参加者を選別できる。逆に組織に参加する者は自ら望んでその構成員となる。つまり双方の思いが一致するところに成り立つ組織である。私立学校や宗教団体といった組織はタイプ１の典型である。

いっぽうタイプ４は相互不信を前提とした組織である。組織を管理する側はそこに集う者を選べず「来る者拒まず」で対応しなければならない。逆に参加

組織が参加者を ＼ 参加者が組織を	選べる	選べない
選べる	【Type1】 私立学校・宗教団体など	【Type2】 ドラフト制度など
選べない	【Type3】 病院・役所・公共施設など	【Type4】 公立学校・刑務所など

★図 7-1　組織の４類型（Carlson, 1964 より作成）

する側も自らの意思や願いによってその組織を選んだのではなく、むしろ参加を強いられた状況にある。このようにお互いを選びあえない関係のうえに組織が成り立つこと自体、とても奇妙に思える。しかしこうした組織は現実に存在する。それが公立の学校である。ちなみにCarlsonはタイプ4の例として、他に「刑務所」を挙げている。

タイプ1と4とを比べたとき、最も異なるのは組織を統制する方法である。タイプ1の場合、組織の管理者と参加者は相互の信頼と愛着を前提にできるため、非常に緩やかで暖かい「人道的統制：humanistic control」に拠る秩序維持が可能となる。これに対してタイプ4は相互不信が前提にあるため、管理者は参加者に対して細かな禁止事項を羅列、強制し、これに基づく抑圧的、強制的な「管理的統制：custodial control」で組織の秩序を維持せざるを得ない。これが、タイプ4の組織の本質である。言い換えるなら、タイプ4は「構造的欠陥：structural defect」を核として成り立っているのである。

(2)　学級は「烏合の衆（群集）」としてスタートする

改めて4月当初の学級を思い浮かべよう。子どもたちは自らの意志で率先して学級をつくったわけではない。「あの友達と同じクラスになりたい」と思っても、その願いが届くかどうか未知数である。さらに目の前には自分たちで選んだわけでもない大人が「教師」として立ち、「今日から皆さんは同じクラスの仲間です。みんな仲良くしましょうね」と一方的に宣告する。

教師もまた自らの意志で子どもを選び、学級をつくったわけではない。どの学年・学級を担任するか、希望を出すことはあっても、ほとんどは学校の都合で決まってしまう。つまり4月当初の学級は、教師も子どもたちもお互いを選びあった憶（おぼ）えがなく、ほとんど強制的に「教室」という空間に集められており、規律と秩序の要のない「烏合の衆（群集）」としてスタートする。しかもその力関係は、大人である教師の側に圧倒的に偏っており、最低でも1年間は同じ時間と空間を共有することが強いられる。このような組織特性を考慮すれば、学級崩壊や授業不成立等は「起こるべくして起きている」と言ってよいだろう。

(3) 学級の「構造的欠陥」が意味するもの

このように出来上がっている学級・学年は、既に時代遅れの仕組みだろうか？ 確かに近年では「複雑化、多様化する教育課題を前にして、学級担任制は限界を生じている」とか、「固定的な学級を解体し、教師や子どもの自由意志によるかかわりにすべきだ」とか、「教師と子どもの人間関係を柔軟に多様化するためにも複数担任制を導入すべきだ」といった声も聞かれる。学校教育をサービスと捉え、これを受ける側を「消費者」になぞらえる立場から見れば、現在の公教育は個々の学習ニーズに対する細やかな配慮をあまりにも欠いていると映るようである。

それではこのような構造的欠陥は、是が非でも取り除くべきものだろうか？ またこれを取り除くことで、今日の様々な教育問題はたちどころに解消できるだろうか？ この問いに対する答えは慎重を要する。学校や学級が構造的欠陥の上に成り立つ装置だからと言って、一足飛びに学級解体論や学校選択制や義務教育の単位制化といった議論に与することはできない。その前に、いまいちど「構造的欠陥」が意味することを考える必要がある。

先に確認したとおり、Carlson の組織論によれば、公立学校は刑務所と同じタイプ4に分類される。しかし言うまでもなく、公立学校は刑務所と同じではない。その決定的な違いは、公立学校が常にタイプ1をめざしている組織だという点にある。

4月当初の学級は、管理的統制に頼らざるを得ない「群集」として出発している。ここに加えられる教師の学級づくり、授業づくり、仲間づくりといった実践の努力は、最終的に子どもたちがお互いを選びあったと思える「集団」へと育むことをめざしている。しかし教師によるこのような経営的努力は、多くの場合、ひとつの学級に対して1～2年限りである。つまり、せっかく時間をかけてより良い人間関係を築き、無秩序な「群集」から規律と秩序のある「集団」へと育んだにも関わらず、年度末が来れば「組替え」と称してその関係を解体し、翌年度には新たな「群集（学級）」として再スタートさせるのである。すなわち、学級は年度当初の組替えはもとより、学期中の班替えなどを通して、その構造的欠陥を常に意図的に再生産しつづけているのである。

(4)　構造的欠陥と公教育の公共性

学級はなぜ、このように構造的欠陥を再生産しつづけるのだろうか？　それは学級という装置そのものが、より良き市民を育むための道徳教育の機能を担っているからである。

もう少し詳しく述べよう。とりわけ公立学校には、その個性や学力も含め、異質で多様な子どもたちが集っている。この異質性・多様性・個別性をならして平均化、均質化することが教師の仕事ではない。むしろ逆である。すなわち子どもたちの異質性・多様性・個別性を積極的に出会わせることによって、子どもたちが互いの違いを理解し、尊重し、相手を信頼し、愛着を抱くよう促すことが教師の仕事である。すなわち、学級を構成する子どもたちの異質性・多様性・個別性は「取り除かれるべき阻害要因」ではなく、教師の実践を創造する核なのである。このような構造的欠陥があるからこそ、学校や学級は個性を育て、人権意識を涵養し、より良き市民を育むという社会化機能を担うことになる。

公教育の公共性は、このような構造的欠陥とその意図的な再生産のなかに、そしてこの構造的欠陥を克服しようとする教師の学級・学年経営の取り組みのなかにある。したがって、今日の子どもたちの学校や学習への忌避感情を和らげるために、こうした構造的欠陥を事前に取り除いてしまうことは、学校が本来有している社会化機能を放棄することに等しいとも言えるのである。

2　「学級・学年を経営する」とは

(1)　経営とは

学級は異質で多様な子どもたちが「群れ」として集うところから出発する組織であり、学年はこれを入学年度ごとに束ねたものである。さしたる考えもなく学級・学年に向き合えば、その組織本来の特性に引きずられ、自ずと管理的統制を中心にせざるを得なくなる。その結果、豊かな実践を創造する手がかりとなるはずの、子どもたちの異質性・多様性・個別性が、教師の実践を妨げる要素として感覚され、忌避される。のみならず、子どもたちの動きを縛って教師の意を通しやすくする「きまり」を「学習規律」と称して振りまわしはじめる。これらはいずれも教育の本質からかけ離れている。

教師の仕事とは、放っておくと管理的統制に陥りがちな学級・学年組織の特性に抵抗し、ここに人道的統制を実現しよう試みることである。その手立てに「経営」が求められる。たとえば学級経営とは、学級の教育目標を最も有効に達成するために、学級担任が総合的に計画を立案し、運営することである。それでは、より良い学級経営を実践するために、教師はどのようなポイントを押さえるべきだろうか。

(2) 経営目標の明確化

まず経営目標を明確にすることが最も重要である。受け持ちの学級・学年、子どもの発達段階、配慮すべき事項等の実態を丁寧に把握し、これを踏まえたうえで最終的にどのような学級を実現するのか、どのような子どもを育てたいのかという学級像と子ども像を明確にしなければならない。

目標を明確にすることで次の２つが可能となる。まず目標として掲げる「理想」と「現実」のギャップ（落差）を認識できる。そのギャップは「埋めるべき課題」を示しているだけではなく、「子どもたちからの教育要求」をも示していると捉えるべきである。次に「埋めるべき課題」が明らかになれば、これを克服し子どもたちの教育要求に応えるための「手立て」と「手順」を具体化できる。

たとえば「自ら課題を発見し、主体的に他者とかかわり合いながら学習を深める子どもを育てる」という経営目標を掲げたとしよう。しかし実際の授業では、一部の子どもだけが活躍し、教師の指名も特定の子どもに偏りがちであったとする。それならば当然、知識伝達型の一斉授業に頼りがちな教師自身の授業改善が必要となる。発言や発表の機会の少ない子どもにこそ活躍の場面を与え、同時にその子どもを周りの友達が支える「支持的風土：supportive climate」を醸成する必要がある。本人と同時に「その周りの子どもたち」の育ちを促す授業への改善が必要なのである。

このような学級の経営目標は、教師自身のためだけではなく、子どもにも解る言葉で明示し、子どもと共有することが大切である。あわせて学級の経営目標は、保護者への説明責任を果たすうえでも重要であり、その明確さと透明性の確保を欠かしてはならない。

(3)　経営計画の明確化

目標が明確になればなるほど、目標と現実との乖離もまた明確になるはずである。この乖離の中に課題を認め、これを克服する手立てを構築すること、そしてこの課題解決を１～２年の限られた期間でどのように遂行し達成するのか、その具体を示したものが経営計画である。

まず学級担任は学校及び学年の教育目標や経営方針を踏まえて、自ら担任する学級の教育目標を定める。経営計画の内容は必ずしも定まった様式があるわけではないが、①全体目標及び経営の基本方針、②学習指導及び生活（生徒）指導の重点課題の把握、③保護者及び地域社会との連携方針及び方法、④学級に対する客観的な実態把握の方法、⑤学級経営に対する最終評価と課題提示、といった５点は最低限含めるべき事項である。そしてこれらを具体的に実現するために、学期、月、週、日の単位で計画し、遂行することになる。ここで大切なことは、経営計画とは単なる年間行事予定表ではない、ということである。

「学級は生き物である」と言われる。学級は絶えず変化し、必ずしも右肩上がりの成長を遂げるものではない。年間を通して眺めてみれば、むしろ良いときと悪いときの波を描きながら進む。優れた教師は学級の実態に基づいて、今後の週単位、月単位、学期単位の学級の理想像をイメージし、これに近づける対応を柔軟に組み上げようとする。たとえば、年度当初からゴールデンウィークに入るまでの「学級づくり」の鍵となる時期、ゴールデンウィークが明け、連休のない６月を乗り切るまでの時期、夏休みを前に暑さに堪えなければならない時期、夏休みが明け、浮ついた気持ちを引き締めなければならない時期等々、生き物としての学級の「成長」と「停滞」とを子どもの実態に丁寧に寄り添いつつ、折々に必要な手立てを講じようとする。このように考えれば、年間経営計画の中に最終目標に至るまでのステップを区切ることが必要であり、そこで設定したステップに対する実態を適切にモニタリングすることが大切である。

(4) 経営の領域

学級・学年経営を実りあるものとするには、対象となる領域を区別することが大切である。ここでは次の４領域に整理しよう。第１に経営の基盤をなす領域である。これまで述べた学級・学年の教育目標の設定や経営計画の策定、及び具体的な対策を講じる手立ての明確化などは、いずれも経営活動の基盤をなす領域である。

第２は教育課程の経営に関する領域である。各教科、道徳科、外国語活動、総合的な学習（探究）の時間、特別活動の指導計画づくりと教材研究、授業展開・評価計画等を、学習指導や生活指導との関連も踏まえて検討しなければならない。なお近年では、学習指導要領や教科書のように明文化された「教育課程」だけではなく、その受け手である学習者の学習経験をも総体として捉える「カリキュラム・マネジメント」という概念が重視されている。特に新学習指導要領（小中学校は平成29年告示、高等学校は平成30年告示）の総則では、各学校が児童生徒及び地域の実態を適切に把握し、①教育の目的や目標の実現に必要な教育の内容等を教科等横断的な視点で組み立てる、②教育課程の実施状況を評価し改善を図る、③教育課程の実施に必要な人的・物的な体制を確保しその改善を図る、等のことを通して、組織的・計画的に学校の教育活動の質の向上を図ることを「カリキュラム・マネジメント」と定義している。さらに小学校及び中学校の学習指導要領解説総則編の付録６には「現代的な諸課題に関する教科等横断的な教育内容についての参考資料」を46頁もの紙幅を費やして掲載している。総合的な学習の時間を充実させることともあいまって、子どもの学習経験を教科横断的に見通すことが、より良い学校・学年・学級経営に直結することを示したと言えるだろう。

第３は子どもの集団の経営に関する領域である。個々の子どもの実態を把握することは言うまでもなく、一人ひとりが集まって集団を形成した際の実態も明確につかむ必要ある。いじめや不登校といった教育臨床的課題だけではなく、学習の進度や深まりは個々の子どもの資質能力や性格という個別性のみに起因する問題ではない。むしろそれらはことごとく、子どもたちが集団を形成したときの関係性の中で生じている。したがって「あらゆる問題は人間関係の中に起きている」という認識が重要であろう。

第4は学級・学年を取り巻く環境に関する領域である。物理的な教室環境の整備やマネジメントはもちろんのこと、学級の教育活動を様々に支援する外部（保護者や地域社会）との連携協力や、いわゆる危機管理（リスクマネジメント）に関する事項が挙げられる。子どもに対して安全・安心な学習の場を提供することは教師の使命であり、これはあらゆる活動の前提に置かれるべき事項である。

(5)　評価と改善

自らの経営努力がどの程度実現し、成果を上げたのか、いっぽうで課題がどこにあり、改善への手立てをどのように講ずれば良いか、これに係る情報を提供してくれるのは「評価」である。ここで重要なことは、評価とは出来／不出来を査察し管理し選別するために行うのではなく、より豊かな学級を実現する手がかりを得るために行うということである。査察的・管理的な評価ではなく、人が生き、育つための評価でなれなければならない。この意味で評価とは「他者との対話」であるとも言える。

たとえば学級経営の評価の場合、担任教師による自己評価や、同じ勤務校に属する他の教師による他者評価に依ることが多かった。しかし2007年（平成19）6月の学校教育法一部改正により学校評価に係る根拠規定が盛り込まれた。すなわち第42条で学校評価の根拠規定が、第43条で学校の積極的な情報提供に係る規定が設けられた。またこれに伴って2007年10月には学校教育法施行規則が一部改正され、第66条で自己評価の実施・公表、第67条で保護者など学校関係者による評価の実施・公表、第68条で評価結果の設置者への報告が規定された。これ以降、自己評価や学校関係者評価の他に、第三者評価の手法が積極的に実施・活用されている。これは保護者や地域社会へのアカウンタビリティ（説明責任）を果たす必要から生じたと言えるが、そうした消極的・防衛的な意味を超え、むしろ「学校教育の社会化」を果たすことで、より本質的な改善を支える手がかりが得られるという利点のほうが重要である。また、学校に対する地域の協力を得る観点からも、実態把握に係る透明性の確保とその開示は必須の条件といってよいだろう。

なお、具体的な評価に際しては、①計画段階における評価、②実施途中における評価、③最終段階における評価といった具合に、折々の時点で評価を実施することが大切である。その際、特にカリキュラム・マネジメントの視点からは、Check → Action → Plan → Do のサイクルの有効性が論じられている。すなわち客観的な診断（Check）から始め、そこで得られた結果と現実との乖離に注目し、これを埋めるための実現可能な目標と教育計画を策定し運用する。田中（2005）によれば、これが改善への組織戦略に有効な理由は、①教育目標の達成状況を把握できる、②達成されていない目標についてその原因を探ることができる、③原因把握に基づいて改善への道筋を明確にできる、④改善がどこまで進んだかを追跡できることにあると言う。

3 授業と学級／学年経営

(1) 非人格的な組織としての学校

学校とは、限られた期間に、一定量の知識・技能を、大量の児童生徒に伝達する目的で人為的につくられた装置である。教えることの効率を最優先し、画一化と規格化に特徴がある。この点で学校は「非人格的な組織」である。

「非人格的」とは、特定の個人の人格（パーソナリティ）に依らないことを意味する。たとえばあなたの学級担任が何かの事情で学校を辞めなければならなくなったとしよう。その後、あなたの学級はいつまでも担任不在の状態が続くだろうか？　答えは「否」である。さほど間を置くことなく次の担任が配置されるはずである。つまりあなたのクラスの担任という「役割」は、唐突に職を辞したその人物にしか務まらないのではなく、資格を持つ者なら誰にでも置き換え可能なのである。

教師と子どもたちとの人間関係は、互いの人格を介さない社会的役割による「非人格的な関係」である。家族や仲間集団のように自然発生的な相互の信頼と愛着に基づく集団を「第一次集団」と呼ぶ。これに対して、あらかじめ規定された社会的役割で成立する関係は「第二次集団」と呼ばれる。教師は子どもたちに求められたからではなく、学校に対する社会の要請に応えるために子どもたちの前に立っている。したがって教師という役割には、宿命的に権威主義的な性格がつきまとうのである。

(2)「学級」の組織特性がつくる一斉授業形式

学級のカタチは、同時にそのなかで営まれる学習指導のありかたをも規定する。それが一斉授業形式である。学校での学習を学級や学年という装置で組織化し、その学習指導技術や方法をも画一化し規格化することは、歴史的に見てもこれを全国に普及・定着させるために必須の要件であった。教室の中央正面に黒板と教卓があり、それに向かって子どもたちの机と椅子が整然と並ぶ空間配置は、教師が一斉授業を行うのに極めて都合良くできている。繰り返せば、学級という「ハード」は「ソフト」である教授法や教師と子どもの関係のありようをも規定しているのである。こうした画一化と規格化は、様々な点で私たちの「人間らしい営み」との間に齟齬をきたす。柳（2005）はこれを「規律訓練装置としての学校」と表現した。

(3)　一斉授業形式の問題点

しかしこの一斉授業形式は以下の点で問題を抱えている。第1に、教師の説話・発問・指示等が教室のコミュニケーションの大半を占めるため、学習に対する子どもたちの自主性を損ない、その姿勢を受動的・消極的にしがちである。また、授業のなかで子どもたちのヨコのかかわりを築くことが困難になる。

第2に、あらかじめ教師が構想し、用意した学習指導案の枠内でしか授業を展開し得ないため、子どもたちのはみ出した思考やつまずきを手がかりに、さらなる問題解決への展開を図ったり、学習を深めたりすることが難しくなる。逆に言えば、教師の用意した正答にかなう子どもの発言が評価され、それ以外の子どもたちの存在を脇に追いやる可能性を含んでいる。

第3に、授業に積極的な一部の子どもと、学習意欲を失う多数の子どもたちとを分断し、しかもその関係を固定しがちになる。教師の発問をめぐる競争的人間関係が教室を支配するため、お互いを助け合ったり支え合ったり高め合ったりする協同的な雰囲気が育ちにくくなる。このように一斉授業形式は「できる子ども、わかる子ども」だけを相手に展開する傾向が強い。

たとえば筆者が観察した小学6年生（社会科）の授業を例に考えよう。45分の授業中、教師の指名による児童の発言回数は54回であった。1分間に約

1.2 回の発言があり、非常に活発な印象を受ける。しかしこの 54 回のうち、実に 34 回は５人の児童によるものである。つまり全体の６割以上の発言を８分の１に過ぎない児童が独占しているのである。もちろん、発言することだけが学習ではないし、無言でいる子どもの学習が進んでいないわけでもない。しかし一斉授業が子どもたちの中に学習活動の偏りを生じ、かつ人間関係を分断しやすい方法であることは紛れもない事実なのである。

(4) 分断された「学習」

学級・学年経営の目的は子どもを「学習する主体」へと変容させることである。子どもたちが自ら課題に取り組み、これを克服することが学級・学年経営の最大の関心事でなければならない。すなわち学級・学年経営は、究極には子どもの学習活動の改善を意図しているのである。その際、重要なことは、学級における学習が、個々の子どもの孤立した活動であってはならず、同じ時間と空間を共有し、学び合い、支え合い、高め合う集団の営みでなければならないと言うことである。

ところで、ここまで述べてきたとおり、異質で多様な子どもたちを教室に集め、限られた時間に決まった分量の教材を学習させる現代の学校教育は、そもそも授業を「崩壊」へと導く要素に満ちている。授業の展開に追いつけない子ども、分かりきって退屈している子ども、分からない自分を晒したくないから「分かったフリ」を決め込む子どもにとって、既に授業は「我がこと」ではない。そのような子どもが複数名存在していると、実は授業は成立していない。それでも多くの子どもは不満を口にすることなく、おとなしく座っているか、板書を転記したり、ワークシートの穴埋めに勤(いそ)しんだりしている。つまり「学習」ではなく「作業」が授業の大半を占めるのである。

特に中学校や高等学校の授業を観察していると必ず眼にする光景がある。ひとつは教師の板書をその色づかいまでも揃えて漏らさず転記する生徒たちである。いまひとつは、授業中のほとんどの時間を机に伏したままの状態で過ごしながら、しかし要所要所で起き上がり、ワークシートの空欄を埋めている生徒たちである。いずれも決して少なくない人数である。

これらはいずれも、子どもたちのヨコの繋がりの無い、個々に分断された学習（というよりも作業）が展開している様子である。ここにはおよそ、「教え学ぶ」という関係は成立していない。

(5)　学級づくり・人間関係づくり・授業づくり

新しい学習指導要領が掲げる「主体的・対話的で深い学び」の実現には、①授業は教師と子ども、そして子ども同士の自主的・協同的な人間関係のもとに成立すること、いっぽうで②このような人間関係の形成を促す場が他ならぬ授業であるということ、この双方向性を意識しなければならない。

授業の過程で子どもたちが学ぼうとするのは、教師に対して、また同じ教室の仲間に対して信頼と愛着と尊敬があるからである。相互の信頼と愛着と尊敬に満たされた関係が育っている学級を「準拠集団としての学級」と呼ぶ。単に同じ時間と空間を共有しているだけの「所属集団」ではなく、一人一人の子どもの心のよりどころとなっているのが準拠集団である。しかし、一斉授業の形式は、もっぱら「できる人、読める人、わかる人」を相手にしがちになるために、ともすると学級づくりや人間関係づくりを阻害する要素を含んでいる。だからこそ、教科指導とは別の場面、すなわち学級経営や特別活動等の場面で学級づくりや人間関係づくりに取り組むことも必要であるが、しかし授業のありかたを変えることによってこそ、相互の信頼と愛着と尊敬を育む人間関係づくりが試みられなければならない。

(6)　「学習する集団」を創るために

人間関係づくりを基盤とする学級経営あるいは授業改善への取り組みは、決して馴れ合いの「なかよし集団」を育もうとするのではない。それは子どもたちが互いに高め合う、課題解決型の「学習する集団」へと育むために行うのである。

人間関係づくりを基盤とする授業改善は、授業中の子どもたちの協同を促すことに力を注いでいる。すなわち教室の中に個性や学力差を含めた多様性や異質性が存在することを授業の阻害要因と考えるのではなく、むしろこれらを積極的な教育的意義・役割を担うものと捉えるのである。

授業とは、教師の与える課題に対して、その教室に集う子どもたちが知恵を

	課題遂行（達成）機能 (Task Performance Function)	集団維持（形成）機能 (Group Maintenance Function)
集団レベル （学習集団）	【I】学習目標の達成 （みんなで課題解決を進める力）	【II】目的に対する協同： 集団風土/学級のまとまり（凝集性） （みんなで課題を共有し協同する力）
個人レベル （学習者）	【III】知的学力：個人の知的能力 （個々の学習者が知的理解を深めること）	【IV】学習意欲の向上 （仲間とのかかわりのなかで、個々の学習者が学習意欲を高めること）
	教師が与える学習課題　↑	集団規範（支持的風土）　↑

★図 7-2

寄せ合い、集団で課題解決に取り組む集団過程であり、すぐれて社会的な営みである。「群集」として始まる教室の人間関係を、授業という「課業」を通して規律と秩序ある「学習する集団」に育むことが、教師に課せられた役割である。このとき教師は、子どもたちの集団に働きかけ、その「課題遂行機能」と「集団維持機能」の両方を育むことが必要である（図 7-2)。

課題遂行機能とは、与えられた課題を子どもたち一人ひとりが自らの課題として受けとめ、これを解決することで集団の目標達成を果たそうとする機能である。ここで言う課題とは、毎回の授業時間に教師が子どもたちに与える「めあて（目標)」や問題や学習活動等のことである。

一方、集団維持機能とは、このような課題遂行を支える「集団の人間関係」をマネジメントする機能である。まとまりの良い学級を「凝集性が高い」と形容することがある。それはどの子も自分の教室に居心地の良さを感じられる協同的な人間関係が在ることを意味している。課題に対して分からない自分を安心してみんなの前で自己開示できる雰囲気があること、誰かの疑問を誰もが「我がこと」として受け止め、みんなで考え、みんなで分かり、みんなが高まることに価値を見出し、力を合わせて解決をめざそうとする課題解決型の集団、すなわち「学習する集団」でなければならない。

(7) 支持的風土を育む

「学習する集団」の集団規範は「支持的風土：supportive climate」である。支持的風土とは、子どもたちがお互いを支え合い、助け合い、高め合う雰囲気

（学級風土）のことである。支持的風土を育むために有効な手法のひとつは、授業に小集団活動を採り入れることである。しかし形式的に小集団を採り入れても、そこに一定のルールが共有されていなければ、発言力のある子が活躍したり、その子の意見にタダ乗りする子が出てきたりするなど、一斉授業とは別の欠点が浮き彫りになってしまう。

支持的風土を育むために必要なルールとは、たとえば次のようなものである。①他の子の発言や行動に対して、相手の立場でその考えを捉えるよう心がける、②他の子のまちがいや失敗を笑ったり非難したりしない、③発言の少ない人から積極的に参加してもらうようお互いに譲り合う、④他の子の間違った発言やはみ出した考え方を、さらに学習を深めるきっかけととらえる。このようなことを子どもに分かる言葉に置き換えて、日々の実践の中で繰り返し、子どもたちに内面化させることが必要である。

たとえば「一人一役」、「輪番制」といった方法がある。小集団活動が生きるのは、誰もが何かの役割を担って参画する場合である。その際、一人一役が適材適所であってはならない。適材適所は、授業における子どもの役割を固定させてしまうからである。例えば４人グループでは「司会、発表、記録、他班との連絡」という役割を設定することがある。放っておけば、司会が得意な子が司会を、発表が得意な子が発表を、字の綺麗な子が記録を取る役割に固定化されてしまう。大切なことは、苦手だからこそ司会をし、発表し、記録をとる機会が与えられることなのである。

教室での授業実践は、すべての子どもたちがあらゆる役割を経験できるよう、その機会を開き、分からなくて困っていることを互いに開き合えるものでなければならない。そのための授業改善への取り組みは、いわば「教室」という空間の組織特性が私たちに強いていることへの抵抗だと言い得る。このことを同じ学年団で共有し、学校を単位とする授業改善の文化ないし組織的実践力の向上を図る経営努力が重要である。

【引用・参考文献】

高旗浩志「教育における「協同」の再検討」日本協同教育学会編『協同と教育』第２号、2006 年、12-19 頁

高旗浩志「授業をつくる教師」南本長穂編著『新しい教職概論 -教師と子どもの社会』ミネルヴァ書房、2016 年、17-32 頁

高旗浩志「個集研と協同学習」日本協同教育学会編『日本の協同学習』ナカニシヤ出版、2019年、26-48頁

高旗浩志「特別活動と教科指導」新富康央・須田康之・高旗浩志編著『生きる力を育む特別活動 -個が生きる集団活動を創造する』ミネルヴァ書房、2020年、104-118頁

田中統治・他編著『カリキュラム評価入門』勁草書房、2009年

柳治男『<学級>の歴史学 –自明視された空間を疑う』講談社、2005年

Carlson, R. Environmental Constraints and Organizational Consequences, *Behavioral Science and Educational Administration*, 1964 pp.262-276.

8章 教師の成長と研修

章のねらい

本章では、教師に求められる資質能力を確認し、教師は生涯にわたり成長し続ける存在であることを示す。さらに、教師の成長の契機・場ならびに研修体系を概観した上で、教師の成長を促す同僚性の意義と構築の方策について検討する。

1 教師に求められる資質能力

(1) 国が示す教師の資質能力

教師にはどのような資質能力が求められているのであろうか。教師の資質能力に関しては多様な定義・解釈・内容が語られるが、少なくとも我が国における教師の資質能力の考え方が公的に示されている教育職員養成審議会（現在は、中央教育審議会初等中等教育分科会教員養成部会）の答申を押さえておく必要がある（表 8-1 参照）。

まず、1987 年 12 月の答申「教員の資質能力の向上方策等について」では、教師の資質能力とは、「教職に対する愛着、誇り、一体感に支えられた知識、技能等の総体」との理解の上、「いつの時代も教員に求められる資質能力」として 6 つが示されている。

次に、1997 年 7 月の答申「新たな時代に向けた教員養成の改善方策について」では、いつの時代も教員に求められる資質能力に加える形で、「今後特に求められる具体的資質能力」として、地球的視野に立って行動するための資質能力、変化の時代に生きる社会人に求められる資質能力、教員の職務から必然的に求められる資質能力が示された。このように、国際化、変動する社会といった時代に適応するために、教師には全方位的な資質能力が求められていることが分かる。しかし一方では、同答申では「生涯にわたり資質能力の向上を図るという前提に立って、全教員に共通に求められる基礎的・基本的な資質能力を確保するとともに、さらに積極的に各人の得意分野づくりや個性の伸張を図ることが必要」として「得意分野を持つ個性豊かな教員の必要性」が示されていることから、国は教師の画一化には慎重な姿勢を見せていることが伺え

★表8-1 教育職員養成審議会および中央教育審議会答申

●「教員の資質能力の向上方策等について」教育職員養成審議会（1987.12）

「いつの時代も教員に求められる資質能力」
・教育者としての使命感
・人間の成長・発達についての深い理解
・幼児・児童・生徒に対する教育的愛情
・教科等に関する専門的知識
・広く豊かな教養
・これらを基盤とした実践的指導力

●「新たな時代に向けた教員養成の改善方策について」教育職員養成審議会（1997.7）

「今後特に求められる具体的資質能力」
(1) 地球的視野に立って行動するための資質能力
・地球、国家、人間等に関する適切な理解
・豊かな人間性
・国際社会で必要とされる基本的資質能力

(2)「変化の時代に生きる社会人に求められる資質能力」
・課題解決能力等に関わるもの
・人間関係に関わるもの
・社会の変化に適応するための知識及び資質能力

(3) 教員の職務から必然的に求められる資質能力
・幼児・児童・生徒や教育のあり方に関する適切な理解
・教職に対する愛着、誇り、一体感
・教科指導、生徒指導のための知識、技能及び態度

●「新しい時代の義務教育を創造する」中央教育審議会（2005.10）

「教師に対する揺るぎない信頼を確立する」
(1) 教職に対する強い情熱
(2) 教育の専門家としての確かな力量
(3) 総合的な人間力

る。

さらに、2005年10月の中央教育審議会答申「新しい時代の義務教育を創造する」では、「教師に対する揺るぎない信頼を確立する」という章タイトルのもと、「教職に対する強い情熱」「教育の専門家としての確かな力量」「総合的な人間力」が「あるべき教師像」として明示された。都道府県等の各自治体は、これら国が示すものを基本として、各自治体の実情により適した資質能力観ないしは教師像を示している。

(2) 教師の資質能力をとらえる3つのスキル

これまで教師の資質能力、特に類型化に関する研究は多くの蓄積がある。そ

の中で、3つのスキル（テクニカル・スキル、コンセプチュアル・スキル、ヒューマン・スキル）から教師の資質能力を捉える考えを紹介したい（岡東壽隆他、2011、pp.38-39)。

第一に、テクニカル・スキルとは、「目に見える実践的な技量」であり、教職や教科の専門的知識と指導技術、科学的研究法や専門を支える教養、言葉や文字だけでなく適切なメディアを活用する表現能力、そして経験や研修を通じての教育指導技術である。

第二に、コンセプチュアル・スキルとは、「目に見えない人間の内面的な思考様式」であり、ものの見方として広い視野、先見性、さらに、創造力、分析力、論理性、構成力、応用力といった認識的側面である。教師個々の持つ教育観や子ども観等も含まれる。

第三に、ヒューマン・スキルとは、「学校における教師と子ども、教師同士の関係等に必要な力量」であり、人間理解力や感性に支えられた対人関係能力である。

教師の資質能力として評価対象となりやすいテクニカル・スキルはコンセプチュアル・スキルやヒューマン・スキルに支えられて、磨かれ、高まっていくが、一方では、教師の「ものの見方・考え方」が標準的・慣習的なものに固定化されたままであると、教育実践が画一化・硬直化し、閉鎖的なものになる危険性がある。三つのスキルは、特に、コンセプチュアル・スキルを中核に据え、それぞれが密接に関連し、支え合い、適切なバランスを保持することが重要である。このことは、「反省的実践家」としての教師という視点から、次節で詳述する。

(3)　資質能力の具体的内容―小学校教員を例として―

これまで、国が示す包括的・理念的な教師の資質能力観と教師の資質能力研究の知見による3つのスキルを示してきたが、ここでは、より具体的な資質能力の内容を紹介したい。例として、ある国立大学において開発された小学校教師に求められる資質能力項目を取り上げる。そこでは、教員養成カリキュラムの開発研究の一環として、現職教員と教員養成に関わる大学教員たちとの共同討議を経て、10のカテゴリー（Ⅰ「子ども理解力」、Ⅱ「子どもに対するコミュニケーション力」、Ⅲ「企画・計画力」、Ⅳ「学習指導力」、Ⅴ「評価力」、Ⅵ「学級経営力」、Ⅶ「生徒指導力」、Ⅷ「教職意識」、Ⅸ「自己改善力」、Ⅹ「連携・協働」）が抽出された。表8-2は10カテゴリーならびに各カテゴリーの代表的内容例である。確かにこれらは、小学校教師の資質能力に特化した項目群

★表8-2　小学校教師に求められる資質能力

Ⅰ「子ども理解力」
(1) 子どもと接する機会を多く設け、子どもをありのまま理解しようとすること。
(2) 子どもの年齢や学年毎の発達段階や特徴を理解していること。
(3) 子どもと接する中で、個々の子どもの特性や違いを理解できること。
Ⅱ「子どもに対するコミュニケーション力」
(4) すべての子どもに平等・公平に接することができること。
(5) 子どもの話を最後まで聞いて、子どもの気持ちを受け止めることができること。
(6) 子どもと対話的なコミュニケーションができること。
Ⅲ「企画・計画力」
(7) 子どもの実態を踏まえた指導案（板書や発問の計画を含む）を立案できること。
(8) 教具やワークシートの準備ができること。
(9) 教材研究ができること。
Ⅳ「学習指導力」
(10) 1時間の授業のねらいを明確にして学習指導ができること。
(11) 各教科内容の知識を持っていること。
(12) 学習指導要領の内容を理解していること。
(13) 子どもに学習課題を持たせる指導ができること。
(14) 授業の中に子どもの活動時間を十分に確保できること。
Ⅴ「評価力」
(15) 授業のねらいに沿って子どもの学習成果を評価できること。
(16) 授業評価の目的を理解していること。
(17) 評価の観点をもって客観的に授業評価ができること。
Ⅵ「学級経営力」
(18) 学級内での生活や学習のルール設定ができること。
(19) 学級内において民主的な機能的集団づくりができること。
(20) 学級内の友だち関係とその性質が把握できること。
(21) 子どもとの相互理解を通して、信頼関係を築くことができること。
Ⅶ「生徒指導力」
(22) 子どもの話をよく聞き、子どもの発するサインを読み取れること。
(23) 子どもが自主的・主体的に活動するようにねばり強く指導ができること。
(24) 生徒指導の目的や方法を理解していること。
Ⅷ「教職意識」
(25) 教員としての使命感、責任感、教育に対する情熱を持っていること。
(26) 教育者としての素直さ、謙虚さ、協調性を持っていること。
(27) 社会人として常識、ルールを遵守し、適切な言葉遣いができること。
(28) 人間的な温かさ、親しみやすさ、ユーモアを持っていること。
Ⅸ「自己改善力」
(29) 授業の反省・分析から次の改善策や課題を提示できること。
(30) 専門的な知識を実践に応用し、そこから学ぶことができること。
(31) 自己研鑽への意欲や向上心を持っていること。
Ⅹ「連携・協働」
(32) 保護者や同僚教師と連携をとり、子どもに冷静な対応ができること。
(33) 家庭との連携を図り、保護者との信頼関係を持つように心がけること。
(34) 保護者に学校のことを知らせ、理解を求める姿勢があること。

であり、中学校や高校では、進路指導、部活動等の課外活動の指導、思春期・青年期特有の心理・発達課題に対する指導・支援に関する内容が、また、学校段階を問わず、事務遂行、組織人として行動規範、後輩や同僚教師に対する指導・支援に関する内容等がさらに求められるのであろうが、今日の教師に求められる資質能力の多くをカバーしていると思われる。

2　教師の成長プロセスと研修

(1)　生涯にわたって成長し続ける教師〜反省的実践家モデルに立脚して〜

実際に、教師は、多種多様な資質能力をいかに獲得し、向上させているのであろうか、換言すると、いかに教師として成長しているのであろうか。社会や時代の変化に伴って、全てではないにしろ、教師に求められる資質能力も変化・付加が求められる。従って、教師は、教師になった時点（あるいは、なる以前）から、生涯にわたり常に学び、成長し続ける存在でなければならない。また、このような教師観は、教師は専門職たり得るのか、仮に専門職であるとするならば、それはどのような意味や内実を有するのかという議論からも導き出される。

今日、その妥当性が強く支持されている教師観として、「反省的実践家」を挙げることができる。この教師観を主導するD.ショーン（2001）や佐藤学（1998）によれば、技術的熟達者（technical expert）としての教師から反省的実践家（reflective practitioner）としての教師へのモデルの転換が求められる。技術的熟達者モデルは、技術的合理性としての、専門的・科学的な知識や技術を実践に適用することを実践原理とする。このモデルでは、どの教師や教室にも通用する一般化された専門的知識や技術の存在を前提として、それらを教育場面に適用する過程を教育実践と捉える。そして、知識や技術の習得によって、教師の専門性が高まることが想定される。しかし、教育や教師の仕事は不確実性と無境界性という特質により、専門的知識や技術の厳密化・体系化が非常に難しい。それゆえ、教師には個別的・具体的な状況に応じた判断と意思決定が求められる。このような教師の特質を捉え直し提案されたものが、反省的実践家モデルである。このモデルに立脚する教師は、「行為における省察

(reflection in action)」を実践原理とする。当然ながら、問題に対する既存の知識・技術・解決策の適用は重要であるが、反省的実践家としての教師は、問題の解決の前に、問題や状況の個別具体的な意味を認識しようとする。自らの暗黙の前提となっているものの見方や考え方・認識の枠組（教育観、こども観、指導観、人間観、時代観、社会観等）を省察し、探求しようとする。これが、反省的思考（リフレクション：reflection）である。また、二つのモデルにおける教師の学習スタイルも異なる。アメリカの組織心理学者であるC. アージリスとD. ショーン（1978）が環境に適応する組織のあり方を探求する中で示した学習スタイルがシングルループ学習とダブルループ学習であり、複雑で不確実な環境の中での職務遂行が求められる専門家の学習スタイルにも援用されている。シングループ学習とは、すでに備えている考え方や行動の枠組みにしたがって問題解決を図っていくことであり、ダブルループ学習とは、既存の枠組みを捨てて新しい考え方や行動の枠組みを取り込むことである。専門家が、環境に適応しながら生き残り、職務を遂行するためには、シングルループ学習だけでは難しい。過去の成功体験における固定観念を自らリフレクションし、外部から得られる新しい知識や枠組みに基づいてダブルループ学習を行い、新たに得られた知見をまたシングルループ学習によって反復・強化していく。専門家としての教師には、まさにこの学習スタイル・サイクルを繰り返し継続し、自ら学び成長を図ることが求められる。

また、このことは法的にも規定された教師の使命と言える。教育基本法第9条には、「法律に定める学校の教員は、自己の崇高な使命を深く自覚し、絶えず研究と修養に励み、その職責の遂行に努めなければならない。」と規定され、教育公務員特例法第21条第1項には、「教育公務員は、その職責を遂行するために、絶えず研究と修養に努めなければならない。」と規定されていることからわかるように、教師は、研修すること、成長すること自体が職務なのである。

(2) 教師の成長の契機や場

教師が生涯にわたって成長し続ける上で、教師の成長を促す契機や場として何があるのだろうか。以下では、そのような契機や場を紹介していこう。

①日々の子どもとの関わり（教育実践）

教師の成長に関する研究や教師自身の出版物において、日々の子どもとの関わり、すなわち教育実践そのものが教師の成長を促すということが最も指摘される。教育実践の特徴としてしばしば「不確実性」が指摘されるように、一般に、教育実践は、成功と失敗が繰り返されるものである。成功すること（うまくいくこと）の方が少ないとさえ言える。その時、教師が有すべき基本姿勢は、子どもが何を望み、何に悩んでいるのか、子どもにどのような力をつけさせたいのかといった教育対象である子どもの実態把握と教師自身の明確な教育観・教育行動の選択であろう。そして、「子どもから学ぶ」という謙虚な姿勢が重要になろう。

②校外研修

勤務校を離れて行う研修は校外研修と呼ばれる。代表的なものが、都道府県等教育委員会や市町村教育委員会が主催し、主に都道府県・市町村立の教育センター（名称は様々）で実施される行政研修である。そこでは、教師のライフステージや研修ニーズに沿った様々な研修プログラムが企画・実施されている。教師は、初任者研修や10年経験者研修などの法定研修、校長研修・教務主任研修・生徒指導主事研修・学年主任研修・特別支援教育コーディネーターなどの職位や校務分掌に応じた研修、教科指導・生徒指導・ICT・学校組織マネジメント等の個別の教育課題や学習ニーズに応じた諸研修を受講する。大学教員・企業人・指導主事等による講義、演習・ワークショップが主要な研修形態であり、新たな知識・情報・技術を身につけることが期待される。その他の校外研修として、文部科学省・教員研修センターが主催する研修会や国・都道府県・市町村の研究指定を受けた学校が主催する公開研究会への参加などがある。さらには、教師が任意に所属する教育研究団体の研修会や学習サークルへの参加などもある。

③校内研修

各学校は独自の中期（3年程度）・短期（当該年度）の研究テーマ、あるいはその時々の教育課題について、研究主任を中心として、組織的・継続的に研修を進めている。このことを校内研修と呼ぶ。特に、授業研究に関しては、研究授業および研究協議が開催され、授業の本質に迫る真剣な協議により、授業者をはじめ全教師の授業力の向上を図っている。授業研究は、レッスン・スタディと訳され、日本の教師の高い授業力の大きな要因として諸外国から高い評価を受けている。教師が自律的に自己研鑽のために実施する授業研究は、教師の授業力の向上のみならず、学校改善・学校改革を促すと言われる。この点については、次節で詳述する。

④優れた管理職や先輩教師との出会い

初任期にどのような管理職や先輩教師に出会うかが教師のその後の成長や教師生活に大きな影響を及ぼすと言われる。初任者研修は、教職1年目の教師が指導教員から教師としての心構え、教科指導・生徒指導等の具体的な指導技術・方法を学ぶことを目的に制度化されているものである。また、職場には、教師としての手本を示す校長や先輩教師が多数おり、彼・彼女らの経験等を、時にはやさしく、時には厳しく、直接・間接に教えてくれる。そこには、教師自身が校長らから指導技術等を得ようとする積極的な姿勢が強く求められる。

⑤図書・教育雑誌など

教育関係の図書・雑誌から得ることも多い。著名な教育思想・実践家の書、優れた教育実践書、教育雑誌から、教師としてのあり方や具体的な指導技術等を学び、自身の実践に活かすことができる。特に、自身が最も関心のある領域・テーマに関する教育雑誌を定期購読するなどの、適切な投資をすることも重要であろう。さらに、教育専門家を目指す教師においては、教育関係以外の様々な分野（哲学、歴史、人間関係等）の図書・雑誌により、教養的知識や多面的なものの見方や考え方を獲得することも、教師としての広く深い成長につながる。

⑥ソーシャル・ネットワーク・サービス（掲示版、メーリングリスト等含む）

今日の電子メディアの発達は、教師の成長の契機を空間的に広げてくれる。近年では、特定のテーマ・関心に基づいてネット上で交流を図るソーシャル・ネットワーク・サービス（SNS）に注目が集まる。教科指導、学級経営、保護者との関係づくり等、自身の関心に沿ったソーシャル・ネットワーク・サービスに参加し、自身や参加者の実践や教育観等を交換し合う、現在抱える課題に対する解決策やヒントを教え合う、職場での困りごと・不安・不満を聞いてもらうといった交流が活発になされる。ここでのやり取りは、時間と場所が制限されないことや日常の利害関係が絡まず気軽にやり取りができること等のメリットがあるが、一方では、守秘義務の問題やネチケット（ネット上のルールやマナー）の問題等の懸念もある。

⑦その他

教育講演会、テレビ番組、学生時代の恩師や旧友（時には家族）との交流等も教師の成長の契機となる。

(3)　研修体系

これまで、教師の成長を促す契機・場について考えてきたが、教師の任命権者である都道府県等教育委員会は、教師の成長を図るための研修をどのように体系化しているのだろうか。ここでは、広島県の事例を紹介してみたい。

広島県では、2014年12月に策定した「広島版『学びの改革』アクション・プラン」を受けて、「学びの変革」を担い得る教職員の育成のための「広島県教員等資質向上指標」を策定している。そして、この指標を踏まえて作成されたものが広島県教職員研修体系（図8-1）である。広島県教職員研修体系では、教師のライフステージを3期に分け、それぞれの身につけるべき資質能力観を定義している。まずは、教職初年から10年目あたりまでの初任教員期であり、「基礎的資質・指導力の育成」期と捉える。10年目から20年目あたりまでは中堅教員期であり、「課題解決力の向上」期と捉える。最後に、おおよそ20年目以降の管理職等期であり、「総合的力量の向上」期と捉える。そして、各期の様々な「場」における研修の体系化を図っている。大きくは校外研修、校内研修、自発的研修という3つの「場」がある。以下、詳しく見ていこう。

①校外研修

校外研修には、国の法律や自治体の条例等で定められている指定研修、校長・教育委員会から推薦を受けた教員が受講する推薦研修、教員の希望に基づく希望研修がある。

初任教員期の代表的な研修である初任者研修と10年経験者研修は、教育公務員特例法に規定されている全国共通の法定研修であり、該当者は研修を受ける義務がある。前者では、教育指導一般や教科等別授業研究が主な内容であり、後者では、共通研修（今日的な教育課題・教育法規・学校マネジメント等

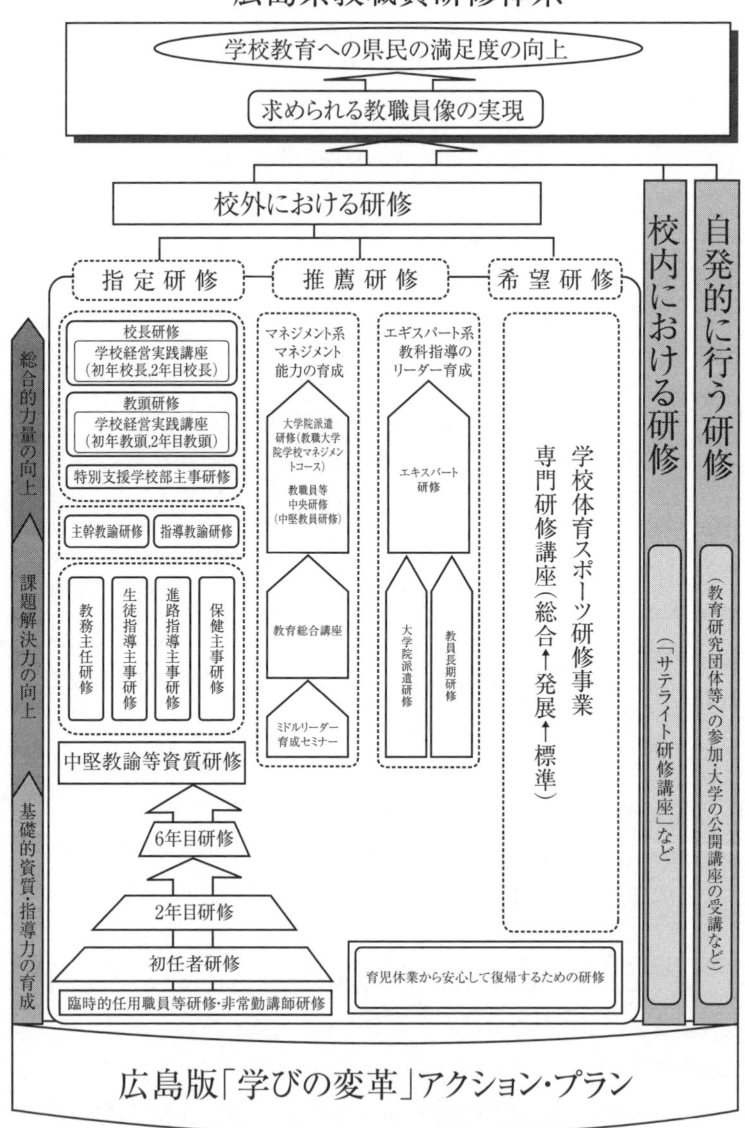

★図 8-1　広島県令和２年度教職員研修体系

出典　広島県教育委員会

https://www.pref.hiroshima.lg.jp/site/kyouiku/jinzai.html（最終アクセス 2020 年 8 月 20 日）

に係る研修）と教科指導・生徒指導等に関する研修が主な内容である。なお、いずれの研修もこの他に校内研修が課せられている。広島県ではこの２つの研修に加えて、２年目（授業づくり、教科等別授業研究）、６年目（キャリア教育、特別支援教育、指導と評価の一体化、教科等別授業研究）研修も独自の義務研修として設定されている。さらに、臨時的任用職員・非常勤講師研修もある。

中堅教員期は、指定研修として教務主任・生徒指導主事・進路指導主事・保健主事・学年主任等の研修があり、推薦研修としてマネジメント系（学校組織マネジメント能力の向上を目的とした研修）とエキスパート系（教科指導のリーダーとなる教員の育成を目的とした研修）がある。前者では、教育総合講座（教育推進上の諸課題について研修し、管理職候補者としての指導力の向上を図る）、ミドルリーダー育成セミナー（民間企業等における組織マネジメントを体験し、学校の業務改善を進める人材育成を図る）、民間企業等長期派遣研修（民間企業の経営手法等を研修し、学校経営に参画できるミドルリーダー＜主任候補者＞を育成する）があり、後者では、大学院派遣研修（教職大学院等の大学院において学校教育に関する理論と実践について研究し、その研修成果をまとめる）、教員長期研修（教育センター等において、教科等に係る実践的な調査・研究を行い、研修報告書を作成する）がある。なお、初任期教員を対象とする授業力アップ講座（模範授業及びグループ協議等を通し、授業力の向上を図る）も教員長期研修として開設されている。

管理職等期は、指定研修として、管理職研修・教頭研修・主幹教諭研修・指導教諭研修があり、推薦研修として、マネジメント系では、大学院派遣研修（教職大学院学校マネジメントコースにおける学校マネジメント等の理論の学習とアクションリサーチに基づく研究報告書の作成）と教職員等中央研修（文部科学省・教職員支援機構が主催するマネジメント研修）があり、エキスパート系では、エキスパート研修（地域や校内における指導的役割を担う人材育成のための研修）がある。

さらに、希望研修として、原則として教職経験年数を問わず受講可能な教育センター主催の専門研修（教職員一人一人の資質能力の向上と各学校の実践に役立つための講座）が実施されている。これには、基礎研修（基礎的・基本的な指導方法や指導技術の育成)、実践研修（教育指導に関する実践的指導力の育成)、課題研修（専門性の深化、教育課題に対する解決力の向上)、総合研修（学校等の直面する組織的課題に対応する資質能力の向上、視野の拡大と総合的資質能力の向上）が実施されている。

②校内研修

校長による教師一人一人の人材育成計画にもとづき、授業研究・テーマ別研究・校外研修報告会を主たる内容とするOJT（On-the-Job Training)*1を通して、資質能力の向上を図る。この時、教育委員会は、校内研修支援事業（校内研修の推進役となる人材の育成等）やサテライト研修（教育センターの指導主事が、学校に直接出向き、学校のニーズに即した研修講座を開催）等を通して、校内研修の活性化を支援する。

③自発的研修

教育研究団体・自主研究グループ活動への参加や大学公開講座の受講等、校外での自主的研修である。この時、教育委員会は、教育研究団体や自主研究グループ活動に対する支援を行う。

以上、広島県の研修体系をみてきたが、教職経験年数・職位といったタテの系に対応する研修と個々の教師や所属する学校の課題といったヨコの系に対応する研修が相互に密接な関連を持って体系化されていることが分かる。

3 教師の成長と学校改善を促す同僚性

(1) 同僚性の意義と内容

前節では、教師の成長を促す場としての校内研修、特に授業研究が、教師全体の授業力の向上につながり、さらには、学校改善・学校改革を促すことを指摘したが、これは、教師の成長を個人レベルだけでなく、組織・集団レベルで捉えることの重要を示唆する。そこで、本節では、そのような視点から注目される概念である同僚性に注目し、同僚性概念の意義と内容について概説する。

佐藤学（1993）は、教職の危機の根源的な原因を、学校や教師の思考や実践の統制を強める官僚主義、形式主義、政治力学に求め、日本の教師社会において伝統的に存在してきた同僚関係の崩壊を指摘した。そして、教育実践の創造と相互の研修を目的とし、相互の実践を批評し高め合い、自律的な専門家としての成長を達成するために連帯する同志的関係としての同僚性の構築の重要性を提案し、わが国の同僚性研究の先鞭となった。また、強固な個人主義が教師文化のエートスと言われる欧米においても、J.W. リトル（1982）の研究を発端として、同僚性研究が始まった。リトルは、小中学校6校の関係者（教師、管理職、学区管理者）を対象とした量的・質的調査のデータ分析から、教師の成長と学校改善に成功した教師集団における同僚性規範（norms of collegiality）として、教師相互の成長と学校改善を志向する頻繁かつ厳しい相互作用を当然視する規範を見出し、最も成功した小学校の教師間の相互作用の特質として、範囲・場所・頻度・焦点と具体性・関連性・相互依存性・包括性を指摘した。そして、決定的に重要な同僚的相互作用（critical collegial interaction）として、①教師は、授業に関する議論に頻繁、継続的、具体的、真摯に関与する、②教師は、同僚教師の授業について有用な批評を提供し合う、③教師は、教材を共同で計画・開発し、評価し合う、④教師は、授業について相互に教え合う、という4点を挙げた。また、秋田喜代美（1998）は、インフォーマルな学習共同体における談話と省察の観点からの同僚性コミュニティモデルを構築し、授業カンファレンスの重要性を指摘した。さらに、諏訪英広（2000）は、学習指導要領の改訂（1989年）に伴う指導体制の構築と同僚性との関連等を分析した結果、学級や授業での出来事を話し合い、情報交換し合い、厳しく批評し合う実践がなされている学校、すなわち「決定的に重要な」同僚的相互作用が見られる学校ほど、指導体制が構築され、教師の指導力が向上し、結果として、新学力が定着していることを明らかにした。

以上の研究成果から、同僚性は、同僚教師間のなれ合い的な相互依存関係ではなく、教師の資質能力を向上させることはもとより、教師の置かれた問題状況を縮減させ、具体的な学校改善に影響を及ぼし得る極めて相互批評的で挑戦・成長志向的な同僚関係であると言える。

(2)　同僚性構築の方策

それでは、このような意義深い同僚性を構築する方策としてどのようなことが考えられるのだろうか。

第1に、アイデア・意見・批評を率直に交換し合える、適度な緊張感をもった風通しの良い職場環境づくりである。この時、お互いを尊重し合うこと、支援すること・支援を求めること、相互に信頼し合うこと、学び合うことを大切な価値規範とする文化を醸成することが重要である。

第2に、校長が学校の進むべき方向性（ビジョン）や教師間で共有すべき価値・規範・行動を明示するなど、校長としてのリーダーシップを発揮することである。特に、個々の教師や組織としての教職員集団それぞれの成長・変容に対する期待や具体的課題を的確に伝え、成長・変容を促し、支援する教育的・支援的リーダーシップの発揮が求められる。さらに、校長と教職員をつなぎ、教師の成長や学校改善を促すための重要な役割を担うミドルリーダーの育成も重要である。

第3に、教師の相互主体的コミュニケーションに基づく校内研修や授業研究を展開するために、ワークショップ型研修の導入や教師のアサーション（相手を尊重しつつ、自身の考えやアイデアを適切に表現・主張すること）・スキルの向上を図る研修の実施が求められる。

教師、学校、教師集団の特性・個性、置かれた状況・環境は多様であるため、同僚性を構築するための万能な方策はないかもしれない。しかしながら、全ての教師が、「教師は常に学び、成長し続ける存在である」という価値・規範を有しておれば、自身あるいは同僚教師の成長、さらには学校改善のために何をなすべきか、おのずと明らかであろう。教師の成長の先にあるものは、成長する子どもの姿であることを決して忘れてはならない。

【註】

＊1　校長や先輩教師が部下や後輩に対し、具体的な仕事を通じて、仕事に必要な知識・技術・技能・態度等を意図的・計画的・継続的に指導し、習得させることによって全体的な職務遂行能力や資質能力の向上を図るすべての活動。

【引用・参考文献】

秋田喜代美「実践の創造と同僚関係」佐伯胖他編『岩波講座　現代の教育6　教員像の再構築』岩波書店、1998年、235-259頁

浅田　匡他編『成長する教師』金子書房、1998年

岩田康之、別惣淳二、諏訪英広編『小学校教師に何が必要か』東京学芸大学出版会、2013年

岡東壽隆、曽余田浩史編『補訂版　新・ティーチング・プロフェッション』明治図書、2011年

佐藤　学「教師の省察と見識＝教職専門性の基礎」『日本教師教育学会年報』第2号、1993年、20-35頁
佐藤　学『教師というアポリア』世織書房、1998年
諏訪英広「組織文化としての指導体制と学校改善」、岡東壽隆・福本昌之編『学校の組織文化とリーダーシップ』多賀出版、2000年、205-247頁
高谷哲也編『教師の仕事と求められる力量』あいり出版、2011年
日本教師教育学会編『教師教育ハンドブック』学文社、2017年
別惣淳二他「卒業時に求められる教師の実践的資質能力の明確化―小学校教員養成スタンダーズの開発―」『日本教育大学協会研究年報』第25集、2007年、95-108頁
山崎準二『教師のライフコース研究』創風社、2002年
D.ショーン『専門家の知恵』佐藤学・秋田喜代美訳、ゆみる出版、2001年（Argyris, C. & Schön, D. Organizational learning: A Theory of Action Perspective, Addison-Wesley Pub., 1978）
Little, J.W. “Norms of Collegiality and Experimentation : Workplace conditions of School Success”, American Educational Research Journal, 19(3), 1982, pp.325-340.

9章 学校の質の保証

章のねらい

学校は、教育内容や方法、教職員の指導力や学校組織の改善・改革を不断に行い、その成果を検証することで、質の高い教育を提供する責任がある。そのための仕掛けの一つが学校評価である。本章では、学校の質保証という観点から、学校改善に資する学校評価システムとその運用について理解を深める。

1 はじめに

多くの人は、「いい学校に行きたい」「子どもを少しでもいい学校に行かせたい」と考えるだろう。学校のよさは、例えばカリキュラムのよさ、教えるのが上手な教員がいること、部活の強さ、交通の便の良さ、校舎の新しさや制服の可愛さ、いじめ件数の少なさ、口コミでの評判など色々な理由で判断されるだろう。だが、物理的条件以外の、カリキュラムのよさや教員のよさ等はどうしたらわかるのだろうか。特に日本の学校は教職員の異動が頻繁にあるため、よいと言われる先生がいつまでもその学校にいるとも限らない。そもそも学校の「よさ」とは何だろうか。誰が、何で測り、どのように判断するのが妥当なのだろうか。このように考えると、学校の「よさ」とは非常に曖昧で、様々な要素が関わることが分かる。

他方、学校では常に様々な問題が生じる。学力低下や特別支援対応などの教育問題だけでなく、記憶に新しいところでは、新型コロナウィルスの影響で今まで通りの学校生活や教育活動が行えない事態を我々は経験している。こうした予期せぬ状況において、学校は代替措置でマイナス状況をしのぐという発想ではなく、新しい時代の教育の在り方を積極的に模索し、それぞれ工夫を凝らして学校のよさを追求し実現していく必要がある。本章では、よい学校、つまり学校の質の保証について、学校評価を手がかりに考えていく。

2 自主的・自律的な学校経営による質の保証～「入口の管理」から「出口の管理」へ～

まず、昨今の教育改革の中で、学校がどのような状況下に置かれ、何を求められているのかという大枠を確認しよう。大きなキーワードは、「自主的・自律的な学校経営」,「学校組織マネジメント」である。1990年代半ば頃から、地方分権・規制緩和を柱とする一連の改革によって、企業経営を参考とする「学校組織マネジメント」の発想が学校に導入され、学校経営改革が急速に進展した。その契機になったのは、中央教育審議会答申「今後の地方教育行政の在り方について」(1998年9月21日）において、国と地方、地方と学校の関係の見直しが図られ、「公立学校が地域の教育機関として、家庭や地域の要請に応じ、できる限り各学校の判断によって自主的・自律的に特色ある学校教育活動を展開できるようにする」ことが目指されたことにある。背後には、教育委員会の関与が必要以上に強すぎて学校の主体的活動を制約している、横並び意識が強く学校が全体として没個性的になっている、外部に対して閉鎖的で家庭や地域との連携が十分でないといった問題点が指摘されていた。

続く、2000（平成12）年教育改革国民会議「教育を変える17の提案」においても、「これからの学校は、子どもの社会的自立の準備の場、一人ひとりの多様な力と才能を引き出し伸ばす場として再生されなければならない。教える側の論理が中心となった閉鎖的、独善的な運営から、教育を受ける側である親や子どもの求める質の高い教育の提供へと転換しなければならない。それぞれの学校が不断に良くなる努力をし、成果が上がっているものが相応に評価されるようにしなければならない。教育委員会や文部省など教育行政機関も、管理・監督ばかりを重んじるのではなく、多様化が進む新しい社会における学校の自主性、自律性確立への支援という考え方を持たねばならない」と述べられ、学校に組織マネジメントの発想を取り入れることが提言された。これまで学校は「自分達はこれを教えた、これだけ取り組んだ」（＝「教える側の論理」）ということで満足し、「その結果、児童生徒がどのように変わったのか、何が身についたのか」（＝「教育を受ける側の論理」）という成果を問わないことが多かった*[1]が、こうした学校本位な姿勢を鋭く問題視したものであった。

こうした提言により、各学校は、所与の経営資源（人、モノ、金、情報など）のもと、定められた法令や規則に従って逸脱のないように学校を管理・運営していくという画一的なあり方から、独自の教育目標を定め、必要な経営資源を時には自ら調達し、目標の実現に向けた方策を自ら選択・実施し、評価・改善していくという戦略的な学校づくりを行い、その結果として教育成果を上げていくことが求められるようになった。つまり、規制による「入口の管理」から、成果を問う「出口の管理」へと、そして出口＝教育成果をあげるために必要な「プロセス」（＝効果的な学校組織マネジメントによる質の高い教育活動の展開）に対する責任が問われる状況へと変化したのである。例えば、1998年学習指導要領改訂によって、カリキュラム構成、時間割、教育内容の具体において、各学校の独自性に委ねられる部分が拡大したり、また、教職員人事、学級編成、予算等に関して学校・校長の裁量権限が拡大するなど、各学校が主体性を発揮しやすい状況になりつつある。そして、学校の自己満足で終わるのではなく、学校を責任あるものにするために、学校に説明責任（アカウンタビリティ）*2を求め、その手段として学校評価の実施と結果の公表（保護者や地域住民に対する）を求めたのである。

さらに、子どもや地域の実情に応じた教育活動を行なえるように、また保護者・地域から信頼される学校にするために、保護者・地域住民の学校参加が求められるようになった。「教育を変える17の提案」によると、「学校、特に公立学校は、努力しなくてもそのままになりがちで、内からの改革がしにくい」ところである。そこで、「各々の学校の特徴を出すという観点から、外部評価を含む学校の評価制度を導入し、評価結果は親と地域と共有し、学校の改善につなげること」が提言されたのである。

3 学校評価制度を理解する

(1) 学校評価の基本的な性質～これまでの年度末反省との違い～

先述のように、どのようにその学校が「よい」のかという価値や、どのようにして「よさ」が生まれているのかという、教育成果（子どもの育ち）やプロセス（教育内容や方法、教員の指導力や学校経営の質）を示すための装置が

「学校評価」である。「(学校) 評価」と聞くと何を思い浮かべるだろうか。試験、偏差値、序列化…。こうしたマイナスイメージが強いかもしれない。学校の教員であれば、自分が子どもたちを評価することはあっても、自分が評価されることへは抵抗感を覚えるかもしれない。しかし、今日、学力低下問題、問題行動や不登校の増加など学校を忌避する動きや、保護者対応の困難化等、学校の正統性の揺らぎともいえる現実に学校は直面している。学校を不断に改善して教育の質を保証していくために、学校評価は重要な役割を果たす。

もちろん、今まで学校は評価というものを行なってこなかったのかというと決してそうではない。これまでも多くの学校は、その年度の振り返りとして学校教育目標や学校経営方針、校務分掌活動、種々の行事等についての「年度末反省」を行なってきた。しかし、そうした年度末反省には例えば次のような問題がある。「教職員に評価という認識があまりない。規準が明確でないため、客観性に欠ける。」「教育目標との摺(す)り合わせよりも、方法論や円滑な運営上の諸課題に対しての意見が多い。」「担当者の反省や改善への意見が主になる傾向が強い。」「年度末に実施されるため、年度初めに気づいた改善点が忘れられ、意識が希薄になる。」「従来学校として行なってきたのだから、大きな間違いはない、という過信や年度末反省のマンネリ化 (形式的な実施) がすすむ」。*3

これに対し、今求められている学校評価は、行事や分掌の担当者や教師「個々人の反省」ではなく「組織としての評価」である点、教師の印象や感想といった「主観」に基づくものではなく「客観的な根拠 (エビデンス)」を明確にする点、そして単年度行事遂行型ではなく教育活動の継続的改善を重視する点でこれまでとは大きく異なる。学校評価とは、学校経営目標達成に向けて学校経営計画を策定、実施し、その達成状況を評価して次の改善を導くという学校組織マネジメントサイクルに基づいて構築されるものである。学校評価は、学校間の競争をいたずらに煽(あお)るようなものではなく、学校の継続的改善、つまり学校の教育活動の質、児童生徒の学習活動の質の向上をめざして、日常の教育活動に対する教職員の意欲・自信を高めることを重視し、各校の学校運営の長所短所を確認し、各校の行なっている教育実践の方向性を診る、すなわち、対象の健全さを総合的に評価するものである*4。

(2) 学校評価の制度改革～学校評価の法制化へ～

教育基本法
(学校、家庭及び地域住民等の相互の連携協力)
第13条　学校、家庭及び地域住民その他の関係者は、教育におけるそれぞれの役割と責任を自覚するとともに、相互の連携及び協力に努めるものとする。
学校教育法
第42条　小学校は、文部科学大臣の定めるところにより当該小学校の教育活動その他の学校運営の状況について評価を行い、その結果に基づき学校運営の改善を図るため必要な措置を講ずることにより、その教育水準の向上に努めなければならない
第43条　小学校は、当該小学校に関する保護者及び地域住民その他の関係者の理解を深めるとともに、これらの者との連携及び協力の推進に資するため、当該小学校の教育活動その他の学校運営の状況に関する情報を積極的に提供するものとする。
(幼稚園、中学校、高等学校、中等教育学校、特別支援学校に準用)

学校評価に関する法整備の端緒は、教育改革国民会議の提言等を受けて、文部科学省が2002(平成14)年3月に小学校設置基準、中学校設置基準を制定したことである。こうした規定を受け、文部科学省は2006(平成18)年「義務教育諸学校における学校評価ガイドライン」を策定した。翌年2007(平成19)年には、戦後60年ぶりに改正された教育基本法を受けて学校教育法が一部改訂され、上記のように規定されることとなった。

「文部科学大臣の定めるところ」の内容については、同年10月改訂の学校教育法施行規則に次のような条項が定められている。

学校教育法施行規則
第66条　小学校は、当該小学校の教育活動その他の学校運営の状況について、自ら評価を行い、その結果を公表するものとする。
2　前項の評価を行うに当たっては、小学校は、その実情に応じ、適切な項目を設定して行うものとする。
第67条　小学校は前条第1項の規定による評価の結果を踏まえた当該小学校の児童の保護者その他の当該小学校の関係者(当該小学校の職員を除く。)による評価を行い、その結果を公表するように努めるものとする。
第68条　小学校は、第66条第1項の規定による評価の結果及び前条の規定により評価を行った場合はその結果を、当該小学校の設置者に報告するものとする。
(幼稚園、中学校、高等学校、中等教育学校、特別支援学校にも準用)

ここで、学校評価とその結果に基づく改善による教育水準の向上および学校の情報の積極的な提供を図るために、①自己評価の実施義務、②学校関係者に

よる評価（「学校関係者評価」）およびその結果公表の努力義務、③自己評価・学校関係者評価結果の設置者への報告という形が法的に規定された。その後、「学校評価ガイドライン」は改訂を重ね、2016（平成28）年3月、「学校評価ガイドライン〔平成28年改訂〕」に至っている。

4　学校評価のしくみを理解する

(1)　学校評価の評価主体と目的

学校評価のしくみを理解するためには、「誰が評価するのか（評価主体）」、「何の目的で評価するのか（評価目的）」を分けて考える必要がある。

誰が評価するのかについては、概念的には内部評価と外部評価に分けて考えられる*5。内部評価は組織が内部的に行なう評価、外部評価は組織外の評価者が行なう評価である。

何の目的で評価するのかについては、パットン（2001）が「判断をくだすため」、「改善を促進するため」、「知識を創出するため」の3つの目的を指摘している。「判断をくだすため」の評価は、ある営みについて基準を満たしたものであるかを総括的、監査的に評価するものであり、説明責任を問う評価である。例えば、イギリスの教育水準局（Ofsted）の査察官による評価がこれに相当する。「改善を促進するため」の評価は形成的評価であり、継続的に組織や事業を改善するための評価である。「知識を創出するため」の評価は、ある事象や活動の一般的理解、原理原則を導くことが目的であり、事業のモデルを明確にしたり、政策の選択肢を案出したりする際の知識基盤を求めるものである。これら評価主体と目的の組み合わせによって、学校評価の内実や導かれる評価結果は異なる。

わが国の学校評価システムは、「自己評価」、「学校関係者評価」、「第三者評価」の3つによって構成されている（詳細は後述）。そして、学校評価の目的については、「学校評価ガイドライン〔平成28年改訂〕」の記載内容を見る限り、「改善」と「説明責任」が強く意識されている。

学校評価の目的
①各学校が、自らの教育活動その他の学校運営について、目指すべき目標を設定し、その達成状況や達成に向けた取組の適切さ等について評価することにより、学校として組織的・継続的な改善を図ること。
②各学校が、自己評価及び保護者など学校関係者等による評価の実施とその結果の公表・説明により、適切に説明責任を果たすとともに、保護者、地域住民等から理解と参画を得て、学校・家庭・地域の連携協力による学校づくりを進めること。
③各学校の設置者等が、学校評価の結果に応じて、学校に対する支援や条件整備等の改善措置を講じることにより、一定水準の教育の質を保証し、その向上を図ること。

(2) 自己評価、学校関係者評価、第三者評価の関係と運用

学校評価は、「自己評価」「学校関係者評価」「第三者評価」の3つの形態で行なわれる。

①自己評価

自己評価は学校評価の最も基本となるものであり、校長のリーダーシップの下で、当該学校の全教職員が参加し、設定した目標や具体的計画等に照らして、その達成状況や達成に向けた取組の適切さ等について評価を行なうものである。

各学校は、前年度の学校評価の結果や今後の改善方針を踏まえ、当該年度の学校経営目標・計画を策定し、そこから重点目標および目標達成に必要な教育・経営実践を構想し、それに対応した評価項目・指標等を設定する［ミッション、学校経営計画、評価項目・指標の設定］。そして、年間を通じて、教職員個人や学年、各種分掌等によって様々に教育実践を展開していく。そして、それがどの程度成果につながっているのか、どの程度実施されたのか、そもそも年度当初に立てた重点目標や実践計画、評価項目・指標等は適切だったのかを年度途中でも振り返り、必要に応じて改善していく［形成的評価としての中間評価の実施］。その際、各担当者の主観的な評価だけでなく、設定したねらいに対して必要な資料・データを収集し、検討する必要がある［根拠（エビデンス）に基づく点検・評価］。例えば国の学力学習状況調査や各自治体で独自に実施されたテストの結果、スポーツテスト等のデータ、基本的な生活習慣の定着度、出欠状況、保健関係の状況等の量的データの収集が考えられる。

また、児童生徒や保護者を対象としたアンケートや保護者等との懇談会を通じて、授業理解度や学校への意見や要望を把握することも自己評価の資料になるだろう。文部科学省の学校評価等実施状況調査（平成26年度間）結果によると、「自己評価で活用した評価指標」は「保護者に対するアンケートの結果」(81.2%)「児童生徒に対するアンケートの結果」(66.8%)「学力に関する調査結果」「生徒指導上の諸課題の状況」(64.5%) となっている。年度末には、設定した目標に照らした達成状況を総括評価して成果と課題を明らかにし、改善に向けた次年度の方向性を検討する［自己評価（最終）の実施］。

これら一連のプロセス、つまりR（Research：現状分析）-V（Vision：めざす姿の設定）-P（Plan：計画）-D（Do：実施）-C（Check：評価）-A（Action：改善）のマネジメントサイクルは、評価に関わる校内委員会やプロジェクトチームを中心としながらも、全教職員が日々向き合っている児童生徒の実態をもとに話し合い、認識や思いを共有し、次年度に繋げることが重要である。

②学校関係者評価

学校関係者評価は、保護者、学校評議員、地域住民、青少年健全育成関係団体の関係者、接続する学校（小学校に接続する中学校など）の教職員その他の学校関係者などにより構成された委員会等が、その学校の教育活動の観察や意見交換等を通じて、自己評価の適切さについて評価を行なうものである。学校関係者評価委員は、年間を通して不定期・定期に学校を訪問し、授業や学校行事の参観や学校管理職・教職員との対話、また学校便りや保健便り等の配布物やHPの閲覧、保護者や児童生徒、地域へのアンケート結果分析などを通して、学校を肌で感じて情報を収集し、学校理解を深めていく。その上で、学校の自己評価結果及び改善の方向性・方策を吟味し、学校にフィードバックする。

学校関係者評価委員には、地元小中学校の元校長や公民館長、社会教育委員など教育に対する理解と見識を有している者が委嘱されることが少なくないが、それ以外にも保護者や地域住民といった専門的知識を有さない素人が加わることも少なくない。だが、素人だからこそ見える・感じる気づきや、学校や教師にとって当たり前すぎてその価値や問題点に気づかなくなっている事柄への素朴な疑問を投げかけることに意味がある。さらに、学校関係者評価が機能するためには、学校の欠点を探そうとするのはなく、また単なる応援団となるのでもなく、支援的・共感的スタンスでもって教育活動の質の向上のために敢えて厳しい忠告もする「批判的友人（critical friends)」になることが重要である。

③第三者評価

第三者評価は、学校教育法に規定されている学校評価の一環として、学校とその設置者が実施者となり、学校運営に関する外部の専門家を中心とした評価者により、自己評価や学校関係者評価の実施状況も踏まえつつ、教育活動その他の学校運営の状況について、専門的視点から評価を行なうものである。ただ法令上、実施義務や実施の努力義務は課されておらず、実施者の責任の下で、必要と判断した場合に行なうものである。「地域とともにある学校づくりと実効性の高い学校評価の推進について」報告（平成24年3月12日）などに見られるように、学校と保護者・地域を主体とした協働的な教育改善へと考え方が移行しているわが国の教育政策において、自己評価および学校関係者評価がより重要視されるようになっている。

④評価結果の公表と設置者への報告

学校はこうした一連の評価結果を保護者や地域全体に公表しさらに教育委員会に報告する［情報公開と説明責任の明確化］。設置者は、学校評価結果を材料に、適切な学校支援や基盤整備のマネジメント（指導助言や人・モノ・金等の資源配分）を行ない、当該自治体の教育ビジョンの実現と自治体全体の教育力向上に努める必要がある。学校評価は個別学校の教育改善に限定される話ではなく、自治体全体の教育の質保証の仕組みと連動しているものである。

5 学校改善に資する学校評価～学校の持続的な質保証に向けて～

最後に、学校改善に資する学校評価の構築に向けて、具体的な実践例をもとに、そのポイントを考えたい。

(1) 学校評価をコミュニケーションツールとした学校・家庭・地域・教育行政による協働的な学校づくり

学校評価は、学校教育目標の実現に向けて学校経営目標・計画を策定、実施し、その達成状況を評価して次の改善を導くという学校組織マネジメントサイクルに基づいて実施されるものであり、学校経営の透明性を確保し、学校内外の協働体制の構築に大きく貢献するものである。そこにおいては、学校評価が学校、家庭、地域、教育行政を繋ぐコミュニケーションのツールとして機能することが重要である。自己評価は学校管理職と教職員、教職員間、教職員と児童生徒を繋ぐパイプに、学校関係者評価は学校と保護者・地域間を繋ぐ強いパイプに、第三者評価は今まで姿の見えにくかった教育行政と学校・地域・保護者を繋ぐ重要なパイプになる。さらに、そのコミュニケーションが「データに基づく」ものであることも大切なポイントである。それにより、子どもの教育に関する学校・家庭・地域間の関係のあり方等、共有されるべき意思の形成や行政への支援要求の根拠とすることができるからである[*6]。

こうしたコミュニケーションを通じて、学校評価は地域の教育力の育成にも大きく貢献する。特に学校関係者評価における学校観察や情報収集、管理職や教職員とのコミュニケーションは、「保護者、地域住民の学校（教育）を見る目」を育て、「地域ぐるみで子どもを育てる気風」の醸成に繋がる。これは学校の改善を後押しする強い力となる。

表9-1は、岡山県矢掛町立Ａ小学校の学校評価の流れを示したものである。矢掛町は全小学校・中学校において学校評価やコミュニティスクール制度を導入した先駆的な自治体であり、学校運営協議会を活用し、学校評価をコミュニケーションツールとして協働的な学校づくりを行なっている。中でもＡ小学校は、年度当初の地区懇談会等の場を利用して学校評価書を保護者に説明することで学校のめざす姿を共有したり、年度末には学校運営協議会委員（＝学校関係者評価委員）が全保護者に対して学校評価結果を説明し、学校の成果・課題を共有して課題解決策を共に話し合う機会を設けるなど、保護者や地域住民の学校参画を促す試みをしている。学校からの情報提供による「信頼される学校」や「開かれた学校」づくりから一歩進めて、保護者や地域住民も「当事者」として、共通の目標に向かって「ともにつくる学校」を実現しようとしている。このように学校評価は、教職員はもとより保護者や地域住民の市民的成熟を促す一つの仕掛けとして活用できるものであり、そうした大人モデルは、子ども達を将来の民主的社会の担い手として育てる上で重要な教育的価値を有

★表 9-1　岡山県矢掛町立Ａ小学校の学校評価の流れ

	自己評価	学校運営協議会を活用した学校関係者評価	専門評価（3年に一度実施）	教育委員会
	＜前年度の評価を踏まえ＞ ↓			
4月	学校のミッション、学校経営計画、評価項目・指標の設定 →保護者にも説明	学校の方針に基づく、委員の戦略的な選定・教育委員会の推薦	専門評価委員の選出（学校の重点課題に応じた専門家の選出）・教育委員会の推薦	学校関係者評価委員及び専門委員を委嘱
6月	↓ （年間を通じて） 教育活動の実施 情報・資料の収集 ↓	学校運営協議会 ・前年度までの学校づくりの流れを踏まえた今年度の目標や方針、評価計画を検討・共有 ・（年間を通じて）授業や行事、設備施設等の観察		学校訪問（指導・助言） 教職員との意見交換等を実施 学校への支援や改善のための現状把握
	中間評価の実施（目標や計画、評価指標等も見直し、必要に応じて修正） →保護者にも説明 ↓ ↓	学校運営協議会 ・中間評価結果の検討・意見提案 ・人事、予算等の（教育委員会への）要望案を検討・意見提案		町内各校からの要望をもとに、予算等支援の検討
11月 12月	自己評価の実施（結果の分析、改善方策の作成） ↓	学校運営協議会 ・自己評価結果（及び専門評価結果）と改善方策案をもとに、学校関係者評価の実施	専門評価の実施（授業等の観察、管理職、教職員、保護者との意見交換等）	予算・人事等の支援・改善
1月 2月	学校関係者評価結果を踏まえて改善の方向性を見直し、次年度の方針・重点を策定 ↓ ↓	学校運営協議会 ・自己評価と学校関係者評価結果を保護者へ説明 →成果と課題を共有し、目指す児童の姿、改善策を協議		

【出典】矢掛町教育委員会「学校評価やかげバージョン」をもとに筆者作成

するだろう。

しかし、文部科学省の学校評価等実施状況調査（平成 26 年度間）の「学校評価の活用方法」（図 9-1）を見ると、学校評価をもとに校内で改善策を「話し合う機会を設けた」学校は多いことが分かるが、今後の基本方針や目標、取組に繋げ、年度を超えたマネジメントサイクルを機能させることには課題があることが分かる。また、保護者や地域住民との話し合いに活用している学校は未だ少なく、今後、いかに保護者や地域住民の参画を促していくのかは大きな課題である。

矢掛町の場合はまた、設置者が学校評価に柔軟かつ主体的に取組んでいることも特徴的である。設置者には、学校のニーズに応じた人的・物的・財政的支援が求められる。学校評価によって明らかになった設置者への要望が、学校へ

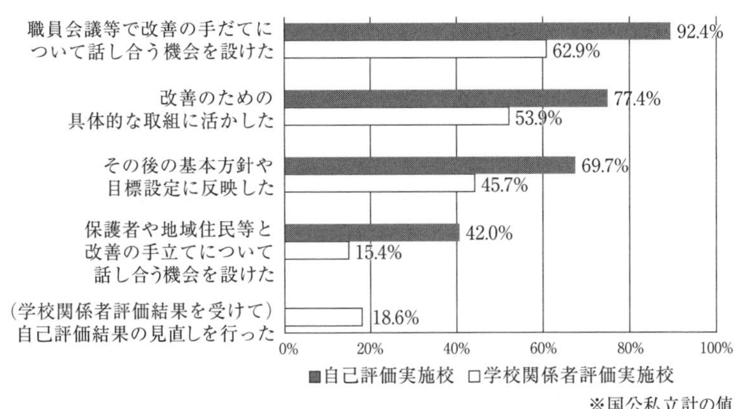

★図 9-1　学校評価の活用方法

【出典】文部科学省「学校評価等実施状況調査」(平成 26 年度間)

の具体的支援となって実現される時、教職員は学校評価の有用性を強く感じ、同時に教育行政への信頼も高める。設置者は、コスト面や評価者・被評価者の負担を考慮しつつ、実施スパンや評価委員の人選、運営のバリエーションに工夫をこらし、柔軟に学校評価に取組み、改善支援の手立てを考える必要がある。

(2)　学校が内発的に改善し続ける力を高める学校評価

評価が学校に対する価値づけの営みである限り、「何をもっていい学校とするか」という冒頭の問いは不可避であり、学校や評価者がそれをどのように捉えるかによって学校評価の在り方は変わる。「年度当初の学校経営目標を達成でき、A 評価が多いこと」も成果として評価すべき大事なことである。しかしながら、その学校の持続的改善への展望という点からすると、学校の質は一時的な成果だけでは十分に判断できず、長期的な視点で、その学校組織が改善に向けての動きや構えを有しているかどうか、つまりその学校が「学習する組織」であるかどうかという動態的な視点がより重要となる。

この視点から学校評価を考える際のポイントの一つは、自分達が何をめざしたいのか、子どものどのような育ちを期待するのかという独自の評価指標を作成することである。先に述べた「(学校) 評価」に対するマイナスイメージや忌避感があるとすれば、そこには他者の外的基準に照らして値踏みされるという前提がないだろうか（国や自治体の実施する学力調査で何位なのか、自校は専門家からどのように診断されるのか等)。もちろん、いずれも重要な情報の一つには違いないが、学校改善に向けた学校の意思と責任の明確化ということから考えると、外的基準で他律的に動く学校ではなく、自分達が望むビジョンの実現に向けた内発的な力を原動力に、継続的に改善し続ける力が重要になる。

ここで取り上げる岡山県B市のS小学校は、そうした内発的・継続的な学校改善に学校評価を活用した学校である。S小学校では、教職員が日々の教育活動で見取った児童の姿や学力調査等の各種資料から得られるデータから、児童の根底にある課題を全教職員で検討し、納得感のあるビジョン（めざす児童像）を自分達で設定していった。そして、ビジョンの具現化に向けて何を大切

★表 9-2 学校自己評価書の一部抜粋 （※M教諭の叩き台をもとにS小教職員が作成したものを一部抜粋）

学び合う子	重点目標（大切にすべき取組）	取組目標（何をねらってどの取組を行うかの方策）	成熟度による成果指標（教員）（学校組織が成熟していることは、何をもって測られるべきか）		現状	成熟度による評価指標（生徒）（取組の成果は、最終的に児童の学びの状態をもって測られるべきである）		現状	評価方法 評価指標（方策の実施状況・成果は、何をもって測ればよいのか）
	学び合いが成立するための指導のスキルの共有	各教員が年1回以上は公開授業を行い、児童が学び合う授業の在り方を研究する	3段階	研究主題・仮説等、自分達の考えを改善しながら実践を行っている。		5段階	学習課題をもって授業に参加し、教師・友達とともに授業をつくることができる。		○学び合いのステップ表に関するアンケートの実施（児童・教員） ◇学び合いのステップ表による自己評価（教員） ◇実践メモ交流の取組みと教職員の振り返り
			2段階	授業研究の省察を次の授業に反映させ、工夫をしながら授業実践を行っている。		4段階	学習課題を理解し教員の発問や友達の意見と響き合った発言ができ、自分の活躍について自己評価ができる。		
			1段階	研修部の提案に沿って、提案授業を行うことができる。		3段階	自分の意見をもち、友達の意見に反応しながら授業に参加する。		
		学び合いのステップを念頭に、自分の指導を振り返りながら、次の段階を目指して授業を進める。	3段階	他の教員と協働的に改善に取り組んでいる。		2段階	教師の発問に反応し、指示に応じて授業に参加する		

にした教育を行なうのか、その方向性を定め、そこからブレないように、一人一人の教職員や各分掌がそれぞれの授業や学級経営、行事等の基本方針や重点を考え、期待する育ちを成果指標化していった。これを集約してオリジナルの学校自己評価書として作成したのが表9-2（一部抜粋）である[*7]。学校評価というと、数値による評価が求められがちである。しかし、客観的な評価とは必ずしも数値化を意味するわけではない。「学校改善に資する評価」ということから考えると、例えば細かな具体的項目に対して「できている／できていない」といった二元論で判断するのではなく、教育実践を大枠で捉えてその意味づけをしていくこと、また、ABC等による段階評価だけではなく文章によって優れた点や改善すべき点を記述し、学校や教育委員会、保護者や地域住民が評価内容をより具体的に理解し、改善の方向性を見いだせるようにすることも考えられる。S小学校の評価書の一つの特徴は、「成熟度による成果指標」として、児童および教職員が少しずつ質的に高まる姿、成熟する様子を言語化することで教職員の現状認識と方向性の共通理解をしやすくしたこと、そして評価の裏付けとして各種アンケートによるデータの分析結果を組み合わせたことである。さらに、この自己評価書の成果指標は、年度当初に作成された後、年間を通して絶えず立ち返る共通の視点となると同時に、実践を経る中で指標自体にも修正が加えられており、児童の変化に合わせてゴールイメージが絶えず吟味され練られている。まさに、学校教育の継続的な質的改善に、学校評価が活用されていると言えるだろう。

このように、学校の質保証には、学校改善に資するかたちで学校評価を戦略的に活用していくことが重要である。学校評価を「こなさなければならない職務の一つ」と捉えると多忙感ややらされ感にしかならない。各種調査やデータの集計・分析といった子どもの育ちを確認していく営みにも意味が見いだせず、学校の目標や取組の重点が変わっても毎年同じアンケート項目で調査し続けるという事態も起こってしまう。そこで、例えば教職員評価と学校評価の関連性を明確化するなど、既存の制度と学校評価を有機的に関連づけることが大切であろう。教職員評価は、多くの都道府県・政令指定都市では自己申告による教職員個人の目標管理の形で行われている。しかし自己申告書については「書けと言われるから書いている」という本音も少なからずあるのではないだろうか。本来は、教職員の能力開発を促進する人材育成のツールであり、それと同時に、学校の教育目標に向けて教職員の視野と努力に共通の方向性を付与するツールである。つまり、学校評価でとらえられる学校の姿は、教職員個々人の、そして各分掌の取り組みの軌跡、集大成なのである。こうした認識で学校評価を主軸においた学校づくりが求められるだろう。

【註】

＊1　曽余田（2006），104-105頁。

＊2　説明責任＝アカウンタビリティとは、元々、「投入した税や資金によっていかなる成果がもたらされたのか、政府やあるいは教育機関や投入資金に見合う成果を上げることができたのかについての行政責任、教育責任、経営責任を問うもの」である（金川（2018）、122頁）。この考え方が社会全般に広く普及したことも、学校に対する説明責任の要求の高まりに影響しているだろう。

＊3　日野（2009）、49-50頁。

＊4　福本他（2011）、3頁。

＊5　長尾（2007）参考文献⑥、4-5頁。

＊6　福本他（2011）。

＊7　金川（2018）、238頁。元は、曽余田・曽余田（2013）による高浜市立南中学校の事例を参考に作成されたものである。

【引用・参考文献】

加藤崇英「日本における学校評価論のレビュー」福本みちよ（研究代表者）『学校評価システムの展開に関する実証的研究』科学研究費補助金基盤研究（B）中間報告書（1）、2008年、2-14頁

金川舞貴子「学校改善実践とスクールリーダー」日本教育経営学会編『現代の教育課題と教育経営』2018年、231-242頁

曽余田浩史「教師の仕事（三）校務分掌と組織マネジメント」岡東壽隆・曽余田浩史編著『新・ティーチング・プロフェッション』明治図書、2006年、95-108頁

曽余田浩史・曽余田順子「学校経営の目標概念群の構成と機能に関する事例分析（1）」中国四国教育学会『教育学研究紀要（CD-ROM版）』第59巻、2013年、134-145頁

千々布敏弥編『「学校評価」実践レポート』教育開発研究所、2009年

長尾眞文「学校評価の理論と実践の課題」『日本評価研究』第7巻第1号、2007年、3-19頁

日野宏「学校教育全体に関わる学校評価とは－学校の現状と課題を踏まえて」、横浜国立大学教育人間科学部附属横浜中学校編『学校間評価－自己評価と学校関係者評価とを繋ぐ新しい学校評価システムの構築』学事出版、2009年、48-58頁

福本昌之、諏訪英広、高瀬淳、小山悦司他「学校改善を促す第三者評価に関する開発的研究（2）ー矢掛町における専門評価への取組～」第51回日本教育経営学会発表資料、2011年

マイケル・パットン、山本泰・長尾眞文他訳『実用重視の事業評価入門』清水弘文堂書房、2001年

文部科学省「学校評価ガイドライン〔平成28年改訂〕」、2016年

矢掛町教育委員会「学校評価やかげバージョン（リーフレット）」、2011年

文部科学省学校評価等実施状況調査（平成26年度間 調査結果）

https://www.mext.go.jp/a_menu/shotou/gakko-hyoka/1369130.htm（2020年9月1日最終閲覧）

コラム2　学校における教育の経営

組織としての理念の実現や目標の達成に向けて、人的・物的資源を効率的に配分し、戦略的な判断のもと、さまざまな活動を展開することが「経営」である。

急激な社会変動の中、生徒を取り巻く環境も大きく変化している。個性を伸ばし豊かな心を育むためには、生徒の自主性・自律性を確立し、開かれた学校づくりを進めることが大切である。ところが、保護者、地域住民の学校に対する要望、期待、ニーズは極めて多種多様である。「学力向上」「部活動強化」「道徳教育としつけ」「生活指導」等々、すべてに対応することは厳しい。地域にある公立の中学校としては、まずもって、それぞれの要求を満たす最低限度の実績を残すようにしたい。それが「普通の中学校」である。基礎固めは、保護者や地域住民が「自慢できる学校」ではなく、「安心できる学校」でありたいと思う。そのために教職員一人ひとりが資質能力を向上させ、総力を結集して教育活動を推進していきたい。

そのような活動を発展的に展開していくなかで、地域社会から高く評価されたり、教職員や生徒が自信をもって取り組んだりしている教育活動が明確になってくる。その段階が特色ある学校づくりであると考える。

すべての教職員が学校運営に参画し、校長のリーダーシップのもと協働してつくった経営計画を実現させていくなかで、「すばらしい学校をつくっていきたい」という教職員のモチベーションが、特色ある学校づくりの原点になる。

そのためにこそ、学校評価を効果的に活用していきたい。学校評価は、学校にとって自信を得たり、勇気づけられたりするものでなければならない。厳しい批判があっても、それが改善への足がかりを示すものであれば、教職員もしっかりと受け止めるであろう。

現在、矢掛町の小中学校では学校評価を通して右のように良好なスパイラルが形成されている。

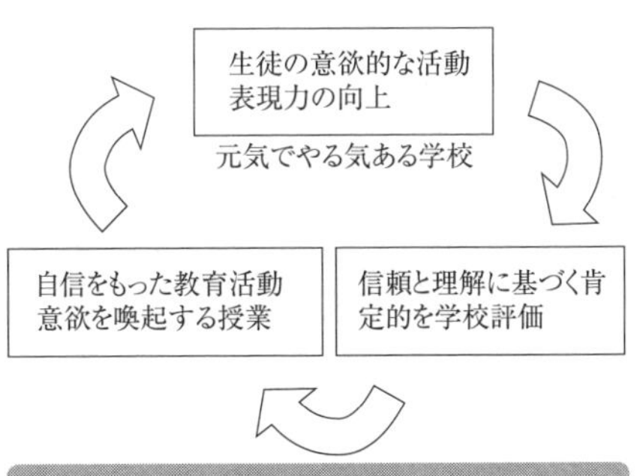

元岡山県立矢掛高等学校長（元岡山県小田郡矢掛町立矢掛中学校校長）　川上公一

10章　学校安全

章のねらい　「学校安全」の究極の目的、それは、学校という場で児童生徒等の命を「守りきる」ことであり、教育活動はこの前提の上に成り立っている。本章では、学校の管理下で起こる事件・事故及び災害の実情を踏まえて、危機管理を含む「学校安全」への対応に関する基礎的知識について提示する。

1　学校安全の基礎的理解

図10-1は、文部科学省（2019）『学校安全資料「生きる力」をはぐくむ学校での安全教育』（以下、文部科学省2019／同資料）をもとに、筆者が作成した学校安全の体系である。ここでは、学校安全の全体像を理解するために、そのねらいと領域、活動について解説する。

(1)　学校安全のねらい（目的と目標）

学校安全のねらいは、「児童生徒等が、自他の生命尊重を基盤として、自ら安全に行動し、他の人や社会の安全に貢献できる資質・能力を育成するとともに、児童生徒等の安全を確保するための環境を整えること」とされており（文部科学省2019：10）、端的には教育（資質能力の育成）と管理（環境整備）の２つの側面から成り立っている。教育としての学校安全は、学校保健、学校給食とともに学校健康教育の３領域の１つとされ、それぞれが独自の機能を担いつつ、学校安全の目的達成のための一体的な取り組みを推進してきた。国は、2018（平成30）年度の文部科学省の組織再編により、初等中等教育局健康教育・食育課から、総合教育政策局男女共同参画共生社会学習・安全課に改組・新設し、安全教育推進室学校安全係の担当のもと、学校安全をより充実した形で推進しようとしている。

(2)　学校安全の領域

学校安全は、「生活安全」、「交通安全」、「災害安全（防災と同義。以下同じ。）」の３つの領域に整理されている。「生活安全」には、学校・家庭など日

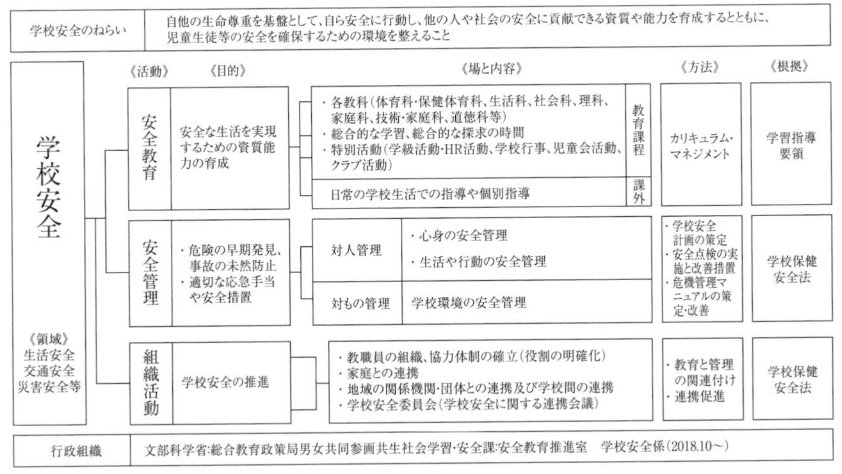

（出典:文部科学省（2019）『学校安全資料「生きる力」をはぐくむ学校での安全教育』を基に作成）

★図 10-1　学校安全の体系

常生活で起こる事件・事故に加え、誘拐や傷害などの犯罪被害防止が含まれる。「交通安全」には、様々な交通場面における危険と安全、事故防止が含まれる。「災害安全」には、地震・津波災害、火山災害、風水害等の自然災害に加え、火災や原子力災害が含まれる。さらに近年では、スマートフォンやSNSの普及など環境の変化による生徒指導上の問題、新型コロナウイルスに代表される新興感染症、食物アレルギー・アナフィラキシーショックなど、生徒指導や学校保健、学校給食等の関連領域と連携して解決にあたる必要のある事象も顕在化してきており、学校安全のねらいを達成するためには、領域を超えた柔軟な対応力が必要となってきている。

(3)　学校安全の活動

学校安全の活動は、「安全教育」、「安全管理」、「組織活動」の３つから構成される。組織活動は、安全教育と安全管理の活動を相互に関連付けて円滑に進めるために、校内の協力体制・研修 家庭及び地域社会と連携して行われるものである。

①学校における安全教育

安全教育の目標は、「児童生徒等自身に、日常生活全般における安全確保のために必要な事項を実践的に理解し、自他の生命尊重を基盤として、生涯を通じて安全な生活を送る基礎を培うとともに、進んで安全で安心な社会づくりに参加し貢献できるような資質・能力を育成すること」(文部科学省 2019：27)であり、学習指導要領に基づいて行われる活動である。表 10 − 1 は、平成 29年・30 年改訂の学習指導要領で示された「知識・技能」、「思考力・判断力・表現力」、「学びに向かう力・人間性」の３つの柱に沿って整理された安全に関する資質・能力である。すべての児童生徒がこれらの資質能力を身に付けるためには、危険に遭遇した時に自分の命を守り抜くための「自助」、安全・安心な社会づくりに貢献するための「共助」や「公助」に視点を当てた学習活動を仕組まなければならない。

安全教育の内容は、表 10- ２に示したように学校安全の３つの領域別に整理されている（文部科学省 2019：29-30)。安全に関する指導は、特定の教科だけに限定されているわけではなく、体育科、保健体育科、生活科、家庭科等の各教科及び総合的な学習の時間や特別活動の時間などの特質に応じて適切に取り扱う。そのため、安全教育を確実に行うためには、図 10- ２に示したような教科等横断的な視点から教育課程を編成して、実施・評価し改善するカリキュラム・マネジメントの確立が不可欠である。内容が多岐にわたる安全教育は、安全管理を有機的に関連付け、学校が組織として取り組むことによって実行可能

★表 10-1　安全に関する資質・能力

資質能力の柱	安全に関する資質・能力
知識・技能	様々な自然災害や事件・事故等の危険性、安全で安心な社会づくりの意義を理解し、安全な生活を実現するために必要な知識や技能を身に付けていること。
思考力・判断力・表現力等	自らの安全の状況を適切に評価するとともに、必要な情報を収集し、安全な生活を実現するために何が必要かを考え、適切に意思決定し、行動するために必要な力を身に付けていること。
学びに向かう力・人間性等	安全に関する様々な課題に関心を持ち、主体的に自他の安全な生活を実現しようとしたり、安全で安心な社会づくりに貢献しようとしたりする態度を身に付けていること。

(出典：中央教育審議会『幼稚園、小学校、中学校、高等学校及び特別支援学校の学習指導要領等の改善及び必要な方策等について（答申）(2016) 別紙：頁 22』を基に作成）

★表 10-2　学校安全の領域別「安全教育」の内容

領域	生活安全	交通安全	災害安全
安全教育の内容	①　学校、家庭、地域等日常生活の様々な場面における危険の理解と安全な行動の仕方 ②　通学路の危険と安全な登下校の仕方 ③　事故発生時の通報と心肺蘇生法などの応急手当 ④　誘拐や傷害などの犯罪に対する適切な行動の仕方など、学校や地域社会での犯罪被害の防止 ⑤　スマートフォンやＳＮＳの普及に伴うインターネットの利用による犯罪被害の防止と適切な利用の仕方 ⑥　消防署や警察署など関係機関の働き	①　道路の歩行や道路横断時の危険の理解と安全な行動の仕方 ②　踏切での危険の理解と安全な行動の仕方 ③　交通機関利用時の安全な行動 ④　自転車の点検・整備と正しい乗り方 ⑤　二輪車の特性の理解と安全な利用 ⑥　自動車の特性の理解と自動車乗車時の安全な行動の仕方 ⑦　交通法規の正しい理解と遵守 ⑧　自転車利用時も含めた運転者の義務と責任についての理解 ⑨　幼児、高齢者、障害のある人、傷病者等の交通安全に対する理解と配慮 ⑩　安全な交通社会づくりの重要性の理解と積極的な参加・協力 ⑪　車の自動運転化に伴う課題（運転者の責任）、運転中のスマートフォン使用の危険等の理解と安全な行動の仕方 ⑫　消防署や警察署など関係機関の働き	①　火災発生時における危険の理解と安全な行動の仕方 ②　地震・津波発生時における危険の理解と安全な行動の仕方 ③　火山活動による災害発生時の危険の理解と安全な行動の仕方 ④　風水（雪）害、落雷等の気象災害及び土砂災害発生時における危険の理解と安全な行動の仕方 ⑤　放射線の理解と原子力災害発生時の安全な行動の仕方 ⑥　避難場所の役割についての理解 ⑦　災害に関する情報の活用や災害に対する備えについての理解 ⑧　地域の防災活動の理解と積極的な参加・協力 ⑨　災害時における心のケア ⑩　災害弱者や海外からの来訪者に対する配慮 ⑪　防災情報の発信や避難体制の確保など、行政の働き ⑫　消防署など関係機関の働き

（出典：文部科学省 (2019)『学校安全資料「生きる力」をはぐくむ学校での安全教育』頁 29-30 を基に作成）

となる。個々の教師の個人的な努力によって、これらを担うことは到底不可能だからである。

②安全管理

学校における安全管理に関し必要な事項を定めているのが学校保健安全法（以下、本節において「法」と表記する）である。主な規定としては、「学校安全に関する学校の設置者の責務」（第 26 条）、「学校安全計画の策定等」（第 27 条）、「学校環境の安全の確保」（第 28 条）、「危険等発生時対処要領の作成等」（第 29 条）、「地域の関係機関等との連携」（第 30 条）がおかれている。

学校における安全管理は、「事故の要因となる学校環境や児童生徒等の学校生活における行動等の危険を早期に発見し、それらの危険を速やかに除去するとともに、万が一、事故等が発生した場合に、適切な応急手当や安全措置ができるような体制を確立して、児童生徒等の安全の確保を図るようにすること」を目的として行われる（文部科学省 2019：53）。安全管理は、児童生徒等の心

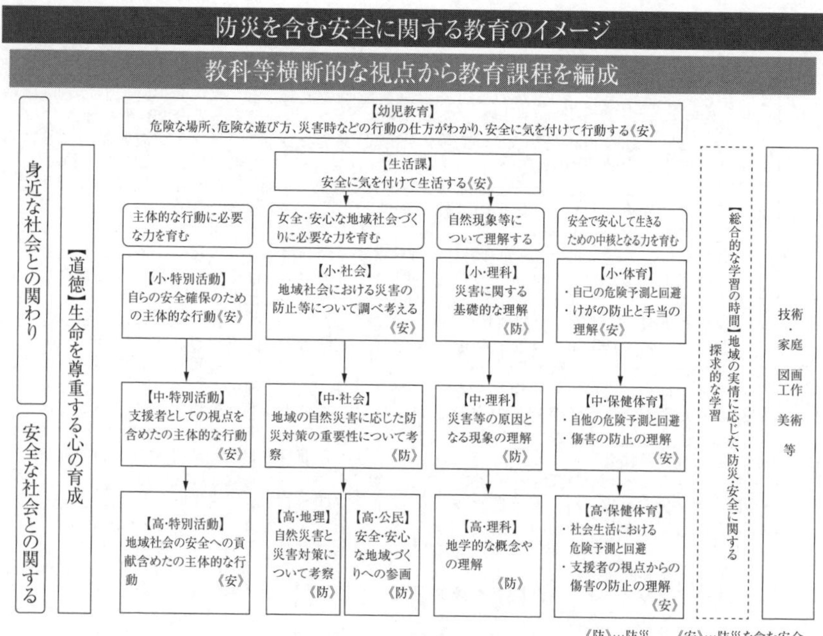

★図 10-2　防災を含む安全に関する教育のイメージ

身状態の管理及び様々な生活や行動の管理からなる対人管理と学校の環境を管理する対物管理から構成される。

対人管理の方法は、休み時間、各教科等の学習時、クラブ活動等、学校行事等、全ての教育活動において、事故の発生状況や原因・関連要因や、情緒の安定及び良好な健康状態を把握し、安全管理と安全教育との関連を図りながら行われる。加えて、登下校時における交通事故、悪天候時や災害等発生時、誘拐や傷害などによる犯罪被害等の防止のための通学路の設定と安全確保、安全な通学方法の策定・実施等も含まれ、管理の範囲は学外にも及ぶ。

一方、対物管理では、安全点検と改善措置の実施による方法を用いる。安全点検の種類は、同法施行規則により、毎学期1回以上行う定期点検（第28条）、必要が生じたときに行う臨時点検（第28条）、及び日常における環境安全の確保（第29条）が規定されている（文部科学省 2019：55)。学校環境とは、教室（保育室）、廊下、階段、トイレ、特別教室、体育館（遊戯室）等などの校舎内だけではなく、運動場・園庭等、体育施設、運動用具等の倉庫、プール、足洗い場等校舎外の施設・設備等多岐にわたる。さらに不審者侵入防止の観点や自然災害等の発生に備えた安全管理も含まれるため、不審者侵入防止に備えた３段階のチェック体制（①校門、②校門から校舎への入口まで、③校舎への入口）の構築や火災や地震、火山活動などの自然災害等発生時の避難に関する事項等危機管理の視点を踏まえた管理が必要となる。学校での危機管理の方法については、第３節で詳細を述べることとする。

法第27条で義務付けられている学校安全計画は、「安全教育」の各種計画に盛り込まれる内容と「安全管理」の内容とを関連させて統合し、年間を見通した安全に関する諸活動の総合的な基本計画である。計画の内容には、①学校の施設及び設備の安全点検、②児童生徒等に対する通学を含めた学校生活その他の日常生活における安全に関する指導、③職員の研修に関する事項を盛り込む必要がある。策定の過程から運営方針や重点事項等について全教職員の共通理解を図るとともに、保護者や地域住民とも共有し、学校安全計画の内容について、協議への参画を要請したり、周知したりすることが必要である（文部科学省 2019：20-21）。

2　学校管理下における事故等の現状

(1)　学校管理下と事故の範囲

学校における事故とは「事故、加害行為、災害等」（以降、事故等）のことを指す（学校保健安全法第26条）。このうち、「加害行為」とは、他者の故意により、児童生徒等に危害を生じさせる行為を指すものであり、学校に侵入した不審者が児童生徒等に対して危害を加えるような場合だけではなくいじめや暴力行為など児童生徒同士による傷害行為など事件となりうる事象も含まれる（文部科学省 2008）。また、「災害」については、地震、風水害、火災などどの地域でも起こりうる事象だけではなく、津波、火山活動による災害、原子力災害など、地域性のあるものも含まれる。

学校管理下とは、一般的に教育課程に基づく授業や課外指導等の学校教育活動中を指すが、学校事故対応や災害共済給付金の支給においては、通学・通園中の事故等も学校管理下の範囲に含める（文部科学省 2017）。災害共済給付制度とは、独立行政法人日本スポーツ振興センター（以降、JSC とする）と学校の設置者との契約により、児童生徒等の災害（負傷、疾病、障害又は死亡）に対して災害共済給付（医療費、障害見舞金又は死亡見舞金の支給）を行うものである。その運営に要する経費は、国と学校の設置者及び保護者の三者で負担する互助共済制度で、全国の児童生徒等総数の約 95％（1,647 万人 / 令和元年度）が加入している。JSC は共済給付業務の過程で得られる事故情報を活用した調査研究や情報提供を行い、学校災害の減少を図る学校安全支援業務も担っており、学校災害の詳細なデータの他、安全指導の際、複写すれば即活用できる掲示・配布資料や動画を「学校安全 Web」において数多く公開している。以下、学校管理下における事故等の現状を JSC 学校安全 Web のデータを基に提示する。

(2) 学校管理下における事故等の現状

①災害共済給付（医療費、障害見舞金又は死亡見舞金の支給）の現状

図 10-3 は、1982（昭和 57）～ 2019（令和元）年度における「災害共済給付の給付状況の推移」である。この図における指数は、昭和 57 年度を 100 として表されており、学校管理下で発生した児童生徒等の負傷・疾病（医療費発生件数）、その結果として生じた障害又は死亡事故の増減を読み取ることができる。データから、加入者数は児童生徒数の減少に伴い、指数は 60 まで低下したが、負傷・疾病に対する医療費の発生件数の指数はほぼ横ばい、医療費給付件数は 160 ～ 140 と高止まりしていることが読み取れる。一方で死亡事故や障害を伴う重篤な事故等の発生件数は、突然死や歯牙障害を中心に過去 30 年間で、指数は 20 と大きく減少しており、学校安全対策の効果が表れていると考えられる。しかしながら、平成 24 度頃からの死亡事故指数は横ばい傾向が続いており、学校管理下において児童生徒等の命が失われている事実は存在する。

表 10-3 には、2013（平成 25）～ 2018（平成 30）年度における学校種別の死亡・障害給付件数と発生場所のクロス集計を、表 10-4 には同データの死亡・障害種別を示した。発生場所では、体育館や運動場はもとより教室など、

身近な学習の場においても死亡や重大な障害が発生していることが読み取れる。死亡種別では、突然死と頭部打撲が突出して多い。負傷により残った障害には、視力・眼球運動障害、外貌・露出部分の醜状障害、歯牙障害の順に多く、身体の切断・機能障害も生じていることが分かる。児童生徒はどのような場面で命を落とし、障害の残るレベルの負傷を負うのであろうか。JSC学校事故事例検索データベースにおける平成30年度に生じた死亡事例には以下のような事故が示されている。

「既往症がある本生徒は、登校中、路上に倒れていた。これを発見した他の生徒からの報告を受けた教員が駆けつけ、AEDの使用を試みるものの解析結果は「ショック不要」であった。救急車により 病院に搬送されたが、同日死亡した（心臓突然死：中学生）」、「昼食時休憩時間中、3階の教室でカーテンがかかった窓辺に座って友人と話していた際、窓が開いていることに気付かず寄りかかろうとして、そのまま中庭に転落した。救急車で病院に搬送され手術を受けたが、数か月後に死亡した（頭部外傷：中学生）」などがある。障害事例では、「テニス部の練習中、同じコートで4人が対角線上にサーブを打ち

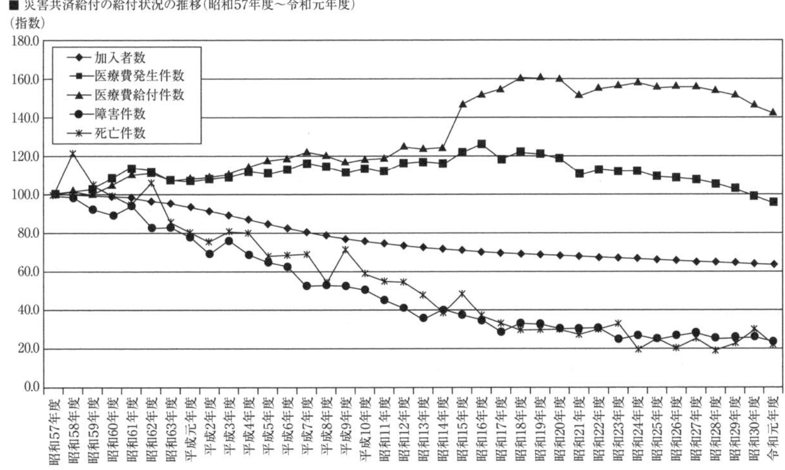

1. グラフ中の指数は、昭和57年度を100として表している。
2. 平成15年度における給付件数の増加は、件数の積算方法を変更し、当該月数ごとに1件とした影響が強い。

（出典:独立行政法人日本スポーツ振興センター　学校安全Web:https://www.jpnsport.go.jp/anzen/Portals/0/anzen/kyosai/pdf/kyufusuii_grapR1.pdf）
（最終アクセス2020年8月20日）

★図 10-3　災害共済給付の給付状況の推移（1982 ～ 2019 年度）

★表 10-3　2013-2018　学校種別の死亡・障害給付 と 発生場所のクロス表

学校種（件数）			小学生						中学生						高校生						合計					
発生場所			死亡（96）		障害（552）		合計（648）		死亡（146）		障害（725）		合計（871）		死亡（204）		障害（952）		合計（1156）		死亡（446）		障害（2229）		合計（2675）	
学校敷地内	校舎内	教室	20	20.8%	115	20.8%	135	20.8%	18	12.3%	62	8.6%	80	9.2%	11	5.4%	21	2.2%	32	2.8%	49	11.0%	198	8.9%	247	9.2%
		実習実験室	0	0.0%	10	1.8%	10	1.5%	1	0.7%	14	1.9%	15	1.7%	0	0.0%	12	1.3%	12	1.0%	1	0.2%	36	1.6%	37	1.4%
		昇降口・玄関	1	1.0%	22	4.0%	23	3.5%	0	0.0%	12	1.7%	12	1.4%	0	0.0%	3	0.3%	3	0.3%	1	0.2%	37	1.7%	38	1.4%
		廊下	1	1.0%	49	8.9%	50	7.7%	7	4.8%	52	7.2%	59	6.8%	8	3.9%	11	1.2%	19	1.6%	16	3.6%	112	5.0%	128	4.8%
		階段	0	0.0%	16	2.9%	16	2.5%	5	3.4%	10	1.4%	15	1.7%	1	0.5%	4	0.4%	5	0.4%	6	1.3%	30	1.3%	36	1.3%
		便所	4	4.2%	7	1.3%	11	1.7%	4	2.7%	1	0.1%	5	0.6%	2	1.0%	0	0.0%	2	0.2%	10	2.2%	8	0.4%	18	0.7%
	屋内	体育館・屋内運動場	3	3.1%	58	10.5%	61	9.4%	8	5.5%	170	23.4%	178	20.4%	16	7.8%	211	22.2%	227	19.6%	27	6.1%	439	19.7%	466	17.4%
		講堂	0	0.0%	3	0.5%	3	0.5%	0	0.0%	1	0.1%	1	0.1%	0	0.0%	1	0.1%	1	0.1%	0	0.0%	5	0.2%	5	0.2%
	屋外	運動場・校庭	7	7.3%	172	31.2%	179	27.6%	12	8.2%	244	33.7%	256	29.4%	22	10.8%	409	43.0%	431	37.3%	41	9.2%	825	37.0%	866	32.4%
		運動場・競技場	1	1.0%	1	0.2%	2	0.3%	6	4.1%	51	7.0%	57	6.5%	7	3.4%	116	12.2%	123	10.6%	14	3.1%	168	7.5%	182	6.8%
		プール	4	4.2%	6	1.1%	10	1.5%	3	2.1%	13	1.8%	16	1.8%	2	1.0%	12	1.3%	14	1.2%	9	2.0%	31	1.4%	40	1.5%
		体育・遊戯施設	0	0.0%	11	2.0%	11	1.7%	－	－	－	－	－	－	－	－	－	－	－	－	0	0.0%	11	0.5%	11	0.4%
		ベランダ	0	0.0%	1	0.2%	1	0.2%	2	1.4%	2	0.3%	4	0.5%	1	0.5%	0	0.0%	1	0.1%	3	0.7%	3	0.1%	6	0.2%
		屋上	－	－	－	－	－	－	1	0.7%	0	0.0%	1	0.1%	0	0.0%	1	0.1%	1	0.1%	1	0.2%	1	0.0%	2	0.1%
学校敷地外		農場	－	－	－	－	－	－	－	－	－	－	－	－	0	0.0%	2	0.2%	2	0.2%	0	0.0%	2	0.1%	2	0.1%
		道路	36	37.5%	43	7.8%	79	12.2%	21	14.4%	43	5.9%	64	7.3%	67	32.8%	84	8.8%	151	13.1%	124	27.8%	170	7.6%	294	11.0%
		排水溝	0	0.0%	1	0.2%	1	0.2%	－	－	－	－	－	－	－	－	－	－	－	－	0	0.0%	1	0.0%	1	0.0%
		山林野（含スキー場）	3	3.1%	8	1.4%	11	1.7%	3	2.1%	8	1.1%	11	1.3%	8	3.9%	6	0.6%	14	1.2%	14	3.1%	22	1.0%	36	1.3%
		河川	1	1.0%	2	0.4%	3	0.5%	3	2.1%	1	0.1%	4	0.5%	3	1.5%	3	0.3%	6	0.5%	7	1.6%	6	0.3%	13	0.5%
		公園・遊園地	2	2.1%	4	0.7%	6	0.9%	2	1.4%	3	0.4%	5	0.6%	0	0.0%	1	0.1%	1	0.1%	4	0.9%	8	0.4%	12	0.4%
		海・湖・沼・池	0	0.0%	1	0.2%	1	0.2%	1	0.7%	1	0.1%	2	0.2%	5	2.5%	4	0.4%	9	0.8%	6	1.3%	6	0.3%	12	0.4%
寄宿舎			－	－	－	－	－	－	－	－	－	－	－	－	0	0.0%	1	0.1%	1	0.1%	0	0.0%	1	0.0%	1	0.0%
その他			13	13.5%	22	4.0%	35	5.4%	49	33.6%	37	5.1%	86	9.9%	51	25.0%	50	5.3%	101	8.7%	113	25.3%	109	4.9%	222	8.3%

（出典：日本スポーツ振興センター：学校事故事例検索データベース：https://www.jpnsport.go.jp/anzen/Default.aspx を基に作成）

★表 10-4　2013-2018　死亡種・障害種

死亡（446）			件	障害（2229）	件
突然死	心臓系突然死	57	120	視力・眼球運動障害	539
	中枢神経系突然死	35		外貌・露出部分の醜状障害	461
	大血管系突然死	28		歯牙障害	458
頭部外傷			119	精神・神経障害	283
全身打撲			63	手指切断・機能障害	152
窒息死（溺死以外）			60	胸腹部臓器障害	133
内臓損傷			29	せき柱障害	61
溺死			21	上肢切断・機能障害	61
熱中症			12	下肢切断・機能障害	42
頚髄損傷			10	聴力障害	28
その他			8	足指切断・機能障害	8
電撃死			3	そしゃく機能障害	3
不明			1		

（出典：JAPAN SPORT COUNCIL（日本スポーツ振興センター）学校事故事例検索データベース：https://www.jpnsport.go.jp/anzen/Default.aspx を基に作成）

合っていた際、本生徒の正面にいた生徒のサーブが誤ってまっすぐに飛んできて、バウンドしたボールが右眼に当たった（視力・眼球運動障害：高校生）」、「昼食時休憩時間中、教室内の壁の装飾物がはがれそうになっていたので、生徒用の机を踏み台にして登った。その机の天板のねじが全部外れていたため、机の上から落下し、天板が顔に当たって歯が折れ、唇を切った（外貌・露出部分の醜状障害、歯牙障害：中学生）」。学校安全の目標である学校での死亡事故を限りなくゼロすること、障害や重度の負傷を伴う事故の減少を達成することは決して容易ではないことが読みとれよう。

②学校管理下における死亡事故の類型

表 10-5 には、1999（平成 11）～ 2012（平成 24）年度の学校管理下における死亡事故の学校種別・類型の割合（％）を示した。類型別の平均割合が最も高かったのは、「交通事故（39%）」、次いで「突然死（34%）」であり、これらを合わせた割合は発生件数の約 4 分の 3 に相当する。「自然災害（9％）」は、東日本大震災により失われた命である。「交通事故」と「自然災害」の詳細については、次項の「通学中・登校中の事故」において述べる。

★表 10-5　1999-2012　学校管理下における死亡事故の校種別・類型別割合

	学校種（総件数：1910）	小学校 (578)	中学校 (430)	高等学校 (907)
類型	交通事故	38%	32%	46%
	突然死	21%	47%	35%
	自然災害	25%	0%	2%
	転落・転倒	5%	6%	3%
	溺水	6%	2%	3%
	スポーツ外傷	0%	4%	5%
	熱中症	0%	3%	3%
	犯罪被害	3%	0%	0%
	物体と衝突	0%	3%	0%
	その他	2%	3%	3%

（出典：文部科学省：2014/07/07・第7期中教審スポーツ・青少年分科会学校安全部会資料 https://www.mext.go.jp/b_menu/shingi/chukyo/chukyo5/012/gijiroku/__icsFiles/afieldfile/2014/07/07/1349373_02.pdf を基に作成）

「犯罪被害」には、2001（平成13）年6月に発生した大阪教育大学附属池田小学校事件により、暴漢に刺殺された児童8名が含まれる。死亡児童以外にも13名の児童と教員2名を負傷させた凄惨な事件は、『学校安全神話』を根底から覆した。そして、教職に携わる者たちに、尊い児童の命を守るという当たり前だったはずの使命感を、もう一度強く意識する必要性を示唆した。管理面では、学校の防犯対策の強化（危機管理マニュアルの作成、防犯訓練・設備整備など）がなされるようになった。これ以外にも、小中学生に多い「転倒・転落」、小学生に多い「溺水」、中高生に多い「スポーツ外傷」や「熱中症」等により、尊い命が失われていることが理解できる。

③通学中・登校中の事故

表10-6には、1999～2012年度に発生した、学校管理下における「通学中の死亡事故の状況（件数）」を示した。「交通事故」が716件（81.7%）、「災害事故」89件（10.1%）、「自損事故」56件（6.4%）、「犯罪事故」16件（1.8%）であり、交通事故が突出して多いことが読み取れる。

「交通事故」による死者数は、関係省庁挙げての取り組みにより近年減少傾向にある。しかし、暴走車による集団登校中の児童2名の死亡事故（2012年4

月、京都府亀岡市）や交差点の車両同士の衝突事故の巻き添えによる散歩中の保育園児および保育士計16名の死傷事故（2019年5月滋賀県大津市）などは、安全管理に対する世間の耳目を集め、通学路の安全確保が強化されるきっかけとなった。

登下校中の「犯罪事故」は、2004（平成16）年頃から連続して発生した誘拐事案が含まれる。このころから、登下校時の安全対策が強化され、保護者や地域と連携した見守りの充実が図られるようになった。

「災害事故」のほとんどを占める「津波・地震」の78件は、2011（平成23）年3月11日に発生した東日本大震災による犠牲者である。表10- 7には、被害の大きかった岩手、宮城、福島の3県における児童生徒等及び教職員の死亡・行方不明者数を示した。児童生徒の死亡者数は、岩手101人、宮城県436人、福島県84人の累計621人であった。最も多い宮城県では石巻市が223人の死亡者を出している。このうち、石巻市立大川小学校では、児童74人、教職員10人が死亡した。他校と比較して突出して多い犠牲者を出したことから学校の安全管理体制が問われ、事故検証委員会による検証が行われた（大川小学校事故検証委員会2014）。また、遺族による損害賠償請求訴訟では、設置管理者である市および県の過失を認定した判決が確定している（仙台高等裁判所

仙台地方裁判所2018）。東日本大震災発生から10年が経過し、その記憶が風化しつつある中、内閣府によると南海トラフ地震や首都直下地震は、今後30年以内に発生する確率が70%、死者は最悪の場合23万人を超える想定されている。教員として児童生徒等と共に過ごすとき、事故や災害に対して、「自分の学校は大丈夫」、「まだ大丈夫」などといった根拠のない安心感（正常性バイアス）が最悪の事態を招く。「万が一の一は生じうるもの」と捉え、想像の域を超えた危機が生じたときにも、児童生徒の命を守る行動を第一義として実行できる備えを、責務として自覚しておくことが肝要である。

★表 10-6　1999-2012　通学中の死亡事故の状況（平成 11 年度から平成 24 年度）：JSC 分析

種別	合計 件数	合計 %	状況（件数）	徒歩 (374)	自転車 (353)	二輪車 (69)	自動車 (63)	電車 (16)	バス (2)	合計 (877)	(%)
交通事故	716	81.6	交通事故	283	327	69	19	1	2	701	79.9
			鉄道事故	0	0	0	0	15	0	15	1.7
災害事故	89	10.1	大雨	7	1	0	1	0	0	9	1.0
			地震・津波	35	0	0	43	0	0	78	8.9
			落雪	1	0	0	0	0	0	1	0.1
			落雷	1	0	0	0	0	0	1	0.1
自損事故	56	6.4	転倒・転落	19	14	0	0	0	0	33	3.8
			水面へ転落	13	2	0	0	0	0	15	1.7
			物体と衝突	2	5	0	0	0	0	7	0.8
			遊具	1	0	0	0	0	0	1	0.1
犯罪事故	16	1.8	犯罪被害	12	4	0	0	0	0	16	1.8

（出典：独立行政法人日本スポーツ振興センター（2014）：『通学中の事故の現状と事故防止の留意点調査研究報告書』P9 のデータを基に作成）

★表 10-7　東日本大震災による児童生徒等及び教職員の被害状況（死亡・行方不明）：（2012 年 9 月 13 日 10 時 00 分現在）

県名	死亡者数 園児	児童	生徒	学生 県民	学生 県外	児童生徒小計	教員	職員	計	行方不明者数	合計
岩手県	10	17	63	5	6	101	4	5	110	23	133
				11							
宮城県	70	167	158	31	10	436	22	2	460	41	501
				41							
福島県	4	24	50	1	5	84	3	0	87	10	97
				6							
合計	84	208	271	37	21	621	29	7	657	74	731
				58							

（出典：文部科学省報道発表（2012.9.14）『東日本大震災による被害情報について（第 208 報）』を基に作成）

3 学校危機管理

(1) 学校危機管理の定義と目的

危機管理の定義は「人々の生命や心身等に危害をもたらす様々な危険が防止され、万が一事件・事故が発生した場合には、被害を最小限にするために適切かつ迅速に対処すること」とされる（文部科学省 2019：12)。危機管理の究極の目的は、「事故等」が発生した際に児童生徒等や教職員等の生命や心身等の安全を確保することである。事故等の危機は、「学校においても生じる」ことを前提として捉えた上で、勤務校で想定される学校危機とは何かについて教職員の共通理解を確立させておく必要がある。

(2) 学校危機管理マニュアルの作成

事故等が発生した際に子どもの命を救う行動をとるためには、勤務校の「学校危機管理マニュアル」を熟知しておくことが重要である。いわゆる危機管理マニュアルとは学校保健安全法第29条で規定される「危険等発生時対処要領」のことであり、学校管理下で危険等が発生した際に、教職員が円滑で的確に対応できるよう、危機管理を実践するための必要事項や手順を具体的に記載するものである。文部科学省（2018）は、作成のベースとなる「学校の危機管理マニュアル作成の手引」を全国の学校に頒布している。図10-4には、マニュアルに示された「学校における危機管理」の全体構想図を示した。手引きでは危機管理マニュアル作成のポイントとして、表10-8に示した危機管理の3段階、すなわち、事前・個別・事後の危機管理の観点に応じ具体的な内容を検討して盛り込むことを推奨している。このうち、個別の危機管理は、事故の種類に応じて「命を守る」ための方法が示される。勤務校で危機状況に直面したときに、初期対応（救命措置、応急手当、避難誘導、二次被害の防御措置など）を素早く行うためには、緊急事態発生時の対応方法や役割分担といった子どもの命を救う方法の理解が最重要であることを認識しておいてほしい。

(3) 学校事故対応に関する指針

事故等の対応に関する対応については、「学校事故対応に関する指針（文部

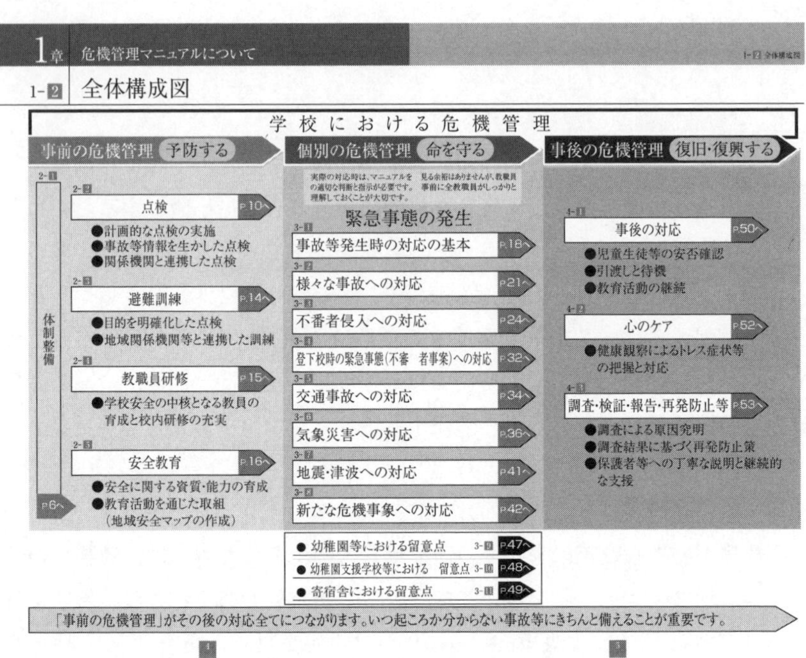

(出典:文部科学省(2018)「学校の危機管理マニュアル作成の手引」平成30年2月初版
https://www.mext.go.jp/a_menu/kenko/anzen/__icsFiles/afieldfile/2019/05/07/1401870_01.pdf(最終アクセス2020年8月20日)

★図 10-4　学校における危機管理の全体構想図

★表 10-8　危機管理の３段階の観点と内容

段階		観点	内容
1	事前の危機管理	事故等の発生を予防する	体制整備や点検、避難訓練
2	個別の危機管理	事故等が発生した際に被害を最小限に抑える	様々な事故等への具体的な対応
3	事後の危機管理	緊急的な対応が一定程度終わり、復旧・復興する	引渡しや心のケア、調査、報告

（出典：文部科学省（2018）「学校の危機管理マニュアル作成の手引」３頁を基に作成）

科学省 2016)」において、学校だけではなく、学校の設置者、地方公共団体、国がとるべき措置について詳細な方策が示されている。表 10-9 には指針に基づく取組の流れを抜粋し、いつ（事前・事故発生・事後）、どの段階で、だれが、なにを行うかについて整理して示した。事故発生時の取組は事故直後、初期対応時、その終了後に分類された取組が明示されている。不測の事態が生じ

★表 10-9 『学校事故対応に関する指針』に基づく取組の流れ（抜粋）

いつ	どの段階で	どこが	なにを
事前	未然防止のための取組	学校	職員研修、安全教育・安全管理の徹底、保護者や関係機関との連携等
事故発生	事故発生直後の取組	学校	応急手当、保護者連絡等
	初期対応時（事故発生直後～事故後１週間程度）の取組	学校	態勢整備、被害児童保護者への対応と説明、基本調査等
	初期対応終了後の取組	学校	詳細調査 への移行の判断等
		学校の設置者	詳細調査の実施
事後	外部専門家等による調査委員会の報告後の取り組み	学校の設置者と学校	再発防止策の策定・実施

（出典：文部科学省（2016）「学校事故対応に関する指針」を基に作成）

るリスクを低減させることに加えて、不測の事態が生じた場合の影響を最小限にとどめること、そして、できるだけ素早く平常時のパフォーマンスを回復することを目指した取り組みが求められているのである。

学校における教育活動は不測の事態が生じる可能性があるという意味で常にリスクを持つ。とりわけ、未熟な学習者が新たな経験をする場面はリスクに満ちており、そのリスクを単純な因果関係で描くことは難しい。「想定外の事態は生じるものだ」ということを前提に、その予兆を見逃さないこと、想定外の事態への効果的な対応・回復、想定外の事態の経験からの学習に関心を置ける教師でありたい。

【引用・参考文献】

大川小学校事故検証委員会『大川小学校事故検証報告書』、2014 年

仙台高等裁判所仙台地方裁判所『平成 28（ネ）381　国家賠償等請求控訴事件』、https://www.courts.go.jp/app/files/hanrei_jp/735/087735_hanrei.pdf, 2018 年（最終アクセス 2020 年 8 月 20 日）

福本昌之「学校における危機管理に関する組織論的考察－E．ホルナゲルの Safety Ⅱの安全観を手がかりに」『大分大学教育学部研究紀要』第 40 巻第 1 号、2018 年、97-112 頁

福本昌之「学校における高信頼性組織化論の適用可能性－危機管理体制構築の視点から」中国四国教育学会『教育学研究紀要 CD-ROM 版』第 64 巻、2018 年、537-542 頁

文部科学省『学校保健法等の一部を改正する法律の公布 について』、2008 年

文部科学省『学校事故対応に関する指針』、2016 年

文部科学省『第 2 次学校安全の推進に関する計画』、2017 年

文部科学省『学校の危機管理マニュアル作成の手引』、2018 年

文部科学省『学校安全資料「生きる力」をはぐくむ学校での安全教育』、2019 年

2部

学校・家庭・地域の教育連携

11章　社会教育・生涯学習と学校

章のねらい　本章では、生涯学習社会における学校の意義を踏まえつつ、教育の役割分担という視点から、学校にとっての社会教育の持つ意義を確認し、教育基本法上の規定（第３条）に基づく、学校教育と社会教育の連携・融合のあり方やそれに関連する今日的課題を解説する。

1　教育の場（分野）は学校（教育）だけではない！

(1)　第3の教育の場（分野）としての社会教育

通常は、「教育」と言えば、学校教育のことを指す。それは、ある意味当然である。何故なら、「教育」は、近代以降、学校という「意図的・組織的・計画的な教育機関」が担うものという考え方が、制度的にも、そしてまた人々の意識の上でも、強固に形づくられてきたからである。ちなみに、そこにおける「教育」とは「教え育てる」ことであり、その教え育てられる対象は「子ども」であった。つまり、「教育」とは、子ども（未成熟者）を大人（成熟者＝一人前）にする営みであり、学校とは、まさに、その子どもの教育の占有（せんゆう）機関であったということである。

しかし現在、よく周囲を捉えてみると、例えば家庭で、親がその子どもに対して行う躾（しつけ）等のことを「家庭教育」と呼んだり、あるいは地域には公民館や図書館等の施設、子ども会や青年会、さらにはＰＴＡ等の団体があるが、それらは、「社会教育」施設とか、「社会教育」関係団体とか呼ばれたりしている。つまり、私たちの周囲には、学校教育だけではなく、家庭教育や社会教育と呼ばれるものが、多種多様に存在しているのである。このように、教育には、学校教育以外に、家庭教育や社会教育というものがあり、それらが教育の全体をなしているということを、改めて認識する必要がある。

ここでは、家庭教育については直接言及しないが、その家庭教育を、発生史的に「第1の教育の場（分野）」、学校教育を「第2の教育の場（分野）」、社会教育を「第3の教育の場（分野）」と位置づけることもできよう。

(2) 「社会教育」とはどういう教育なのか？

「社会教育」とはどういう教育なのだろうか。ここでは、「ノンフォーマル（非定型）教育（nonformal education）」としての社会教育という視点から、同じく「フォーマル（定型）教育（formal education）」としての学校教育と対比させながら、その大枠と特徴を示しておきたい。

フォーマル教育とノンフォーマル教育の定義的なものを確認しておくと、学校教育のような、高度に制度化・規格化された教育（形態）のことをフォーマル教育と呼び、学校教育ほど高度に制度化・規格化はされていないものの、一定の制度的枠組みの下に、多様かつ柔軟な取り組みがなされている教育（形態）のことをノンフォーマル教育と呼んでいる。この定義にしたがうと、社会教育は、まさにノンフォーマル教育ということになるわけである。

ちなみに、個々の家庭教育のように、すべてがその実施者の私的な自由と責任の名の下で行われている教育（形態）のことを、インフォーマル（無定形）教育と呼んでいる。教育は、こうした各教育（形態）の、いわば「総体」の中で展開されているわけである。

こうした教育の「総体」の中で、学校教育は、主として人生初期における個人の「社会化（socialization）」を分担し、社会教育は、その基礎の上に、人々の生涯における役割の遂行と生活現実の課題解決に関わる諸能力の形成を分担しているといえる。そして、その中心的課題は、個人にとっても、社会全体にとっても、多種多様な「（役割あるいは生活状況等の）変化への対応」ということになる。つまり、社会教育の施策や事業は、日常的な生活場面に関わる、個々の学習者の要求や社会の必要に即応することが、その使命だということである。

ここで大切なことは、それぞれの教育（形態）の制度化の度合いが持つ個々のメリットを活かすことであり、特に現代的な意味合いで言えば、高度に制度化され、その画一性や特定性が逆にデメリットとなり、さまざまなひずみや問題点をもたらしている学校教育の、ある意味「パートナー」としての、柔軟で、多様性に富む社会教育の存在価値が、改めて見直される必要がある。したがって、そこに、教育の大きな変革の視点も横たわっている。

(3) 法制度的に見た社会教育

ここで、法制度的に見た社会教育について、多少具体的に見ておきたい。

①社会教育の対象

その対象であるが、大きくは「成人」と「青少年」に分けられる。さらに、その成人については、（一般）成人教育、婦人（女性）教育、高齢者教育の、三つに区分されて実践されてきている。一方の青少年については、青年教育と少年教育の、二つに区分されて実践されてきている。ただし、それらの区分等は、時代状況によって、それぞれ異なる。その教育の意義、特に青少年に対する教育の意義としては、「学校教育の補完・補充」から、学校教育ではできにくいもの、学校教育よりもさらに効果が期待されるもの（例えば体験学習的要素）という形で、推移してきたと言ってよい。

②社会教育の関係法令

次に、社会教育に関係する法令であるが、直接的には社会教育法というものがある。この法律によって、社会教育の基本的な制度は成り立っている。その他、博物館法、図書館法、生涯学習の振興のための施策の推進体制等の整備に関する法律（俗称「生涯学習振興法」）等がある。また、関連法令としては、スポーツ振興法、文化財保護法等がある。もちろん、日本国憲法、教育基本法、学校教育法も関係している。行政組織に関する法令としては、文部科学省設置法、地方教育行政の組織及び運営に関する法律（地教行法）、地方自治法、教育公務員特例法等がある。こうした法令の下、それぞれ国レベル（文部科学省総合教育政策局（地域学習推進課等））、都道府県・市（区）町村レベル（教育委員会社会教育課／生涯学習推進課等）の行政組織が設置され、社会教育の振興を行っている。

③社会教育の施策・事業

社会教育の施策・事業は、大きくは、「狭義の社会教育」と「広義の社会教育」に分けられる。「狭義の社会教育」（「公的社会教育」とも言う）とは、文部科学省・教育委員会系の、いわゆる教育行政が行う（関わる）施策・事業のことで、実に多種多様なものがある。ただし、学校教育のように、学習指導要領のようなカリキュラム的枠組みが、制度的に示されているわけではない。施策・事業の種類としては、一般市民対象の施策・事業もあれば、青少年対象の施策・事業もある。また、それに関わる学習情報提供や学習相談の事業等もある。「広義の社会教育」とは、「狭義の社会教育」以外の施策・事業のことであるが、内容・テーマ等については、基本的には、狭義の社会教育の施策・事業と変わらない。強いて言えば、どこが（誰が）、何のために、そのような施策・事業をやっているのかというところに違いがでてくる。具体的には、福祉事業、職業能力開発、農業改良普及事業、あるいは民間教育産業等の、他省庁の関わる施策・事業等がそれに相当する。

④社会教育施設

これらの施策・事業を、直接的な学習機会の提供という形で行っているのが、各種の社会教育施設である。これもまた、狭義の社会教育施設と広義の社会教育施設に分かれるが、代表的なものが公民館である。現在、公民館の機能・役割と同じような総合社会教育施設として、主として都道府県レベル（政令指定都市を含む。）には、生涯学習センター（名称はそれぞれ異なる）という、広域的な施設が多く設置されている。その他、図書館、博物館、青少年教育施設（青少年交流の家・青年の家／青少年自然の家・少年自然の家等）、女性教育施設及び社会体育施設、文化施設等がある。一方、広義の社会教育施設としては、それをどのように位置づけるかにもよるが、さまざまなものがある。ここでは、そのような施設を、改めて「広義の社会教育施設」と呼んでいるが、具体例は割愛する。ただし、そうした施設が、全国一律に設置されているわけではなく、また、時代の流れの中で名称を変えたり、所管替えがなされたりしている施設もある。

⑤社会教育の職員・指導者

次に、それに関わる職員・指導者についてである（ここでは「狭義の社会教育」に限定）。まず、それには、資格が必要な常勤の職員（社会教育主事＜補＞、図書館司書＜補＞、学芸員＜補＞）、資格は必要でない常勤の職員（公民館の主事、青少年教育施設等の専門的職員等)、資格も必要ではない非常勤の職員(社会教育指導員、体育指導員等)がいる。また、各種委員(特別職)として、社会教育委員、公民館運営審議会委員、図書館協議会委員、博物館協議会委員、その他スポーツ振興審議会委員、文化財保護審議会委員等がいる。

参考までに、ここでは、社会教育における指導者のうち、最も典型的な「社会教育主事」について、特にその「専門性」について、概略示しておきたい。

社会教育主事は、都道府県及び市町村の教育委員会事務局に置かれる(社会教育法第9条の2)地方公務員であるとともに、あわせて、教育公務員特例法によって、指導主事と並び「専門的教育職員」ということになっている。その役割は、「社会教育を行う者に専門的技術的な助言と指導を与える。」(社会教育法第9条の3)ということである。「社会教育を行う者」については、広狭二義の捉え方があるが、いずれにしても「助言・指導」であり、決して「命令・監督」をしてはならず、求めに応じて行うことが大原則となっている。

⑥社会教育関係団体

社会教育は、自主性・自発性を基盤とするもので、多様な民間の活動が活発に行われる必要がある。民間にあっては、自らの発意と努力により、主として社会教育に関する事業を実施する多くの団体が存在しており、社会教育法ではこのような団体を、「社会教育関係団体」と呼んでいる(社会教育法第10条:「法人であると否とを問わず、公の支配に属しない団体で社会教育に関する事業を行うことを主たる目的とするもの」)。社会教育法は、団体の取り扱いについては保護育成というより、社会教育関係団体の自主性・自発性を尊重する立場を取っており、行政の役割は、間接的な支援、条件整備に限定がなされている。

なお、一般に、社会教育関係団体は、①構成員の学習・向上を主とする団体(結成基盤を地域におく「子ども会」、「地域青年団」、「地域婦人会」、「ＰＴＡ」等、必ずしも地域をその結成基盤とせず、多種多様な目的の下に、構成員の学習・向上を図る団体、同好的グループ等)、②構成員の学習・向上と共に対外的な社会教育事業を行う団体、③もっぱら、対外的な社会教育事業を行う団体(視聴覚教育の振興を図るための団体、知識技能の審査事業を実施する団体、体育・レクリエーションの振興を図るための団体等)の、三つの団体に大別される。

これまで社会教育関係団体と言えば、上記のような、いわば「伝統的な社会教育関係団体」が主流を占めていたが、近年では、そうした団体の概念や枠組みを超えた、新たな社会教育関係団体が、さまざまな場面で登場してきている。その代表的なものが、「NPO（Nonprofit Organization ）」であり、それらによる社会教育（生涯学習）活動や支援の形が、大きな社会的潮流を創り出している昨今でもある。

2 社会教育と生涯教育（学習）

(1) 誤解されている社会教育と生涯教育（学習）の関係

これからの教育界ないしは教育関係者の総意として、「生涯学習社会の実現を目指す」ということについては、誰しも異論を挟まないであろう。それは、端的には、一時期流布したスローガン「いつでも、どこでも、誰でも、（何でも）、（どこからでも）学べる」社会、そしてまた「そこで学んだ成果が適切に評価される」社会の実現ということになるが、私たち人間社会の教育・学習は、決して人生の早い一時期のみで完結するものではなく、まさに「生まれてから死ぬまでの」全生涯に亘るもの（life-long）、そしてまたそれゆえに、全生活に関わるもの（life-wide）という発見ないし再定義が、そこにはあるということである。

だが、残念ながら多くの関係者が実感していると思われるが、実際には、生涯教育（学習）とは、社会教育のこと、あるいは社会教育が担っている部分という捉え方が一般的となっており、生涯教育（学習）の理念が、正しく理解されていないのが実情である。社会教育と生涯教育（学習）の関係が誤解されているということである。何故そうなっているのかということについては、当初生涯教育（学習）の理念や実践が、社会教育関係者の間で広く受け入れられ、その主導によって、あるいは社会教育側からの理論構築という側面が強かったがために、そうした誤解（無理解）が進行したものと思われる。

しかし、学校教育であれ、社会教育であれ（当然家庭教育も含めて）、「教育」という営みは、それらの各教育の場（分野）の全体の中で行なわれており、その成果も、その教育全体の、いわば「合力」の結果として受け止める必要があるということは、忘れてはならないであろう。そこに明確な自覚があったかどうかは定かではないが、2006（平成18）年12月に本格改正された「教育基本法」の「生涯学習の理念」（第３条）は、まさにそのことの正式表明だとも言えるであろう。

(2) 改めて、どのように理解すべきか

では、改めて、社会教育と生涯教育（学習）の関係はどのようになるのだろうか。実は、この部分がとても曖昧で、これまでの理論や実践の位置づけが、人によっては千差万別で、なかなか正当な合意形成がなされてこなかったという背景がある。端的には、社会教育も、生涯教育（学習）の一分野であり、人々の生涯にわたる学習（これが本来の「生涯学習」の意味！）を支援ないし振興していく、まさに教育の一分野ということである。もちろん、学校教育や家庭教育も、全体の生涯教育（学習）の一分野なのである。

したがって、これからの教育界に改めて求められるのは、何よりも「教育」を、時間的にも空間的にも、そしてまた（人間・組織）関係的にも、「トータルな視点でみる」ということである。何故なら、すべての「学習」は、生涯にわたって、生活のあらゆる局面において、有機的・構造的な連関を有しているからである。「教育」が、有用な知識や情報あるいは体験の場の提供によって、個々人の経験あるいは個性の絶えざる再構成を目指すものであるのならば、それに資する学習の場やその各々のつながりを、どのように有効に創り出していくかが問われるのは、ある意味自明のことであろう。実は、これが、「生涯教育（学習）」の本来の目的なのであり、そしてそれがまた、そこにおける鍵概念である「タテの統合・ヨコの統合」を求めるということでもある[*1]。

そこで、改めてそうなると、具体的、実際的には、意図的・社会的な制度的教育のしくみと場である学校教育と社会教育での、「時間と空間と（人間・組織）関係のつながりと広がりをもった、双方向の連携・協力の関係づくり」が、極めて重要となってくることは明らかであろう。子どもの教育を含んだ、あらゆる人々の生涯にわたる学習を、総合的、複合的に支援・振興していく有効なしくみや手立てが求められるということである。

しかも、そうした課題は、学校教育（行政）や教師だけに任せられる課題ではなく、ましてや社会教育（行政）の方だけで実現できるものではない。学校教育（の機能や成果）と社会教育（の機能や成果）との緊密な関わり（往還関係）を、その「地域内」に、時間的、空間的、（人間・組織）関係的に、いかに統合的に創り上げるかということである。これが、「生涯教育（学習）」が目指す、事実上の着弾地だということでもある。

3　学校教育と社会教育の連携・協力

(1)　学社連携・学社融合から地域学校協働活動（教育協働）へ

そのような学校教育と社会教育の連携・協力については、例えば1970年代以降、文部科学省における答申等の中で幾度となく取り上げられ、その必要性が提言されてきた。その中では、「学校教育と社会教育が、お互いの機能を十分に発揮した上で、相互に足りない部分を補完する」というようなことが、長く謳（うた）われてきた。このような双方の不足している部分、不得意な部分を互いに補い合う、学校教育と社会教育の連携・協力は、従来「学社連携」と呼ばれてきた。

ただし、事実上は、「社会教育が学校教育の補完的な役割を果たす」、あるいは「学校教育が社会教育の一端に協力する」といったような関係であった。すなわち、この「学社連携」は、社会教育に関する答申等を中心に提起されはじめたこともあり、どちらかと言えば、社会教育が学校教育に、協力を依頼する関係にあった感が強い。学校教育における体験学習の補完を求めて、青少年教育施設等での学校プログラム（「自然教室」等）の実施や、学校施設をスポーツ活動や社会教育の公開講座等に提供するなどの、「施設利用（学校開放）」を介した取り組みが多くみられたということである。

一方、近年では、この「学社連携」に代えて、「学社融合」という用語が盛んに用いられるようになってきている。この「学社融合」とは、学校教育と社会教育の連携・協力によって、新たな教育環境の構築を求めて、双方が一つの目的を共有しながら、事業（授業）に協働して取り組むということである。ある意味、「学社連携」の最も進んだ状態（段階）とも言えるであろう。

当然、継続的な取り組みが求められるが、ここでは、個々の事業（授業）の次元では、双方の事業（授業）が重なるということであるが、その目的や成果の次元では、まさにそれらが融合的に結びつくという理解が重要となる。そのため、最近年では、「地域学校協働活動」というような、さらに進んだ考え、取り組み方が示されてきている。

(2) 「地域教育経営」という新たな視点・スタンスの必要性

そこで、改めて重要となってくるのが、「地域教育経営」という戦略的視点としくみづくりということになる。「地域教育経営」とは、「当該の地域社会において、様々な教育機会・資源をトータルに共有・活用し、子どもの教育と大人の学習支援の双方を統合的に実現させようとする、新しい教育の理念であり、教育戦略のこと」である。地域社会全体を基盤とした統合的な教育経営の視点であり、学校教育（行政）と社会教育（行政）の一体的、融合的な経営を求めるものであるということである。特に、学校（教育）も、地域社会における教育機会・教育資源の一部であるという理解が、重要な要素となる。

これまでの学校教育（行政）と社会教育（行政）、その双方の役割や課題を、一つの連動する役割・課題群として解決していこうとするのが、この「地域教育経営」のスタンスなのであり、地域（家庭を含む）における教育・子育て、大人（親）たちの学習・共生のしくみづくりを、統合的に行なっていこうとするところに意義があり、それがまた大きな特徴でもある。ただし、このような発想と展開の視点は、単に昔あった、地域を基盤とした「運命共同体的」な教育・学習のシステムに戻ることではなく、これまでの「閉ざされた教育・学習空間」としての「学校教育」を、半ば歴史反省的に再構築することを意味するものでもある。そしてまた、「社会教育」の現代的再編の課題とも連動するものでもある。

とは言え、まだまだ実際的あるいは関係者の意識のうえでは、教育・学習論議と言えば、子どもの教育・学習、そしてまたそのための、学校教育におけるそれであるという考え方が、根強く残っている。それはそれで、一定限度認めざるを得ないが*2、いずれにしても、「地域教育経営」の視点にたった、各教育（形態）の構造的再編化が必要であることは明らかであろう。

(3) 「地域教育経営」がめざすもの

次に、この「地域教育経営」がめざすものとして、今後求められる「統合的なシステム、事業・学習プログラム開発」の視点と方向性について、より具体的に提示してみたい。

現実の教育（形態）はというと、学校教育、社会教育というように、そのシステムや内容を異にしながら、おのおのが既に確立された分野として存在している。しかも、そのような現存の教育（形態）は、長い年月にわたって形づくられてきたものであり、一定の存在価値と社会的役割を有しているものである。したがって、現実的には、地域教育経営がめざす「生涯教育（学習）」の実現は、その現行の各教育（形態）によって担われる（べき）ものであり、またその方が望ましいということにもなる。名実共に、学校教育と社会教育は、それぞれが「生涯学習体系」の重要なサブシステム（構成要素）ということになるわけである。

こうした中、社会教育は、人々の生涯にわたる学習（生涯学習）を、学校外や学校後の場所や機会で支援するための、一定の目的と計画に基づいた教育ということで、この間「生涯教育」からの派生物「生涯学習」（社会教育が担う生涯教育の部分の意味）を引き受け、人々の「生きがい・健康づくり」あるいは「地域づくり・地域活性化」に関わって、新たな学習の場を開拓し、それなりのシステムや成果を導き出してはきた（生涯学習推進本部や推進協議会の設置等）。

だが、そこに欠落していたのは、もう一つの重要な要素である「学校教育の変革の視点とヴィジョン」であったのである。これまでの「開かれた学校」や「学社連携・融合」が、一定の中身や方向性を創り出してきたとは言えるが、まだまだ現在の学校教育の改革路線（授業時数の増加等）とは連動していない。それは、一体何故なのか？そこをもう一度、掘り下げてみる必要があるということである。例えば、学力向上やいじめ・不登校対策、それらには、ここで言うような教育の融合的な取り組みが必要なのである。社会教育が担ってきた「仲間づくり・地域づくり」と一体となった取り組みとして、それらが実行されれば、より有効な解決の道が開けるのではないかということである。近年、そうした必要性はますます増大している。

このように、これからの学校教育（行政）と社会教育（行政）がめざすべき方向性は、「教育の構造的再編」であり、「ひとづくりとまちづくりの循環形成」ということができるであろう。従来の学校教育（行政）と社会教育（行政）の関係を組み替えて、「(全体の）教育の回復」ということに焦点化させた、新たな関係づくりを行うことが必要であり、その作業を「意図的」、「制度的」に進めることが求められるということである。これが、「地域教育経営」のめざすものなのである。

4 「まちづくり」と「ひとづくり」の往還関係の創出

(1) まちづくりやひとづくりへの思いやエネルギーと教育・学習資源の総結集

ここで重要となるのは、果たして何か？それは、人々の多種多様な協働による「まちづくりやひとづくりへの思いやエネルギー」の結集である。それらは、どこから生まれるのか？それは、様々な学習や活動からであり、人々の出会いや交流からである。そこで期待されるのが、「社会教育」である。それがもつ「仲介・橋渡し機能」が注目されるということであり、そこからもたらされる人々の出会い、学習・活動成果の還流、いわば「地域の教育力」の再構築が重要だということである。

そこには、「教育・学習資源の総結集」が必要となるが、だから、「総合行政化」が求められるのでもある。「タテ糸」としての各行政施策・事業の効果的な推進をもたらす、「ヨコ糸」としての「学習活動の喚起・学習成果の活用」ということでもある。これが、行政による生涯教育（学習）推進の意義でもある。

行政横断的な施策・事業が求められる現代社会にあっては、人々の学習の内容や質、あるいはそこから得られる学習成果の活用は、教育（行政）という分野を越えて、さまざまな分野・領域に有用となっている。子育て・男女共同参画、共生・地域福祉、環境問題等への波及が、それである。そこに見いだされる、教育（人づくり）とまちづくり（地域づくり）の双方向性への着目は、改めて重要ということになるのである。

なお、「総合行政化」とは、行政のあらゆる組織・機関が、一体的な協力関係を結び、ある課題に対応していこうとする考え方やその取り組みをさす。現代社会における行政課題の多くは、単純な個別対応で処理できるようなものではなく、課題そのものが、多種多様な組織・機関間の対応を求めるものとなっていることに留意すべきなのである。男女共同参画、福祉、環境行政等は、こうした分野の典型であり、教育（行政）も、それらと密接な関係にあるのである。

したがって、関係組織・機関間の連携・協力が必要不可欠であり、各種のネットワーク化が必要となるわけである。それらが、行政全体の総合行政化を促進し、民間との協働の新たな段階も期待されるのである。近年のNPOとのパートナーシップの論議は、まさにその象徴とでも言うべきものである。

ただし、「生涯教育（学習）の推進」としては、学校教育（行政）と社会教育（行政）の連携・協力が、基本的な骨組みとなることは言うまでもない。生涯教育（学習）という考え方の下に、学校教育（行政）と社会教育（行政）の連携・融合、そして、地域づくりと人づくりの双方向性を絡めることで、「教育」の再生をいかに果たすかということである。

(2)「生涯学習」と「まちづくり」の循環構造づくり

最後に、これまでの社会教育における多種多様な実践の中で、「『生涯学習のためのまちづくり』か、それとも『生涯学習によるまちづくり』か」、というようなことが論議されてきた。しかし、双方は視点や力点の違いによるもので、究極の目的は循環・融合されるべきものである。要は、「生涯学習」と「まちづくり」は双方向性（あるいは表裏一体）の関係にあるのであり、そのことを見据えていない施策や事業は、十分なものとは言えない。

それは何故か？それは、「学習」による地域の活性化、教育危機への対応といった理由によるが、とりわけ、これからの時代は、人々の「学習」を抜きにしては、「まちづくり」は不可能に近いということにある。すなわち、豊かな社会、都市化社会の落とし穴、あるいは学校教育の限界・行き詰まり等、そうした諸々の問題点・課題が、「生涯教育（学習）の推進」による人々の学習の成果や、そこから得られる集結エネルギーを、必然的に求めているということである。

これから求められるのは、学校教育（行政）と社会教育（行政）のさらなる連携・協力であるが、その目指すべき方向は、「教育の構造的再編」であり、「ひとづくりとまちづくりの循環形成」ということになるのである。学校と地域（家庭を含む）のつながりを強固にし、学校を中心とはしながらも、協働して新たな「教育・学習」のしくみを創ることであり、その作業を「意図的」、「制度的」に進めることが重要となるということである。その重要なキーワードが、「学社連携・学社融合から地域学校協働活動（教育協働）へ」であり、それを推進していく「地域教育経営」であるということである。

以上述べてきたことを俯瞰（ふかん）的に示したものが、図11-1[*3]である。これは、社会教育の促進・媒介機能に着目して描いた、教育・学習の施策・事業の全体構造と、その統合のフレームワーク・モデルである。

学校教育（行政）と社会教育（行政）のさらなる連携・協力によって、教育（ひとづくり）と地域づくり（まちづくり）の双方のベクトルを活性化させ、当該地域において、教育・学習の全体的・有機的関係の（再）構築を行っていこうということである。そこにまた、新しい「教育の契機」があるということでもあるが、その具体的な形・しくみが、最近年の「コミュニティスクール（学校運営協議会方式）」や「地域学校協働本部事業」であるかもしれない。

【註】

＊1　かの著名なキャッチフレーズ「いつでも、どこでも、誰でも、（何でも）、（どこからでも）学習できる」社会の実現が、「生涯教育（学習）」理念の目指すところとされ、そのことは、一人ひとりの「一生涯にわたる」学習の「時間的統合（タテの統合）」と、それを実現する、社会のありとあらゆる学習機会の「空間的統合（ヨコの統合）」が、大きな政策課題として位置づけられていたということである。

＊2　従来は、そこでの課題が、学校（の教育課程）内での子ども達の教育と、大人達（子ども達を含む）の学校外・学校後での教育（学習支援）が、個々別々に捉えられてきたということである。とりわけ、そこでは、実態的には、後者の部分の動きだけが、「生涯教育（学習）」の射程にされていたということである。すなわち、それは、いわゆる「社会教育」の世界の話として、取り扱われてきたということである。

＊3　この図は、拙論「生涯学習研究と地域における生涯学習推進30年と課題」日本生涯教育学会編『日本生涯教育学会年報』第30号，2009年，81頁で初出させたものを、タイトルを替えて転載したものである。

【引用・参考文献】

井上講四『生涯学習体系構築のヴィジョン - 見えているか？生涯学習行政の方向性 - 』学文社、1998年
井上講四『教育の複合的復権 -「教え育てること」を忌避した社会?! - 』学文社、2001年

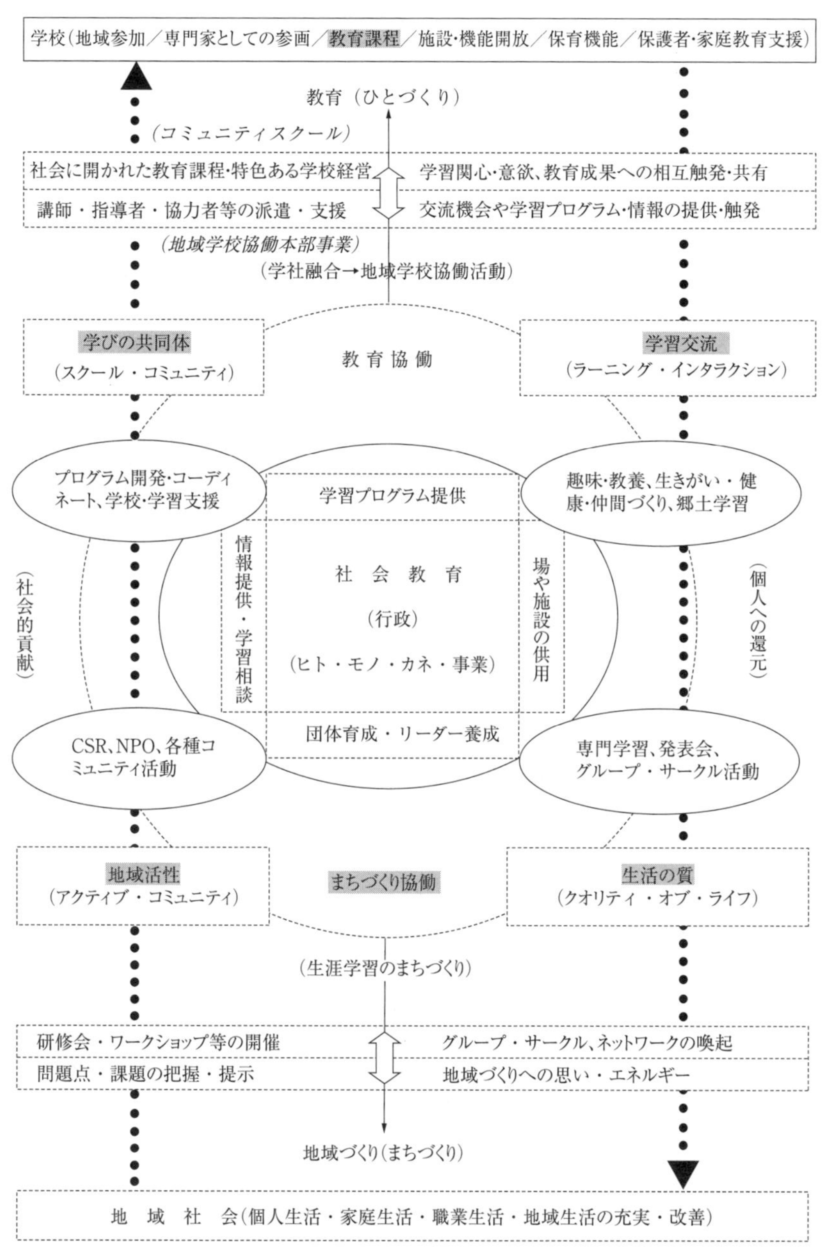

★図 11-1　教育（ひとづくり）と地域づくり（まちづくり）の循環構造図（改訂版）

12章　学校と家庭・地域の連携

章のねらい

本章では、まず学校と家庭・地域の連携の歴史的変遷について述べた上で、連携が求められる理由を検討する。次に連携に関する現在の政策および制度を把握し、今後の在り方について提示する。

1　学校と家庭・地域の連携の歴史的変遷とその目的

(1)　学校と家庭・地域の連携の変遷

学校と家庭・地域の連携は、今日の学校教育を考える上で、非常に重要なテーマとなっている。まず、連携の歴史を振り返りながら、学校と家庭・地域の関係の変容についてみていく。なお、以下では、学校と地域の連携と表記している場合でも、家庭を含むものとする。

そもそも近代学校が成立した明治初期は、学校は地域と深く結びついていた。学校は村の人たちがお金と労力を出し合ってつくったものであったし、先生はその土地の実情をよく知る郷里出身の者が多かった。そのため、学校は、村とともにあり、村の共同施設であったといってよい。しかしながら、1880年代以降、中央政府による学校への統制が強化されるにつれ、学校と地域とは乖離し始めるようになった。

戦後になると、民主主義国家の建設がめざされる中で、デューイ（1957）による新教育運動の影響を受け、再び学校と地域の連携が指向されるようになった。そのため、地域の実態に応じたカリキュラムの編成が進められた。そして、埼玉の川口プラン、広島の本郷プラン、兵庫の明石プランなど地域教育計画と呼ばれる地域独自の教育課程が創造された。これらは、アメリカのオルセン（1950）が提案したコミュニティ・スクールをモデルとしたもので、子どもの生活を中心とし、地域社会の課題の発見やその進歩をめざすところに特徴をもつ。こうした学校と地域のつながりを重視する教育活動は、1950年代後半以降に進められた中央集権的かつ知識重視型の教育政策により再び下降気味になる。

1970年代になると、再度、民間の教育関係者や研究者によって連携が求められるようになる。「落ちこぼれ」「非行」「校内暴力」「いじめ」「自殺」など子どもの教育をめぐる問題が浮上するにつれて、学校組織の閉鎖性や硬直性、日常生活との遊離が批判されるようになった。一方、都市化の進展などの影響で、子どもの生活基盤を保障してきた地域の教育力の低下も認識され始めた。こうした中で、子どもの健全育成や教育と社会との結合などがめざされて、地域に根ざす教育の実現が志向されたのである。

このような動きを後押ししたのが、後に述べる1980年代中頃からの連携に向けた答申や政策の提言である。しかしながら、それから40年ほどが経過した現在でも連携が繰り返し求められるのはなぜだろうか。その答えの一つに、葉養（2006）の指摘する自由と規律の対立がある。近代学校は、地域に広がり誰もが携わることができた子どもの育成の場を、地域の一部に教職の専門性を有する教師を配して囲い込むことから発生したものである。つまり、そもそも専門性の担保のために閉ざすことで成立した学校が、どのように、どの程度開かれるべきものであるのかは、継続的な検討課題となる。これは、教師の専門職性にもかかわる重大な課題である。また、葉養は「理論としても実態としても、教職には自律性に偏する傾向がある。すると、『学校を開く』ことが意図的に追究されなければ、地域を基礎にした教育は生み出されにくい」（147頁）としている。学校という組織は、その専門性と自律性ゆえに自ら門を閉じていく傾向をもっており、連携は求め続けなければ次第に失われるものであることが歴史的にも見てとれる。したがって、連携は継続的に意識的に目指される必要があり、後に述べる諸制度はそのための仕組みであると考えられる。

(2)　連携が必要なゆえん

①子どもの教育をめぐる問題の解決と生涯学習社会への移行

近年の連携政策の発端となったのは、子どもの教育をめぐる様々な問題が顕在化してきたことであろう。先に述べたように1970年代頃からの教育問題は学校だけでは解決できなかったばかりか、解決に向けての教職員の努力にもかかわらずそうした問題は増え続けてきた。さらに、昨今では学級崩壊や子どもの学習意欲の低下が指摘され、連携が求められるようになったのである。また、後でも述べるが、同時期に国際化や情報化、高齢化社会が進展し、学校教育だけでは社会の変化に迅速に対応できなくなったのも大きな要因である。「あらゆる時に」「あらゆる場所で」「学びたいことを学ぶことができる」生涯学習社会への移行は、学校内だけで成立させてきた教育活動の在り方を問い直すものとなった。

②子どもの教育と発達および民主主義社会の成立

かつてデューイ（1957）は、学習が子どもの生活経験や日常の出来事と結びついたときに、子どもの成長を豊かにし、高度な知的発達をもたらすと論じていた。机上の知識のみの習得が、いかに実生活と乖離して役に立たないものであるか、それにとどまらず、いかに子どもの学習意欲をも削ぐものになるのかについては、これまでも多くの論者が指摘している。子どもが現実社会の中で生きて働く力を得るためには、学校と社会のつながりを深めていくことは不可避である。さらに、デューイ（1975）は教育こそが民主主義社会を成立させるとしている。現実社会と結びついた教育という営みを通じて、それにかかわるあらゆる人びとが民主的社会を構築する担い手となるよう考察している。

これを受け、池田（2000）は、連携が子どもの教育と発達および民主主義社会の成立にとって、欠くべからざるものであると論じる。教育問題や生涯学習社会の構築のためであれば、それらがなければ連携は必要のないものになってしまう。そうではなく、連携は学校教育を成り立たせるための前提となるものなのである。

また、子どもはそれぞれ異なる社会的・家庭的背景をもつ上に、各々が多面的な存在である。そうした子どもの教育は、教職員個人の能力や力で何とかなるものではない。子どものあらゆる力を引き出し育むためには、教職員や保護者、地域住民がそれぞれの特長を生かして子どもにかかわり、子どもの育ちと学びを保障しなくてはならない。それは、教育に携わる人びとの多様性と一人ひとりの個性が教育活動を豊かにすることを意味している。

一方、昨今の保護者や地域住民の学校参加に関する実践・研究では、参加を通じて、保護者や地域住民の合意形成主体としての関心や力量形成といった市民的成熟が期待されている（柳澤 2007）。そして、保護者や地域住民が連携活動を通じて新たな地域づくりを行っている実践もある（高田 2005）。教育が民主主義社会の根幹となるのであれば、その担い手は教職員に加えて保護者や地域住民、さらには子どもも想定されるべきであろうし、そうした人びとの連携が求められる。

③国民の教育権論と子どもの権利

ここでは、さらに別の角度から、すなわち教育に関わる権利についても考えておきたい。公教育における親の教育権について、1970年代までは「国家の教育権」論対「国民の教育権」論という対立状況が呈示され、国民つまり保護者の教育意思は教師に委託するかたちで成立するとされていた。そのため、保護者と学校がコミュニケーションを図っていたとしても、最終的には学校教育のことは教師の意向に従う構図ができていた。

ところが、1970年代以降に教育をめぐる問題状況が深刻になる中で、保護者が子どもの教育を教師に安心して任せられなくなり、その頃から国民の教育権論が盛んになってきた。結城（1994）はそれらを踏まえながら公教育に対する親の学校教育参加の権利として次の4つを示した。①知る権利・報告を受ける権利、②学校や教育内容の選択権、③学校教育に対する要求権、④学校教育への参加権、である*[1]。これらの権利論の内容は、現在の連携論に深く影響を及ぼし、その理論的根拠となっている。

一方、子どもの権利も考えておかなければならない。1989（平成元）年に国連で採択された「子どもの権利条約」において、子どもの参加に関して次の2つの権利が保障されている。一つは子どもの意見表明権に類するもので、もう一つは子どもの市民的権利や社会参加権に類するものである（ハート、2000）。子どもの意見表明や社会参加を促す環境を創ることは大人の責任であり、学校と地域・社会との有機的なつながりによって、そうした権利保障のための多様な機会や場の確保が可能となる。これらの権利は、連携が求められる重要な要因であり、活動の支柱となるべき内容を含んでいる。

2　近年の「学校と家庭・地域の連携」をめぐる教育政策

2006年に教育基本法が改正されたことにより、学校と家庭・地域の連携は法規上も規定された。第13条に「学校、家庭及び地域住民その他の関係者は、教育におけるそれぞれの役割と責任を自覚するとともに、相互の連携及び協力に努めるものとする」と明記されている。また、学校教育法第43条には「小学校は、当該小学校に関する保護者及び地域住民その他の関係者の理解を深めるとともに、これらの者との連携及び協力の推進に資するため、当該小学校の教育活動その他の学校運営の状況に関する情報を積極的に提供するものとする」との規定が置かれた（中学校等は準用規定）。このように、学校が子どもを育成するという目的を達成するためには、家庭や地域の人びととの連携を重視する姿勢が求められている。

中央教育審議会（以下、中教審）答申「幼稚園、小学校、中学校、高等学校及び特別支援学校の学習指導要領等の改善について」（2008年）では、家庭等の子どもを取り巻く環境が、子どもの学習意欲や生活習慣、自分への自信の個人差に影響を及ぼしていると記されている。そのため、親や教師だけでなく、地域の大人と子どもがかかわる取組の進展が促された。この答申を受け、2008年改訂版学習指導要領総則「教育課程編成の一般方針」では、児童・生徒の「生きる力をはぐくむことを目指し」、「思考力、判断力、表現力･･･個性を生かす教育の充実に努め」る際に、「家庭との連携を図りながら、生徒の学習習慣が確立するよう配慮しなければならない」と記されている。

中教審答申「新しい時代の教育や地方創生の実現に向けた学校と地域の連携・協働のあり方と今後の推進方策について」（2015年）では、学校の抱える課題が複雑化・困難化していることへの対応や地方創生の点から、学校と地域がパートナーとして連携・協働することの重要性が指摘されている。特に、学校を応援し、地域の実情を踏まえた特色ある学校づくりを進めていくためには「学校運営協議会」（詳細は次節）の役割を明確化することへの示唆がなされた。本答申には、全ての公立学校で学校運営協議会の導入を目指すことが必要であり、そのためには教育委員会が学校運営協議会の設置に向けた積極的な支援策を講じる必要性が明記されている。この答申を受けて、2017年4月1日施行「地方教育行政の組織及び運営に関する法律」（以下、地教行法）の改正では、学校運営協議会設置の努力義務を課すこと等が規定された。同じく2017年には社会教育法の改正があり、学校を核とした地域の創生として、「地域学校協働活動」を推進するために、地域学校協働活動推進員の役割が明確化された。

また、2017 年改訂版学習指導要領の特徴として、「社会に開かれた教育課程」を理念としていることがあげられる。「社会に開かれた教育課程」のポイントは、学校教育を通じてよりよい社会を創るという目標を学校と社会が共有すること、これからの社会を創る子どもに必要な資質・能力を学校と地域が話し合って決定すること、地域と連携・協働して目指すべき学校教育を実現することである。この「社会に開かれた教育課程」を実現するために、学校運営協議会と地域学校協働活動の一体的推進が求められている。

このように、現在は、家庭・地域との連携は国の教育方針として積極的に打ち出され、制度的に実現する時代にきている。

3　連携に関する諸制度

ここでは、連携に関する重要な法制度と施策について取り上げ、それらの動向についてさぐる。

(1)　「開かれた学校」づくりと外部人材の登用

「開かれた学校」は、臨時教育審議会答申（1985 ＜昭和 60 ＞～ 1987 ＜昭和 62 ＞年）を契機に広まった用語である。当初は、地域の教育力の活用として、外部人材の登用が求められた。教員免許状をもたない社会人が教科の一部を教えられる「特別非常勤制度」が 1988 年の教育職員免許法改正によってつくられたり、学校支援ボランティアと呼ばれる保護者や地域住民が学校の部活動や特別活動の時間に出向き、子どもにスポーツや伝統的な遊びを教える活動が始まったりした。その後、連携に関するさまざまな施策や制度が導入されたが、その中でも現在施策として重点的に実施されているものを以降で取り上げる。

(2)　学校運営協議会制度（コミュニティ・スクール）

①制度の概要・変遷

「学校運営協議会」は、2004 年 6 月の地教行法の一部改正（第 47 条の 5）により導入された制度である。学校運営協議会を設置している学校をコミュニティ・スクールと呼ぶ。本制度の特徴は、①「学校の裁量権の拡大」と同時に、②「保護者、地域住民の学校参加」をより一層推進しようとしているところにある。この制度の導入に際し、2000年の「教育改革国民会議報告」において、地域のニーズに基づき、地域が学校運営に参画する新しいタイプの公立学校（コミュティ・スクール）の設置の可能性が検討された。続いて、中教審答申「今後の学校の管理運営の在り方について」(2004年）において、学校における①基本的な方針について決定する機能、②保護者や地域のニーズを反映する機能、③学校の活動をチェックする機能を有した学校運営協議会の設置が提言されたことを受けて、本制度は確立された*2。学校運営協議会設置以前に、すでに、地域の参画による学校運営を目的とした「学校評議員制」が2001年1月の学校教育法施行規則改正により導入されていた。ただし、学校評議員制では、保護者や地域住民は「校長の求めに応じて」学校運営に関する意見を述べる役割であり、権限は有していない。一方、学校運営協議会では、保護者や地域住民は校長および教育委員会の提案する学校運営や教職員人事に一定の権限をもって関与する。そのため、両者は学校運営への参画の度合いにおいて、大きな違いを有する。

具体的には、学校運営協議会は合議制の機関であり、保護者や地域住民が一定の権限と責任をもって学校運営に参加することを保障する仕組みを有している。学校運営協議会のもつ主な権限は、以下の３点にまとめられる。

1．校長が作成した学校運営に関する基本方針（教育課程編成を含む）の承認。
2．学校運営に関する事項について、教育委員会や校長に対して意見を提示。
3．教職員の任用に関して意見を提示。(ただし、教職員の採用、転任、昇任に関する事項についてのみ。分限処分や懲戒処分は対象とならない。)

これらは、学校運営協議会で提出された保護者や地域住民の意見を反映させるかたちで学校運営がなされるよう規定したものである。学校運営協議会の構成員は、保護者、地域住民の他、教育委員会委員、有識者などで、学校を設置する教育委員会が任命する。また、学校運営協議会を設置するかどうかについても、都道府県・市区町村の教育委員会が指定する形式になっており、各学校が決定する権限をもっているわけではない。

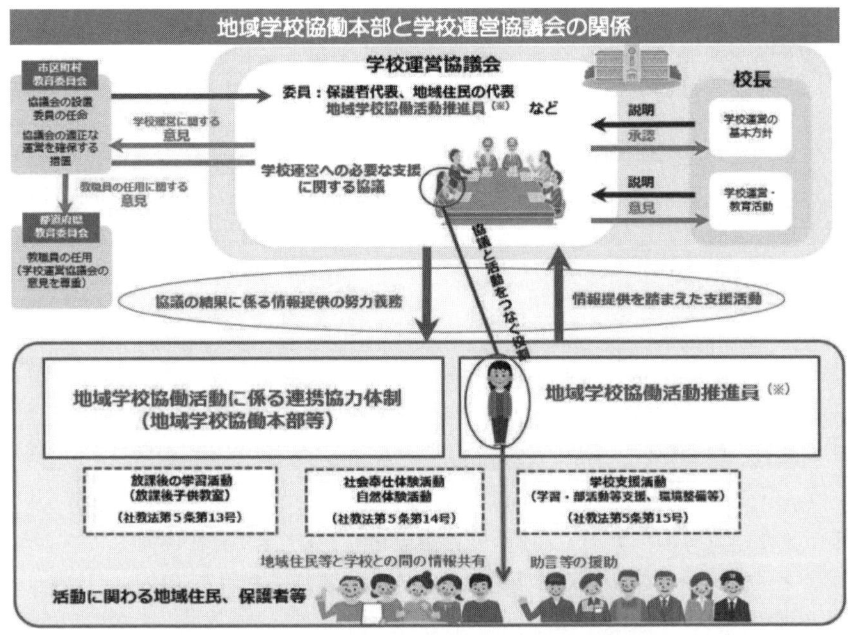

★図 12-1　地域学校協働本部と学校運営協議会
文部科学省 HP「地域学校協働活動」より【2020 年 7 月 24 日最終閲覧】
(https://manabi-mirai.mext.go.jp/upload/190708chiikigakkoukyoudoukatudoupanhuretto.pdf)

図 12 − 1 は文部科学省が示している学校運営協議会のイメージ図である。図の上段部に学校運営協議会が教育委員会に意見を述べたり、校長から説明を受けた内容を承認したりといった関係、また、地域住民と保護者との関係が示されている。なお、図の下段部にある地域学校協働本部の詳細は次項に明記する。

②学校運営協議会の実施状況

2019 年 5 月 1 日現在で、全国の公立学校において 7,601 校（導入率 21.3%）が学校運営協議会を設置している。それでは、学校運営協議会の実態はどうなっているのであろうか。筆者が関わった学校運営協議会を例にすると、学校運営協議会を設置する学校は、それぞれのやり方で保護者や地域住民と意見を交換し、「学校を改善する」ことに取り組んでいる。学校運営協議会設置当初は、保護者や地域住民と教職員が意見を出し合いにくい場合もある。しかし、学校運営協議会での活動を通じて、両者が子どもに対する互いの思いを伝え合うことで、より良い学校づくりに向けての議論が可能となっている。その中で発案された学校と地域の連携活動では、保護者や地域住民が学校を支援したり、主体的に子どもと関わったりする場面がうかがえる。

全国的には、「学力保障」に向けた取り組みを推進する学校が多い傾向にあり、学校運営協議会の活動方針やそれに伴う連携活動にも学力保障に関する内容を取り入れている場合がある。加えて、放課後や休日に子どもの学習活動を支援する連携活動も増加の傾向にある。

最後に、コミュニティ・スクール推進員について述べる。文部科学省は、コミュニティ・スクールを導入しようとしている。または導入して間もない教育委員会や学校等に対して、きめ細かな支援や助言を行うコミュニティ・スクール推進員の派遣を行っている。この仕組みを通して、より多くの学校がコミュニティ・スクールとして地域とともにある学校づくりを行うことを促している。また、コミュニティ・スクール推進員をCSマイスターとも称し、コミュニティ・スクールの推進や普及啓発にかかわる実績を有する元校長、教育長、学校運営協議会会長等に委嘱している。

(3)　地域学校協働活動

地域学校協働活動とは、「学校を核とした地域づくり」をめざして、地域と学校が連携・協働して行う様々な活動をさす。そこでは、地域と学校が相互にパートナーとして子どもの学びや成長を支える。また、地域課題の解決と持続可能な地域社会形成に向けた活動が志向されている。その中で、上で述べたように、地域と学校をつなぐコーディネーターとしての役割を果たす地域住民は、「地域学校協働活動推進員」として教育委員会から委嘱される。一方で、地域連携を進めるために、地域連携担当教職員の配置がなされている学校もある。

地域学校協働活動が従来の学校と地域の連携の制度と異なる点は、以下の2点である。まず、「地域」概念の広がりである。その範域は、当該学校区をさす場合が多いものの、構成員として、地域の高齢者、成人、学生、保護者、PTA、NPO、民間企業、自治体等の地縁団体、教育・福祉・警察・行政諸機関等の幅広い人々が想定されている。特に、都市部では、NPOといった中間団体の果たす役割が大きくなっていることから、地域活動の構成員には、居住

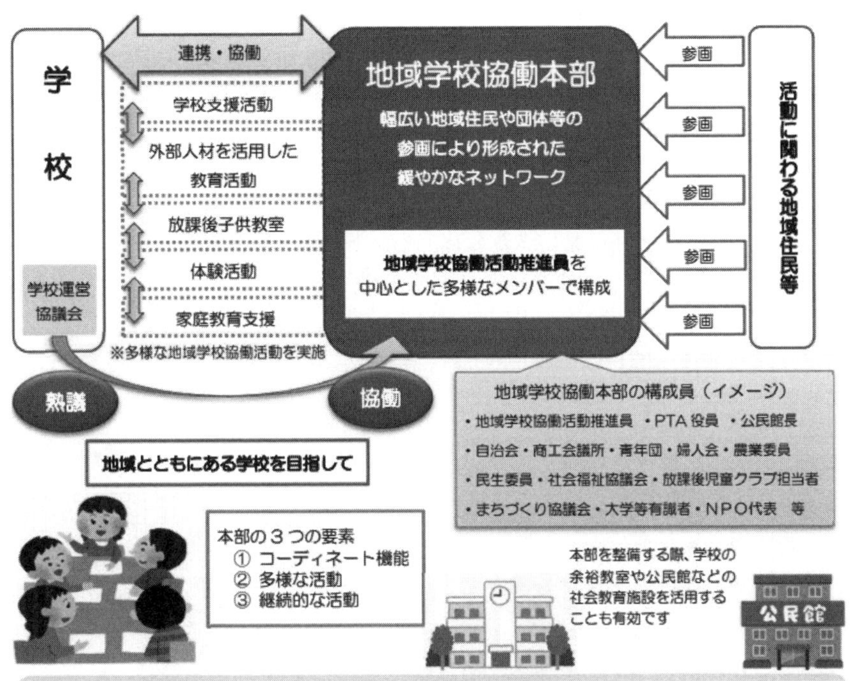

★図 12-2　地域学校協働本部
文部科学省 HP「地域学校協働活動」より【2020 年 7 月 24 日最終閲覧】
(https://manabi-mirai.mext.go.jp/upload/190708chiikigakkoukyoudoukatudoupanhuretto.pdf)

の有無にかかわらず、当該地域の活動にかかわっている人々が多く含まれる。

次に、地域学校協働活動が、これまでの地域連携活動のすべての活動を包含するところである。また、その推進組織である地域学校協働本部は、これまでの連携施策や制度で提示されてきた地域が主体となる地域連携組織をすべて含むものとして設置されている（図 12 － 2）。具体的には、学校支援地域本部事業、放課後子供教室、家庭教育支援事業、これまでの多様な連携活動等に関連する組織と活動をつなぎ、推進するのが地域学校協働本部である。さらに、地域学校協働本部はその状態を発展させ、地域と学校が目標を共有して行う双方向の「連携・協働」型の活動の充実を目指すものとして位置づけられている。これは、登下校の見守り、学校の花壇整備、授業補助など、学校の教育活動を応援・支援する活動を主とする学校支援地域本部事業を発展させたものとされる。

したがって、地域学校協働本部には、次の3点の役割が求められている。すなわち、コーディネート機能、多様な活動の実施、継続的な活動の提供である。

これらを通じて、地域と学校の「連携・協働」を推進し、子どもの成長に寄与する地域諸組織・諸活動の「総合化・ネットワーク化」を発展させることが期待されている。

4 学校と家庭・地域の連携の成果と課題

学校と家庭・地域の連携の成果と課題について、コミュニティ・スクールと地域学校協働活動に焦点をあてて整理する。連携の成果としては、子ども、学校、地域の三側面から述べることができる。子どもへの効果として、子どもが保護者や地域住民と交流することで、コミュニケーション能力を伸ばしたり、地域への理解・関心を深めたり、学力の向上を図れたりすることが指摘されている（文部科学省 2017、佐藤他 2016 他）。また、いじめ・不登校・暴力行為などの生徒指導の課題が解決する場合もある（佐藤他 2016）。学校への効果として、教育活動のねらいや意義が保護者や地域に伝わりやすくなり、保護者や地域住民が学校への理解や関心を高めたり、保護者や地域と学校との信頼関係が構築できたり、保護者や地域住民の協力を得て多様な教育活動を展開することが可能になったりすることがあげられる（文部科学省 2017、佐藤他 2016 他）。地域への効果として、地域の活性化や緊急・災害に対するリスクマネジメントの促進がある（文部科学省、2017）。また諏訪他（2019）では、連携によって「学校が活性化」するとともに「地域が活性化」することが示されている。

連携の課題としては、地域学校協働活動については、まだ始まったばかりであり、これまでの連携活動や組織のコーディネートを十分に担えていない点を指摘することができる。学校運営協議会については、「熟議」が本当になされているのかという点をあげられる。例えば、保護者や地域住民には、学校の教育活動全体とりわけ教育課程が専門的内容からなるもののように映り、意見を述べることが難しい場合がある。また、一部の発言力のある委員の意見が学校運営協議会の意見となり、仲田（2010）も示すような、「無言委員」の存在の問題が指摘されている。これは、学校運営協議会の議論に各委員の力関係あるいは地域の社会関係が影響を与えている状況を示しており、学校運営協議会内でのパワーバランスから「熟議」がなされていない状況とみることができる。他方、委員から出た意見を受け止める技量が学校になく、「熟議」に至らない場合もある。

このように「熟議」がなされない結果として、多くの学校では、学校運営協議会が事実上形骸化しているという課題がある。そうした学校運営協議会では、これまでのやり方や方法を議論することなく承認するといった前年度踏襲主義を貫いてしまったり、「意見を言ったとしても反映されない」といった雰囲気から、段々と意見を言わなくなってしまったりすることがあげられる。その結果、学校運営協議会の会議を開催することにだけ焦点が当てられ、本来の学校運営協議会としての機能が果たされていないケースもある。他には、子どもが委員として想定されていないことが日本の学校運営協議会の課題であると指摘されている。

学校運営協議会を機能させるためには、設置者である教育委員会の支援が必要である。また、校長をはじめとする学校管理職が、家庭・地域と一緒に学校を創っていくという自覚と学校運営への自らの責任感を持ち、リーダーシップを発揮することが必要である。

5　子どもを核とした学校と家庭・地域の連携活動の展望

今後の連携活動においては、「プラットフォームとしての学校」について考慮する必要があるだろう。これは、「子どもの貧困」や子どもの困りごとに対応する連携・協働の拠点として学校を位置づけ、現在および小中高12年間にわたる支援を促進しようとする政策である。これを受けて、現在、学校と福祉関連施設・地域・NPOなどの関係諸機関が連携・協働し、困りごとを抱える子どもの学習支援や居場所づくりを全国各地で進めている。たとえば、希望する全ての中学生・高校生等を対象に、原則無料の学習支援を行う地域未来塾、同様に2013年に制定された生活困窮者自立支援法にもとづく学習支援事業、空き教室等を利用してカフェスペースを作り、リラックスできる場を提供する校内居場所カフェ、子ども食堂等である。これらの活動の担い手は、地域住民や保護者、退職教員、大学生、NPO、社会的企業等、さまざまな人々や諸団体である。これらは、ありのままの子どもを承認する場となっていたり、子どもが自信や希望を少しでも取り戻せたりする場としての意味を有している。学校と地域の連携では、こうした場との連携も視野に含め、子どもが充実した時間を過ごせる場の選択肢を増やせるようにする必要がある。ただし、都市部と農村部では上記の活動の量や担い手に違いがあり、それぞれの特質を活かしつつ、それぞれの地域でできることを開拓することも大切であろう。

また、こうした現状を踏まえつつ、連携を考える際に重要なことは、教職員と保護者、地域住民が対等な関係で、有機的につながりながら、相互に恩恵を受ける状況のもとで、子どもの成長と学びの責任を共有・分担することである(柏木 2002)。どちらかに権限や利益が偏ったり、責任の押し付け合いをするのではなく、みなですべての子どもを取り残さないように育てる仕組みと活動を創りあげていくことが求められる。すなわち、すべての子どもの学習と「生」を保障するために、まずは承認とケアから子どもの学びを促進できるケアする学校・地域づくりをすることが期待される(柏木 2020、柏木・武井 2020)

そうした連携を実現するためには、新たな学校の組織力の構築が必要となる。その促進条件について、地域学校経営の観点から整理した玉井(2010)を踏まえつつ、項目を列挙しておく。①地域連携部を分掌組織として設置するなど、校内の組織的な体制整備を行うことである。これは、「チームとしての学校」づくりとも重なるものである。また、そのため、コーディネーターとして地域連携担当教職員を配置するのも重要である。さらに、窓口となる担当教職員からその他の教職員へと情報共有を行う仕組みづくりも求められる。

②連携のための教職員の研修の実施と説明責任・応答責任能力の向上である。教職員が保護者や地域住民の実態や要望を把握したり、子どもとは異なる大人との意思疎通の方法を習得したり、学校評価制度を活用しながら説明責任・応答責任能力を高めたりすることで、信頼できる教職員集団への成長が期待できる。

③地域づくりと連動した学習活動の構想である。平成 29 年度改訂の学習指

導要領では「社会に開かれた教育課程」が提案されており、総合的な学習・探究の時間に加え、各教科等で、その実現が求められている。そこでは、子どもの社会参加や自治能力を高める工夫も必要である。

これからの学校には、人権や社会的公正を軸にそうした連携を実践するための経営努力が、保護者や地域住民には市民としての技量の向上と成熟が求められているといえよう。

【註】

＊1　結城の権利論のまとめについては、岩永（2008）を参考にしている。

＊2　ただし、コミュニティ・スクールの政策立案過程を振り返ると、学校区居住の住民参加を基礎とするものと、公教育制度への市場原理の導入となるチャータースクールを包含するものとの異相がある。

【引用・参考文献】

池田　寛『地域の教育改革－学校と協働する教育コミュニティ』解放出版社、2000年

岩永　定「学校ガバナンスと保護者の位置」日本教育行政学会年報 第34号、2008年、238-241頁

オルセン、宗像誠也ほか訳『学校と地域社会』小学館、1950年

柏木智子「学校と家庭・地域の連携に関する一考察－子どもへの効果に着目して」日本教育経営学会編『日本教育経営学会紀要』第44号、2002年、95-107頁

柏木智子『子どもの貧困と「ケアする学校」づくり－カリキュラム・学習環境・地域との連携から考える』明石書店、2020年

柏木智子・武井哲郎『貧困・外国人世帯の子どもへの包括的支援－地域・学校・行政の挑戦』晃洋書房、2020年

コミュニティ・スクール研究会（佐藤晴雄）平成27年度文部科学省委託調査研究「学校の総合マネジメント力強化にむけたコミュニティ・スクールの在り方に関する調査研究報告書」日本大学文理学部、2016年

諏訪英広・田中真秀・畑中大路「学校運営協議会設置による地域活性化」露口健司編著『ソーシャル・キャピタルで解く教育問題』ジタイ社、2019年、86-107頁

高田一宏『教育コミュニティの創造－新たな教育文化と学校づくりのために』明治図書、2005年

玉井康之「保護者・地域との連携と学校の組織力」日本教育経営学会編『日本教育経営学会紀要』第52号、2010年、37-47頁

デューイ、宮原誠一訳『学校と社会』岩波書店、1957年

デューイ、松野安男訳『民主主義と教育（上）（下）』岩波文庫、1975年

仲田康一「学校運営協議会における『無言委員』の所在－学校参加と学校をめぐるミクロ社会関係」日本教育経営学会編『日本教育経営学会紀要』第52号、2010年、96-110頁

Hart, R. 木下勇・田中治彦・南博文監修 IPA 日本支部訳『子どもの参画－コミュニティづくりと身近な環境ケアへの参画のための理論と実際』萌文社、2000年

葉養正明『よみがえれ公立学校－地域の核としての新しい学校づくり』紫峰図書、2006年

文部科学省生涯学習政策局社会教育課・国立教育政策研究所『平成27年度　地域学校協働活動の実施状況アンケート調査報告書』、2017年

柳澤良明「学校経営における参加とガバナンス－参加の理念および制度の日独比較を通して」小島弘道編『時代の転換と学校経営改革－学校のガバナンスとマネジメント』学文社、2007年、199-208頁

結城忠『学校教育における親の権利』海鳴社、1994年

コラム3 学校という制度・枠組み：地域との連携をめざして

本校の学区のほとんどは中山間地であり、生徒達は将来の地域を支える貴重な人材という側面もある。そのような状況の中で、公立の義務教育を担当する中学校としては、地域との連携を深めて教育活動を進めていくことが求められている。そこで、学校関係者評価を中心にしての本校のささやかな取り組みから考えてみたい。

2010（平成22）年度学校関係者評価委員として、地域市民センターの館長、主任児童委員、ＰＴＡ会長、元ＰＴＡ会長、学区内の高等学校長、近隣の大学の先生をお願いした。大学の先生以外は、各小学校区のバランスを考えて人選した。連携をするうえで大切にしたのは、生徒の日頃のようすを見ていただくということで、給食を一緒に食べていただいたり、授業だけでなく帰りの会も参観していただいた。そして、学校でのようすを説明する中では、できるだけ生徒の活動のようすや表情が伝わるように、スライドショーを見ていただくようにした。さらに、学校のようすを知っていただくために、週一回発行している学校だよりを読んでもらうようにもしている。このような工夫をしたことにより、学校関係者評価では「…以上の２点を考えると『コミュニケーション能力の育成とたくましさを育てる』の２項目については、評定をＡとしてもよいと思われる」とあり、学校自己評価でＢだった項目についてＡの評価をいただいた。このように、地域の代表の方を中心に、学識経験者としての大学の先生、地域代表と学識経験者の両方の性格を持ち合わせた地区の高等学校の校長先生が加わることで、本校を広い視野で見ることができやすくなり、結果として地域から肯定的な学校関係者評価をいただくことができたと思われる。

つぎは、実際に地域に出かけて行く取り組みをするために2010（平成22）年度から全校でのクリーン作戦を行ない、地域市民センターの館長さんの協力を得て清掃場所や方法について考えた。「地域の方に声を掛けてもらってうれしかった」のような生徒の感想もみられた。

さらに、地域の方々との交流を促進するために、私は学期に数回、各地域市民センターの館長さんを訪問して学校の近況を話すようにしている。

これらの取り組みにより、本校は地域の方々に支えられて教育活動を続けている。

岡山県スクールカウンセラー・岡山大学教育学部非常勤講師（元岡山県浅口市立寄島中学校校長） 原　範幸

3部

グローバル化時代の教育改革

13章　グローバル化時代の教育問題

章のねらい　本章では、すべての子どもたちにやる気をもたらす教育のあり方を創り出すことが急務的課題だという認識のもと、グローバル化時代において学校や教師にできることについて、キー・コンピテンシー能力、多文化共生、働くことの意義をキーワードとして論じる。

1　グローバル化時代における教育の実態

一般的にグローバル化（グローバリゼーション）とは、「多国籍企業商品の世界的な規模の流通、海外商品のオンライン・トレード、インターネットの情報網の拡大、有能な人材の国外流出などの、国境を越えて商品・人材が流通し、また情報・知識もこれまで以上に多くの人々によって活用されていくこと」（田中、2008：7頁）と定義される。

我々の住む世界は、いつ頃からグローバル化時代に突入したのであろうか。少なくとも1980年代までは国と国との間に一定の距離が存在し、その距離が世界のグローバル化に制限をかけていた。その距離克服の挑戦でもあるグローバル化の萌芽的動きは1990年前後に国際的に興（おこ）った。具体的には、1989年のベルリンの壁崩壊による東欧諸国の民主化、1991年のソビエト連邦の崩壊、そして1993年のＥＵ（European Union）の成立を挙げることができる。1990年前後のこのような国際的な動向を経て、グローバル化時代が到来したのである。加えて問うべきは、グローバル化の動機である。端的には、より便利・快適に、という我々の欲望が動機の基礎となっている。

ところで、大きな利潤をより速く生み出そうとするグローバル化時代の教育は、必然的に「競争」と「選別」が強化される。もちろん日本も例外ではない。萌芽的な動きとして、新自由主義（ネオリベラリズム）に基づき「小さな国家」を標榜した臨時教育審議会（1984〈昭和59〉年～87〈昭和62〉年）を挙げることができる。また1990年代以降の動向としては、2000（平成12）年前後からの自治体単位による学校選択制の導入、2007（平成19）年以降の「全国学力・学習状況調査」などは、学校、教師や子どもたちを「選別」の対象として、「競争」を強いてきたことを示している。

1980年代における日本の子どもたちの「学力」は、高水準で格差も小さいと言われていた。しかし10年から20年の中期・長期的な経年比較において、子どもたちの「学力」の水準低下と格差増大が起こり、特に学歴や社会経済上の地位が相対的に低い家庭の子どもたちの「学力」低下が顕著であることが明らかになった（苅谷・志水編、2004）。山田昌弘が主張するように、「希望の二極化が、やる気の二極化をもたらし、その結果、学力は二極化（山田、2006：253頁）」したとすれば、すべての子どもたちにやる気をもたらす教育のあり方を創り出すことが急務的課題である。

グローバル化時代に順応する教育が、2000年頃から開発され始めた。第2節において取り上げる「学力」の国際比較やキー・コンピテンシーの開発は、グローバル化時代に順応するための教育を創るという明確な意図をもって進められ、2020年時点においてもグローバル化時代に順応する教育が、さらに普及しつつある。

2 グローバル化時代において必要とされる子どもたちの「学力」

2004（平成16）年12月以降、日本では「学力」論議が活発化した。それは二つの国際学力調査結果（TIMSS2003, PISA2003）の公表を契機とし、後述するように、日本の教育政策にも大きな影響を与えた。以下では、「PISAショック」という言葉を日本社会に広めた国際学力調査結果を概観しながら、日本の子どもたちの「学力」について考える。

経済協力開発機構（OECD）は、15歳児を対象として読解力、数学的リテラシー、科学的リテラシーの3分野における学習到達度調査（PISA :Programme for International Student Assessment）を2000年以降、3年ごとに実施している。PISA調査は、義務教育修了段階の15歳児が持っている知識や技能を、実生活の様々な場面でどれだけ活用できているかをみるものである。したがって、国際教育到達度評価学会（IEA）が行う「国際数学・理科教育動向調査（TIMSS :Trends in International Mathematics and Science Study)」のような、学校のカリキュラムで学んだ基本的な知識や技能がどの程度習得されているかを評価するものとは、大きくその目的を異にしている。

表13－1は、2000年から3年ごとのPISA調査における3つの分野における日本の結果の推移である（国立教育政策研究所編、2019年：26頁）。まず調査対象は、2018年のPISA調査に関して言えば、全国の183校（185学科）、およそ6,100人の生徒を無作為に抽出している。この数字は高校1年生全体の0.5%にあたる。

表13－1にあるように、読解力の順位に関しては2000年の8位から14位(2003年)､15位（2006年）、8位（2009年）、4位（2012年）、8位（2015年）、15位（2018年）という推移を示している。次に数学的リテラシーの順位に関しては2000年の1位から、6位（2003年)､10位（2006年）、9位（2009年）、7位（2012年）、5位（2015年）、6位（2018年）となっている。また、科学的リテラシーの順位については、2000年の2位から、2位（2003年）、6位(2006年）、5位（2009年）、4位（2012年）、2位（2015年）、5位（2018年）という推移を示している。2003年以降の読解力や数学的リテラシーの順位が低下した事実から「PISAショック」が当時新聞等において大きく報じら

★表13-1　PISA調査における日本の結果の推移（2000～2018）

	2000: 32か国	2003: 41か国・地域	2006: 57か国・地域	2009: 65か国・地域	2012: 65か国・地域	2015: 72か国・地域	2018: 79か国地域
読解力得点	522点	498点	498点	520点	538点	516点	504点
読解力順位	8位	14位	15位	8位	4位	8位	15位
数学的リテラシー得点	557点	534点	523点	529点	536点	532点	527点
数学的リテラシー順位	1位	6位	10位	9位	7位	5位	6位
科学的リテラシー得点	550点	548点	531点	539点	547点	538点	529点
科学的リテラシー順位	2位	2位	6位	5位	4位	2位	5位

（出典：国立教育政策研究所編『生きるための知識と技能⑦』明石書店、2019年。）

れた。その報道内容については、「学力」が下がったという論調が大半を占めていた。ただ一方で、複数の識者が指摘してきたように（池上、2006：188 - 195 頁)、得点と順位の推移については、慎重に解釈する必要がある。一例を挙げれば、PISA 調査に参加している国・地域の数を見ても、2000 年と比べて 2009 年以降は倍以上になっている。

2000 年から 2018 年までに 7 回実施された PISA 調査結果に関して、日本の数学的リテラシーと科学的リテラシーに関しては、「安定的に世界トップレベルを維持している*1」と OECD が分析している。一方で、読解力については、OECD 平均よりも高得点のグループに位置するものの、世界トップレベルには達していない。少なくとも数学的リテラシーと科学的リテラシーに関しては 1998 年以降の学習指導要領等において導入した「生きる力」をベースとした日本の教育改革が、世界トップレベルの成果をあげていることが確認できる。なぜ、世界トップレベルの「学力」を維持できているのかについては、以下に示す通り、日本の子どもたちに身に付けさせたい「学力」と OECD が考える「学力」の共通性を指摘することができる。

まずは PISA の「学力」の内容について言及する。OECD は PISA 調査を実施するために DeSeCo（Defining and Selecting Key Competencies; キー・コンピテンシーの定義と選択）プロジェクトを 1997 年に発足させ、以下の三つをキー・コンピテンシーの要素として提示した（ライチェン・サンガニク編、2006：202 頁)。

①自律的に活動する力。

「個人は、自分の生活や人生について責任を持って管理、運営し、自分たちの生活を広い社会的背景の中に位置づけ、自律的に動く必要がある。」

②道具を相互作用的に用いる力。

「個人は、その環境と効果的に相互作用するため広い意味での道具を活用できる必要がある。情報テクノロジーのような物理的なものと、言語のような文化的なものとの両方を含む意味での道具である。個人は、相互作用的に道具を用いるためにも、各自の目的に合わせて道具を適応させるようにそうした道具をよく理解する必要がある。」

③異質な集団で交流する力。

「いっそう助け合いの必要が増している世界の中で、個人は他者と関係をもてるようにする必要がある。いろいろな経歴をもった人と出会うからには、異質な集団でも人と交流できるようになることが重要である。」

そして、上記の3つのコンピテンシーの中心に「個人が反省的に考え動く」能力を設定している。「反省性という概念に含まれるのは、状況に直面したときに習慣的なやりかたや方法を規定どおりに適用する能力だけでなく、変化に応じて、経験から学び、批判的なスタンスで考え動く能力である」（ライチェン・サンガニク編、2006：203頁）。

次に、日本の「学力」の内容について言及する。日本は子どもたちにどのような能力を身に付けさせようとしているのか。第1に、1998（平成10）年、2008（平成20）年、そして2017（平成29）年に改訂された学習指導要領は、共通して「生きる力」を育むことを目指している。2008年の中央教育審議会答申「幼稚園、小学校、中学校、高等学校及び特別支援学校の学習指導要領等の改善について」によれば、「生きる力」とは、「基礎基本を確実に身に付け、いかに社会が変化しようと、自ら課題を見つけ、自ら学び、自ら考え、主体的に判断し、行動し、よりよく問題を解決する資質や能力、自らを律しつつ、他人とともに協調し、他人を思いやる心や感動する心などの豊かな人間性、たくましく生きるための健康や体力」と定義されている。

では、「生きる力」の内容と、DeSeCoプロジェクトが提示するキー・コンピテンシーの内容は共通性を有しているのか否かを確認する。上記の中央教育審議会答申（2008）によれば、「『生きる力』は、その内容のみならず、社会において子どもたちに必要となる力をまず明確にし、そこから教育の在り方を改善するという考え方において、この主要能力（キー・コンピテンシー）という考え方を先取りしていた」として、親近性があることを主張している。

しかし、読解力については既述した通り、数学的リテラシーと科学的リテラシーと比較して、安定的に世界トップレベルを維持しているとは言えない。その原因と課題は何だろうか。

PISAにおける読解力の定義は2回修正（2009年・2018年）されており、それに連動して問題も変更されている。2009年から2015年までの定義は「自らの目標を達成し、自らの知識と可能性を発達させ、社会に参加するために、書かれたテキストを理解し、利用し、熟考し、これに取り組むこと」であった。しかし2018年に「自らの目標を達成し、自らの知識と可能性を発達させ、社会に参加するために、テキストを理解し、利用し、評価し、熟考し、これに取り組むこと（下線は筆者による）」に変更になった*2。着目すべき変更は、「評価」である。上記の定義から測定しようとする能力は「①情報を探し出す」、「②理解する」、「③評価し、熟考する」の3つに分類できる。「①情報を探し出す」能力については、2009年調査と比較すると平均得点が低下している*3。「②理解する」能力に関して、平均得点は安定して高い。「③評価し、熟考する」能力については、2009年調査結果と比較して平均得点が低下している。特に、2018年の定義変更に伴い、評価する能力、具体的には、「質と信ぴょう性を評価する」「矛盾を見つけて対処する」能力が新たに追加され、これらを問う問題の正答率が低い結果となった。加えて、読解力の自由記述形式の問題において、他者に伝わるように説明することに課題があることも指摘されている*4。

PISA調査における2000年時点の読解力の定義は、「自らの目標を達成し、自らの知識と可能性を発達させ、効果的に社会に参加するために、書かれたテキストを理解し、利用し、熟考する能力」であった。既述したように2009年に修正された定義では「これに取り組むこと」が最後に加わった。「読解力がただ単に読む知識や技能があるというだけでなく、様々な目的のために読みを価値付けたり、用いたりする能力によっても構成されるという考え方から、『読みへの取り組み』という要素が加えられることになった（国立教育政策研究所、2010：17頁）」と、OECDは説明している。

次に、同時期において日本ではどのような教育政策の動きがあったのかについて確認する。まず1998（平成10）年学習指導要領総則の冒頭では、学校教育の目標の一つが「自ら学び自ら考える力の育成」と規定された。そして、2006（平成18）年に教育基本法が改定され、第6条第2項において「自ら進んで学習に取り組む意欲を高めることを重視」とされ、2007（平成19）年に改定された学校教育法第30条第2項において「主体的に学習に取り組む態度を養うことに、特に意を用いなければならない。」と規定された。これに連動

★表13-2　読解力に関する生徒の背景比較（2000・2009・2018）

	PISA 2000 (%)	PISA 2009 (%)	PISA 2018 (%)	OECD 2018平均 (%)
①どうしても読まなければならない時しか、本は読まない。	46.6	47.5	39.3	49.1
②読書は、大好きな趣味の一つだ。	35.1	42.0	45.2	33.7
③本の内容について人と話すのが好きだ	35.1	43.6	43.2	36.6
④読書は時間のムダだ。	19.0	15.2	15.6	28.4
⑤読書をするのは、必要な情報を得るためだけだ。	29.2	24.2	28.0	49.7

（出典：国立教育政策研究所『生きるための知識と技能⑦』明石書店、2019年）

して、2008・2017年学習指導要領総則の冒頭において「主体的に学習に取り組む態度を養い」と表現されている。文言の違いはあるものの、新旧の学習指導要領、教育基本法及び学校教育法において共通して強調されているのは「主体的に学習に取り組む態度」である。そして先に指摘したように、時期をほぼ同じくして類似の内容は、PISAの読解力の定義（2009年・2018年）にも新たに見られることになった。

以上のことから、PISAによる読解力が求める力と日本の子どもたちに身に付けさせようとしている力は、同じ方向性を有していると言える。では、1998年以降「生きる力」の育成を目指してきた日本の教育は、子どもたちの「主体的に学習に取り組む態度」を養っているのであろうか。その点を明らかにするために、以下では「読みへの取り組み」に着目し、日本の子どもたちの認識について概観する。

表13－2の経年比較を2000年と2018年とで概観すると、①から⑤のすべての項目で「読みへの取り組み」が改善されている。特に②「読書は、大好きな趣味の一つだ。」については、10.1ポイント上昇している。読書に関して、日本が目指してきた子どもたちの「主体的に学習に取り組む態度」が、より積極的になっている傾向を読み取ることができる。読書活動と読解力の関係に着目すると、読書を肯定的に捉える生徒などは読解力の得点が高いことが明らかになっていることを考慮すれば、「読みへの取り組み」の積極性は、中・長期的な視点に立てば、読解力の改善に資することになると考えることができる[*5]。

既に指摘したように、PISAの読解力の結果が数学的リテラシーや科学的リテラシーと比較して世界トップレベルでない原因は、読解力の定義修正に伴って、「③評価し、熟考する」能力の「質と信ぴょう性を評価する」「矛盾を見つけて対処する」問題の正答率が低かったことが明らかになっている。したがって、読解の必要な能力として「③評価し、熟考する」能力を強化する必要があると日本が考えるのであれば、各教科等でそういった能力を身に付けることができる学習内容を子どもたちに提供すれば、今回正答率が低かった問題にも対処することができる。ただし、それはPISA対策ということではなく、「評価し、熟考する」能力が子どもたちに「生きる」力を身に付けさせるために必要な能力の一つであるという日本国民の合意が必要であることは言うまでもない。

3 グローバル化時代における人間の脱文脈化と多文化共生

「競争」と「選別」は、不可避的に一部の強者と大部分の敗者を生み出す構造を有している。「競争」と「選別」を基調とする新自由主義的な社会では、一度弱者になれば強者には転じられないばかりか、強者もいつ敗者に転じることになるか、不安な毎日を過ごすことを余儀なくされている。そのような不安定な状態であるにもかかわらず、グローバル化時代においては、その不安をさらにあおる社会現象が起こっている。それが人間の脱文脈化である（田中、2008：20頁）。これは人々が対面的なつながりを脱し、利便性を求めることであり、結果として一人ひとりが自分の属していた共同体から孤立する状況を指す。

人類の誕生以来、人間は群れをなし、国家を形成し、現在のグルーバル化時代に身を置いている。本来、生きるとは自分の周りの人々とのつながりを感じながら、命をつなぐことであった。しかし、グローバル化時代においては、伝統的なつながりは疎んじられ、ネット上での匿名的なつながりが好まれる。しかし、そのようなつながりだけでは生きる意味を見出すことは困難である。なぜなら、そこでは共に生きるという共生の思想は芽生えにくいからである。

グローバル化時代における社会現象としての人間の脱文脈化は、端的には、周りの人々との関係が無理矢理に分断されてきた結果である。あるいは自ら周りとの関係を断ち切った場合もあるだろう。そして分断された関係を再構築することが、我々が生きているという感覚を取り戻すために必要であるとすれば、どのようなアプローチがそれを可能にするのであろうか。第３節では、多文化共生をキーワードに人と人とのつながりを再構築する方途について考える。

1872（明治５）年の「学制」発布以降、日本の学校教育は、西欧列国に追いつくために、知識詰込み型の教育を推進してきた。日本の学校教育は、少なくとも1991（平成３）年にバブルが崩壊するまでは、均質・良質かつ勤勉な労働力を日本の製造業中心の労働市場に提供してきた。なぜ日本の学校教育はそのことを実現できたのか。複数の要因が考えられるが、主要な要因として日本の子どもたちの有する言葉や広い意味での文化の共通性により、教室における詰込み型の教育が効率的に展開したことは想像できる。

ところで、1970年代後半以降のアジアや南米等から渡日してきたニューカマーの子どもたちに対して、日本の学校はどういった教育を提供しているのか。文科省調査「日本語指導が必要な外国人児童生徒の受入れ状況等に関する調査（平成30年度）」によれば*6、日本の公立小・中・高等学校、中等教育学校及び特別支援学校に在籍する日本語指導が必要な外国籍児童生徒は40,485人で、2008（平成20）年の28,575人と比較して、10年間で1.2万人ほど急増している。母語別では、ポルトガル語10,404人、中国語9,600人、フィリピノ語7,893人で、上記３言語で全体の７割ほどを占めている。また、日本語指導が必要な外国籍児童生徒のうち、79.3%に相当する子どもたちが日本語指導を受けている。ただ、外国人児童生徒の母語による指導ではないことや、日本語指導の専門の教員が必ずしも配置されるわけではないこと等、課題は山積している。

次に、外国籍を有する子どもたちの学習権の保障について現行法制上どのような規程になっているのかを確認しておく。まず、日本国憲法第26条において以下の通り定められている。

「すべて国民は、法律の定めるところにより、その能力に応じて、ひとしく教育を受ける権利を有する。

すべて国民は、法律の定めるところにより、その保護する子女に普通教育を受けさせる義務を負う。義務教育は、これを無償とする。」

また教育基本法第5条第3項において、「国及び地方公共団体は、義務教育の機会を保障し、その水準を確保するため、適切な役割分担及び相互の協力の下、その実施に責任を負う。」と明記されている。では、国及び地方公共団体には、日本国籍を持たない外国人の子どもに普通教育を受けさせる義務は、課せられていないのであろうか。

以下の引用は、ある中学校の管理職の言葉である。「皆さんも法令に関してはご存じだとは思いますが、日本の学校には、外国籍生徒を受け入れる義務は法律上ありませんから、学校の方針に従えない生徒については、ご遠慮いただいて結構だと考えています。[フィールドノーツ、1999年3月2日](清水、2006:3頁)」上記管理職の言葉は、現行法制上適切な発言といえるだろうか。

1989年の第44回国連総会において採択され、日本が1994年に批准した児童の権利に関する条約第28条には以下の通り定められている。

「1　締結国は、教育についての児童の権利を認めるものとし、この権利漸進的にかつ機会の平等を基礎として達成するため、特に、

(a) 初等教育を義務的なものとし、すべての者に対して無償のものとする。

(b) 種々の形態の中等教育（一般教育及び職業教育を含む。）の発展を奨励し、すべての児童に対し、これらの中等教育が利用可能であり、かつ、これらを利用する機会が与えられるものとし、例えば、無償教育の導入、必要な場合における財政的援助の提供のような適当な措置をとる。」

さらに、日本国憲法第98条2項には「日本国が締結した条約及び確立された国際法規は、これを誠実に順守することを必要とする。」と明記されていることから、国及び地方公共団体は、日本国籍の有無を問わず、児童の学習する権利を保障しなければならないのである。したがって、日本の学校は、たとえ、外国籍生徒が学校の方針に従えなかったとしても、彼ら、彼女らを受け入れる義務が課せられているのである。なぜ彼ら、彼女らが学校の方針に従えないのかを把握し対処することが、管理職をはじめとして教職員に求められている。

しかし、これまでの日本の学校現場では、マジョリティが日本人という状況においてマイノリティの意見は無視され続けてきた。ナショナル・マイノリ

ティであるアイヌの子どもたちや、エスニック・マイノリティである在日韓国・朝鮮人の子どもたちに対しては、彼ら、彼女たちの母語や文化を尊重せず、日本語や日本の文化を強要してきた歴史が過去にあったことは、日本の教育の負の側面として忘れてはならない（佐久間、2006）。

なぜグローバル化時代における日本の教育において、多文化共生は重要なキーワードになるのか。結論を先取りすれば、それは、多文化共生がグローバル時代における社会現象としての人間の脱文脈化を解決する可能性、換言すれば、人と人の結びつきをつなぐ可能性を有しているからである。

例えば、日本では学校現場で子ども同士の衝突があった場合、まずは謝ることを求められることが多い。しかし、そのような衝突があった場合は、お互い言いたいことを言って納得するまで話し合う文化をもつ国もある。多文化共生は、そういった文化の違いをお互いに認識し、尊重しあうことによって、人と人のつながりを深め、広げていく可能性を高める思想なのである（「外国につながる子どもたちの物語」編集委員会、2009年：12 － 13頁）。

さらに言えば、多文化共生の思想は、異文化圏の人々だけに向けられるものではなく、広くとらえれば、国内外の人権擁護という思想とも通底している。日本では人権尊重の緊急性に関する認識の高まり等から、人権教育及び人権啓発の推進に関する法律が2000（平成12）年に制定された。続いて2002（平成14）年には人権教育・啓発に関する基本計画が策定された。その計画の中では、日本における人権侵害の状況、及び様々な人権問題が生じている背景を以下の通り説明している。

「今日においても、生命・身体の安全にかかわる事象や、社会的身分、門地、人種、民族、信条、性別、障害等による不当な差別その他の人権侵害がなお存在する。（中略）現在及び将来にわたって人権擁護を推進していく上で、特に、女性、子ども、高齢者、障害者、同和問題、アイヌの人々、外国人、HIV感染者やハンセン病患者等をめぐる様々な人権問題は重要課題となっており、（中略）様々な人権問題が生じている背景としては、人々の中に見られる同質性・均一性を重視しがちな性向や非合理的な因習的意識の存在等が挙げられているが、（中略）より根本的には、人権尊重の理念についての正しい理解やこれを実践する態度が未だ国民の中に十分に定着していないこと」が指摘されている。

上記の法律制定、及び基本計画は、日本の学校教育へどのような影響を及ぼしているのであろうか。一例を挙げるならば、1998（平成10）年中学校学習指導要領の道徳では、主として他の人とのかかわりに関することにおいて「それぞれの個性や立場を尊重し、いろいろなものの見方や考え方があることを理解して、謙虚に他に学ぶ広い心をもつ。」とされていた部分が、2008（平成20）年改訂では「それぞれの個性や立場を尊重し、いろいろなものの見方や考え方があることを理解して、寛容の心をもち謙虚に他に学ぶ。（下線：筆者による）」とされている。同様に2017（平成29）年改訂でも以下のように書かれている。「自分の考えや意見を相手に伝えるとともに、それぞれの個性や立場を尊重し、いろいろなものの見方や考え方があることを理解し、寛容の心をもって謙虚に 他に学び、自らを高めていくこと。（下線：筆者による）」

わかりやすく言えば、寛容とは受け入れることである。まず、自分から相手の違いを受け入れ、相手を理解することが、今度は自分を理解してもらうことにつながっていく。

国内外のマイノリティ差別を解決する過程は、国内外のすべての人々たちがつながっていく可能性を有しており、それはグローバル化時代の脱文脈化を克服する具体的な方法でもある。そして、その際に必要となる能力は、DeSeCoによって提唱されていたキー・コンピテンシーの一つである「異質な集団で交流する力」ともつながっているのである。

4 グローバル化時代において学校や教師ができること

2011（平成23）年1月に中教審は「今後の学校におけるキャリア教育・職業教育の在り方について」において、日本の子どもたちの実態や課題について以下のように言及している。

「我が国の子どもたちは、他国に比べて、将来就きたい仕事や自分の将来のために学習を行う意識が低いことが明らかになっている。このことから、学校教育においては、子どもたちが自らの将来に対する夢やあこがれを持ったり、将来就きたい仕事等を思い描いたりしながら、これらと学習との関連や、学習の意義を認識して、意欲的に学習を進めていく気持ちや態度につながるよう、働きかけていくことが課題であると考えられる。（中略）また、我が国における就業形態の変化が、子どもから見て将来を見通しにくい状況を作り出している。高校生に将来就きたい職業があるかを尋ねたところ、約65%の高校が「ある」と回答しているが、目指している人やあこがれている人がいるかどうかについては、約70%の高校生が「いない」と回答しているように、子ども・若者が大人のモデルとなるような生き方を見つけにくい状況に置かれている。」

既述したように、グローバル化時代の社会現象としての人間の脱文脈化が現在起こっている。同時に、「マクドナルド化」と称される仕事の脱熟練化も起こっている（リッツア、1999)。仕事の脱熟練化とは、仕事の内容が標準化され、誰でも用意されたマニュアル通りに動けば、一定の質の仕事ができることを指すが、上記引用において子どもたちが働くことに魅力を感じにくいのは、仕事の脱熟練化が、グローバル化時代において浸透しつつあるからに他ならない。

働くことに魅力を感じにくく、したがって自分の将来が描き難い現実を目の前にして、すべての子どもたちにやる気をもたらすために、学校や教師にできることは何か。本章で説明してきたことは、第１に国際的にも通用するキー・コンピテンシー能力の育成であり、第２に、多文化共生の思想を通して、自分とは異なる人々との中で、つながりを創ることのできる力の育成であった。

働くことは、本質的には生きるための主要な活動である。しかし、働くということはそれに見合う収入を得ることに留まらない。働くことは社会や世界とつながることであり、働くことを通していかに生きるかという哲学的な問いに向き合うことでもある。したがって、学校や教師にできることの第３は、目の前の子どもたちに大人たちの働く姿を通して、働くことの意義を伝え、いかに生きるかを子どもたちに深く考えさせることである。

地球温暖化等による環境問題、国内外の貧困・差別・排斥問題（移民・難民問題を含む)、新型コロナウイルス感染症によるパンデミックなど、グローバル化時代における難題に我々は直面している。一方で一部の先進国に見られる自国優先主義も依然として存在する。しかし、地球的視点に立ったグローバルな発想に基づき、人と人が寛容の精神をもって国を超えてつながらなければ、上記したような難題に立ち向かうことはできない。

本章では多文化共生が、グローバル化時代の脱文脈化を克服するための重要なキーワードであると指摘した。2015年に国連サミットで採択された持続可能な開発目標（Sustainable Development Goals: SDGs）では、2030年までの開発目標､17のゴール及び169のターゲットが示されている。SDGsの特徴は、普遍性、包摂性、参画型、統合性、透明性である*7。例えば3つ目の参画型では、すべてのステークホルダー（利害関係者）が役割を果たすことが求められている。

2020年7月現在、国内外で新型コロナウイルスが猛威を振るっている。「群れで生きる私たちにとっては『社会』も生存に必須ですから、自然科学系だけでなく、政治や経済、文化、福祉、外交など様々な分野のプロフェッショナルが国境を越えて議論を深めることができる場が必要*8」と、『鹿の王』の著者である上橋菜穂子も指摘している。国境を越えて議論を深める場に参加するためには、本章で言及してきたキー・コンピテンシー、多文化共生の思想や地球市民的な発想が不可欠である。キー・コンピテンシーを持つ教師も含めた各領域の専門家が、国内外でつながり、次世代の子どもたちのために働く姿を子どもたちに示すことが求められている。

【註】

＊1　https://www.nier.go.jp/kokusai/pisa/pdf/2018/01_point.pdf（最終アクセス2020年7月31日）

＊2　「書かれたテキスト」（2009年）が「テキスト」に修正されているのは、問題がコンピュータ使用型になったことが理由である。

＊3　2009年と比較するのは、PISA調査は、2000・2009・2018年に読解力、2003・2012年に数学的リテラシー、2006、2015年に科学的リテラシーを焦点化して比較しているからである。

＊4　註1と同じ。

＊5　ただし、読む本の種類についても注目すべきであり、新聞やノンフィクションを読む割合は、2018年の調査においてOECD平均を下回っている。

＊6　https://www.mext.go.jp/content/1421569_002.pdf（最終アクセス2020年7月31日）

＊7　https://www.mofa.go.jp/mofaj/gaiko/oda/sdgs/pdf/000270935.pdf（最終アクセス2020年7月31日）

＊8　上橋菜穂子「ウイルスに揺さぶられて」朝日新聞朝刊、2020年7月24日、19頁。

【引用・参考文献】

池上彰『ニッポン、ほんとに格差社会？』小学館、2006年、188 - 195頁

「外国につながる子どもたちの物語」編集委員会『クラスメートは外国人』明石書店、2009年

苅谷剛彦・志水宏吉編『学力の社会学』岩波書店、2004年

国立教育政策研究所編『生きるための知識と技能④』明石書店、2010年
国立教育政策研究所編『生きるための知識と技能⑦』明石書店、2019年
佐久間孝正『外国人の子どもの不就学』勁草書房、2006年
清水睦美『ニューカマーの子どもたち』勁草書房、2006年
田中智志『グローバルな学びへ』東信堂、2008年、7頁
宮崎正勝「グローバリゼーションとは」日本グローバル教育学会編『グローバル教育の理論と実践』開発教育研究所、2006年、14頁
D.S.ライチェン・R.H.サルガニク編、立田慶裕監訳『キー・コンピテンシー』明石書店、2006年、202-203頁
J.リッツア、正岡寛司訳『マクドナルド化する社会』早稲田大学出版部、1999年
山田昌弘『新平等社会』文藝春秋、2006年

14章　現代教育改革の動向と展望

章のねらい　本章では、日本の教育改革における特に制度的な検討課題とその方向性について概観し、海外の教育改革の動向を紹介する。国の施策を中心に国内外の教育が制度的にどのような方向に進もうとしているのかについて総合的に理解することをねらいとしている。読者には、それらの内容について、ここまでの章での学びを振り返りながら、さまざまな観点から批判的に検討し、これからの教育の制度と経営のあり方について探究することを期待したい。

1　日本の教育改革の方向性─教育振興基本計画─

(1)　教育をめぐる現状と課題

1）教育振興基本計画

ここでは、中央教育審議会による「第3期教育振興基本計画について（答申）」(2018（平成30）年3月8日）に基づいて閣議決定された「教育振興基本計画」(2018（平成30）年6月15日)*[1]に基づいて、現代の日本の教育課題への認識とそれらの解決のための教育改革の方向性を概観していく。

「教育振興基本計画」は、2006（平成18）年に改正された教育基本法第17条（教育振興基本計画）の規定に基づいたものである。教育基本法第17条では「政府は、教育の振興に関する施策の総合的かつ計画的な推進を図るため、教育の振興に関する施策についての基本的な方針及び講ずべき施策その他必要な事項について、基本的な計画を定め、これを国会に報告するとともに、公表しなければならない。2 地方公共団体は、前項の計画を参酌し、その地域の実情に応じ、当該地方公共団体における教育の振興のための施策に関する基本的な計画を定めるよう努めなければならない」とされている。

これに従い、第1期（2008～2012年度)、第2期（2013～2017年度）の教育振興基本計画を経て、第3期の「教育振興基本計画」(平成30～令和4年度）が策定されている（図14-1)。

※計画期間：2018～2022年度

第3期教育振興基本計画（概要）

第1部　我が国における今後の教育政策の方向性

Ⅰ　教育の普遍的な使命

改正教育基本法に規定する教育の目的である「人格の完成」、「平和で民主的な国家及び社会の形成者として必要な資質を備えた心身ともに健康な国民の育成」と、教育の目標を達成すべく、「教育立国」の実現に向け更なる取組が必要

Ⅱ　教育をめぐる現状と課題

1　これまでの取組の成果

○初等中等教育段階における世界トップレベルの学力の維持
○給付型奨学金制度、所得連動返還型奨学金制度の創設
○学校施設の耐震化の進展　等

2　社会の現状や2030年以降の変化等を踏まえ、取り組むべき課題

（1）社会状況の変化
人口減少・高齢化、技術革新、グローバル化、子供の貧困、地域間格差　等
（2）教育をめぐる状況変化
○子供や若者の学習・生活面の課題　○地域や家庭の状況変化
○教師の負担　○高等教育の質保証等の課題
（3）教育をめぐる国際的な政策の動向
○OECDによる教育政策レビュー　等

Ⅲ　2030年以降の社会を展望した教育政策の重点事項

第2期計画の「自立」「協働」「創造」の方向性を継承し、以下の姿を目指す

≪個人と社会の目指すべき姿≫
（個人）　自立した人間として、主体的に判断し、多様な人々と協働しながら新たな価値を創造する人材の育成
（社会）　一人一人が活躍し、豊かで安心して暮らせる社会の実現、社会（地域・国・世界）の持続的な成長・発展

≪教育政策の重点事項≫
○「超スマート社会（Society 5.0）」の実現に向けた技術革新が進展するなか「人生100年時代」を豊かに生きていくためには、「人づくり革命」、「生産性革命」の一環として、若年期の教育、生涯にわたる学習や能力向上が必要
○教育を通じて生涯にわたる一人一人の「可能性」と「チャンス」を最大化することを今後の教育政策の中心に据えて取り組む

Ⅳ　今後の教育政策に関する基本的な方針

1　夢と志を持ち、可能性に挑戦するために必要となる力を育成する
2　社会の持続的な発展を牽引するための多様な力を育成する
3　生涯学び、活躍できる環境を整える
4　誰もが社会の担い手となるための学びのセーフティネットを構築する
5　教育政策推進のための基盤を整備する

Ⅴ　今後の教育政策の遂行に当たって特に留意すべき視点

1．客観的な根拠を重視した教育政策の推進

・教育政策においてPDCAサイクルを確立し、十分に機能させることが必要
企画・立案段階：政策目標、施策を総合的・体系的に示す［ロジックモデルの活用、指標設定］
実施段階：毎年、各施策のフォローアップ等を踏まえ着実に実施［職員の育成、先進事例の共有］
評価・改善段階：政策評価との連携、評価結果を踏まえた施策・次期計画の改善
・客観的な根拠に基づく政策立案（EBPM（Evidence-Based Policy Making））を推進する体制を文部科学省に構築、多様な分野の研究者との連携強化、データの一元化、提供体制等の改革を推進

2．教育投資の在り方（第3期計画期間における教育投資の方向）

・人材への投資の抜本的な拡充を行うため、「新しい経済政策パッケージ」等を着実に実施し、教育費負担を軽減
・各教育段階における教育の質の向上のための教育投資の確保
（◇学校指導体制・指導環境整備、チーム学校　◇学校施設の安全性確保（防災・老朽化対策）
◇大学改革の徹底・教育研究の質的向上　◇社会人のリカレント教育の環境整備
◇若手研究者安定的雇用、博士課程学生支援　◇大学施設の改修　など）
・OECD諸国など諸外国における公財政支出など教育投資の状況を参考とし、必要な予算を財源措置し、真に必要な教育投資を確保
・その際、客観的な根拠に基づくPDCAサイクルを徹底し、国民の理解を醸成

3．新時代の到来を見据えた次世代の教育の創造

・超スマート社会（Society 5.0）の実現など、社会構造の急速な変革が見込まれる中、次世代の学校の在り方など、未来志向の研究開発を不断に推進
・人口減少・高齢化などの、地域課題の解決に向け、「持続可能な社会教育システム」の構築に向けた新たな政策を展開
・次世代の教育の創造に向けた研究開発と先導的な取組を推進

★図 14-1　第 3 期教育振興基本計画（概要）
出典：「第 3 期教育振興基本計画（概要）」

2）超スマート社会（Society 5.0）と教育制度

日本の近代学校教育制度は、1872（明治5）年の「学制」公布に始まり、2022（令和4）年で150年を数えることとなる。学校教育の国民への浸透は、明治期以降の近代化や戦後の経済成長に大きな役割を果たしてきた。

一方、1970年代以降、学校教育制度は、校内暴力、いじめ、不登校などのいわゆる「教育病理」と呼ばれるような現象を内在するシステムとして、その信頼性が問われ続けている。さらに近年では、児童虐待や貧困などの家庭および社会が抱える現象への対応を求められている。

これからの社会に目を向けると、日本は人生100年時代を迎えようとしており、一方で少子化が進んで超少子高齢化社会に向かっている。社会を持続的に成り立たせるための人口ピラミッドのバランスは、より少ない労働者人口によってより多くの高齢者を支えるという傾向へと危機的に進行している。

また「超スマート社会（Society 5.0）」といわれる新たな社会のあり方に向けて、人工知能（AI）やビッグデータの活用などの技術革新が急速に進んでいる。超スマート社会とは、狩猟・採集の社会（Society1.0）、農耕・栽培の社会（Society2.0）、工業化された社会（Society3.0）、そして現代の情報化されグローバル化した社会（Society4.0）の次に訪れる新しい社会を表している。

人類の長い歴史において、わずかこの150年余りの間に、工業化社会以降が展開しており、この変化は極めて急激で人類が経験したことのないものだ。そのため、気候変動のような予期しない問題や、それにも関わると考えられる、災害、紛争、貧困、パンデミック（感染症の世界的な流行）などさまざまな問題が、地域間の大きな格差を伴いながら、人類の存続を脅かすものとして発生してきている。

これまでの情報化は経済発展の一つのフェーズであり、情報を解釈し活用してそれを提供する人が散在し、そうした情報を利用し消費する人がいるというふうに分かれていた。しかし超スマート社会では、ビッグデータと呼ばれる膨大な情報集約が進展する中で、その処理が人間の把握できる範囲を大きく超える。IoT（Internet of things）と呼ばれる、インターネットがモノをつなぎ、AIがビッグデータを処理してIoTを稼働させるような、情報が水や電気と同じように私たちの生活を支え、もはや社会の基盤となっていくのだ。

このような社会を生きていく子供や大人の学びに教育制度が何を提供していくのかについて、私たちは重要な転換点に立っているといえる。「教育振興基本計画」は、この未曽有の社会変動を視野に入れながら、この５年間で学校教育制度が何を目指していくべきかを定めたものなのである。

第１期「教育振興基本計画」では、計画の公表からの10年程度を展望して、以下のような変化を予想していた。

・少子化の進行により、人口が減少し、若年者の割合が低下する一方で、人口の４人に１人が65歳以上という超高齢社会に突入する。こうした状況に対応するため、教育を含む社会システムの再構築が重要な課題となる。
・グローバル化が一層進むとともに、中国などの諸国が経済発展を遂げ、国際競争が更に激しさを増す。同時に、国内外の外国人との交流の機会が増え、異文化との共生がより強く求められるようになる。知識が社会・経済の発展を駆動する「知識基盤社会」が本格的に到来し、知的・文化的価値に基づく「ソフトパワー」が国際的に一層重要な役割を果たす。また、科学技術が一層発展する中で、新たな社会的価値や経済的価値を生み出すイノベーション創出の重要性が一層高まる。
・地球温暖化問題をはじめ、様々な環境問題が複雑化、深刻化し、環境面からの持続可能性への配慮が大きな課題となる。教育分野においても、持続可能な社会の構築に向けた教育の理念がますます重要となる。
・サービス産業化など産業構造の変化が更に進展する。非正規雇用の増大や成果主義・能力給賃金の導入など雇用の在り方の変化が更に進む中で、個人の職業能力の開発や雇用の確保、再挑戦の可能な社会システムの整備、さらには一人一人のワーク・ライフ・バランス（仕事と生活の調和）の確保が一層重要な課題となる。
・個々の価値観やライフスタイルの多様化が一層進む。インターネットや携帯電話等を通じたコミュニケーションが更に進む一方で、その影の部分への対応も課題となる。また、ボランティア活動などを通じた社会貢献やコミュニティづくりへの意識が高まり、新たな社会参画が進展する。

こうした、超スマート社会への転換点というべき現在の状況の変化を踏まえつつ、課題を解決していくための知恵と実行力が問われているのである。この変化を乗り越え、全ての人が豊かな人生を生き抜くために必要な力を身に付け、活躍できるようにする上で教育の力に期待が寄せられているのである。

3）教育の課題

「教育振興基本計画」前文では、「激動の時代を豊かに生き、未来を開拓する多様な人材を育成するためには、これまでと同様の教育を続けていくだけでは通用しない大きな過渡期に差し掛かっている」という認識が示され、「誰もが人間ならではの感性や創造性を発揮し自らの『可能性』を最大化していくこと」と、「誰もが身に付けた力を生かしてそれぞれの夢に向かって志を立てて頑張ることができる『チャンス』を最大化していくこと」を実現するための改革の推進が求められている。

改革を進めていく際には、教育の使命に、時代や社会を超えた普遍的なものと、時代や社会に特有なものとがあることを踏まえておく必要がある。普遍的なものとしては、一人一人の「人格の完成」を目指して、個性を尊重しつつ個人の能力を伸ばし、自立した人間を育て、一人一人の幸福な生涯を実現することが挙げられる。また教育は、「平和で民主的な国家及び社会の形成者として必要な資質を備えた心身ともに健康な国民の育成」という使命を担っており、民主主義社会の存立基盤の一つでもある。さらに、歴史の中で継承されてきた文化などが、教育を通じて次の世代に伝達され、発展していく。

一方で、現代の日本においては、教育に関わって次のような課題が投げかけられている。第一に、社会状況に変化による課題である。人口減少と高齢化の急速な進行、IoTやビッグデータ、AI等をはじめとする技術革新の進展、グローバル化の進展とアジアをはじめとする新興国の急速な経済成長による日本の国際的な地位の低下、子どもの貧困など社会経済的な課題、首都圏と地方の地域間格差など地域の課題が挙げられる。第二に、教育を巡る状況の変化として、子供における自然や文化の体験不足、主体的な学びや問題解決能力、自己肯定感、情報リテラシー、健康や体力、暴力行為・不登校・いじめなどの問題、障害のある子供や外国籍の子供などの学習の保障など①子供・若者を巡る課題、②地域コミュニティの弱体化や③家庭の状況の変化、教師の役割の広がりによる負担の増大と働き過ぎなど④教師の負担の問題、18歳人口の80%が高等教育機関に進学する時代の大学等の役割の多様化と少子化の中での生き残りという経営課題の一方で、次代を担う人材の育成や国際的な競争力を高めることなど、学修の成果を保証することが求められるといった、⑤高等教育を取り巻く状況変化とその課題が挙げられている。

(2)　教育改革の方向性

「教育振興基本計画」では、教育改革の方向性として、「2030年以降の社会を展望した教育政策の重点事項」を示すとともに、それらを踏まえて、「今後の教育政策に関する基本的な方針」を示している。

1）2030年以降の社会を展望した教育政策の重点

第3期の教育振興基本計画においては、第2期計画において示された「自律」「協働」「創造」といったキーワードを受け継ぎつつ、次のような方向性を示している。

前節で述べたような社会の大きな変化を受け止めることや、「持続可能な開発目標」(Sustainable Development Goals：SDGs)（図14－2）として示されるような社会の持続的な成長・発展を目標とする国際的な動向も踏まえて、教育が今後どのような役割を担うべきなのだろうか。

教育の普遍的な役割としては、まず、個人においては、「自立した人間として、主体的に判断し、多様な人々と協働しながら新たな価値を創造する人材を育成していくこと」が重要とされる。変化への適応に留まらない、新たな価値を創造する人材を育てることが求められる。社会においては、「一人一人が活躍し、豊かで安心して暮らせる社会の実現」が求められている。年齢、性別、国籍、経済事情、障害の有無など多様な人々の一人一人が人格を尊重されて幸せに生きるとともに、社会で生き生きと活躍できるようにすることが大切であり、教育には全ての人が持つ可能性を開花させることが求められる。また、長期的な見通しをもって「社会（地域・国・世界）の持続的な成長・発展」を目指していくことが重要となる。SDGsでは、教育に関する目標として、目標4に「すべての人々に包摂的かつ公平で質の高い教育を提供し、生涯学習の機会

持続可能な開発目標（SDGs）

■ 2015年9月の国連サミットで全会一致で採択。**「誰一人取り残さない」持続可能で多様性と包摂性のある社会**の実現のため、2030年を年限とする**17の国際目標。**（その下に、169のターゲット、232の指標が決められている。）

普遍性	先進国を含め、**全ての国が行動**
包摂性	人間の安全保障の理念を反映し「**誰一人取り残さない**」
参画型	**全てのステークホルダーが役割を**
統合性	社会・経済・環境に**統合的に取り組む**
透明性	**定期的にフォローアップ**

前身：ミレニアム開発目標（Millennium Development Goals: MDGs）

▶ 2001年に国連で専門家間の議論を経て策定。2000年に採択された「国連ミレニアム宣言」と、1990年代の主要な国際会議で採択された国際開発目標を統合したもの。

▶ 発展途上国向けの開発目標として、2015年を期限とする8つの目標を設定。
（①貧困・飢餓、②初等教育、③女性、④乳幼児、⑤妊産婦、⑥疾病、⑦環境、⑧連帯）

✓ MDGsは一定の成果を達成。一方で、未達成の課題も残された。
○ 極度の貧困半減（目標①）やHIV・マラリア対策（同⑥）等を達成。
× 乳幼児や妊産婦の死亡率削減（同④、⑤）は未達成。サブサハラアフリカ等で達成に遅れ。

環境（リオ＋２０）
人権
平和

2

★図 14-2　持続可能な開発目標（SDGs）

出展：外務省「持続可能な開発目標（SDGs）達成に向けて日本が果たす役割」

を促進する」と定められている。

今後の社会に向けた教育の役割を考えるに当たっては、「人生 100 年時代」の到来への対応と、超スマート社会（Society 5.0）の実現が特に重要なテーマとなる。高齢者から若者まで全ての国民がそれぞれの場で元気に活躍し続けられる社会、安心して暮らすことのできる社会を作るための「人づくり革命」が目指されている。また AI などの新しいイノベーションは、超スマート社会の新しい価値を創出し、大きく生産性を押し上げる可能性を秘めている。教育政策として、これらにどう関わり、貢献していくかが問われている。

こうした教育政策課題を解決していく際に、一人一人の「可能性」と「チャンス」の最大化が目指されている。AI の発展によって近い将来多くの職種がコンピューターに取って代わられるとの指摘があるなか、ICT を使いこなすだけでなく、他者と協働し、人間ならではの感性や創造性を発揮しつつ新しい価値を創造する力を育成することが重要になってくる。これからの教育は、人間の「可能性」を最大化することを、幼児期から高齢期までの生涯にわたる教育の一貫した理念として重視しなければならない。

従って、初等中等教育においては、幼児期から高等学校教育までを通じて育成を目指す資質・能力を、①「何を理解しているか、何ができるか（生きて働く「知識・技能」の習得)」、②「理解していること・できることをどう使うか（未知の状況にも対応できる「思考力・判断力・表現力等」の育成)」、③「どのように社会・世界と関わり、よりよい人生を送るか（学びを人生や社会に生かそうとする「学びに向かう力・人間性等」の涵養)」の３つの柱で整理し、それらを学習指導要領や幼稚園教育要領（幼保連携型認定こども園教育・保育要領および保育所保育指針も同様である）に明示するとともに、こうした資質・能力を社会や世界との接点を重視しながら育成する「社会に開かれた教育課程」の実現を求めている。

高等学校教育、高等教育においては、一人一人の可能性を最大化するという理念を、高等学校教育—大学入学者選抜—大学教育という連なる三者の一体的な改革を目指した高大接続改革として具現化しようとしている。また、これからの社会では、生涯の様々なステージに必要となる能力を身に付け、発揮することが一層重要となる。学び直しやリカレント教育等、誰でもいつでも学ぶことができ、また学んだことを発揮できる場や機会を充実させることが求められている。

2）今後の教育政策に関する基本的な方針

今後の教育政策に関する基本的な方針として、前項で述べた内容を踏まえて、以下の目標が掲げられている。

①夢と志を持ち、可能性に挑戦するために必要となる力を育成する

この目標を達成するために取り組むこととして、「確かな学力、豊かな心、健やかな体の育成等」、「問題発見・解決能力の修得」、「社会的・職業的自立に向けた能力・態度の育成」、「家庭・地域の教育力の向上、学校との連携・協働の推進」があげられている。子どもが生きる力の基礎を培い、身につけた力を用いて問題を解決することができ、社会的自立に向かうような教育が求められており、それを、学校だけでなく、家庭や地域と協働して支えることが求められている。

②社会の持続的な発展を牽引するための多様な力を育成する

社会の発展をリードする多様な人材の育成が求められている。グローバルに活躍する人材、大学院教育の改革等を通じたイノベーションを牽引する人材、スポーツ・文化等多様な分野の人材を育成していく手立てが求められている。

③生涯学び、活躍できる環境を整える

生涯学び、活躍できる環境を整えるためには、人生100年時代を見据えて生涯学習を推進すること、人々のQOL（Quality of life= 生活の質）の向上と社会の持続的発展のための学びを推進すること、職業に必要な知識やスキルを生涯を通じて身に付けるために社会人が学び直すことを推進することが必要である。さらに、障害者の生涯学習を推進するなど、障害の有無にかかわらず、誰もが生涯学び、学んだことを発揮して活躍できる場と機会を用意することが必要である。

④誰もが社会の担い手となるための学びのセーフティネットを構築する

誰もが社会の担い手となるために、誰も学びから取りこぼされることなく、すべての子供が同じスタートラインに立てるよう、学びのセーフティネットを構築することが必要である。 家庭の経済状況や地理的条件の不利が学びに影響しないよう、また年齢、性別、国籍、経済事情、障害の有無などにかかわる

多様なニーズに対応した教育機会を提供しなければならない。
⑤教育政策推進のための基盤を整備する

ここまで述べてきたような教育政策を進めていくためには、そのためのインフラとして、まず、教員の配置の充実や学校教育に関わる専門職や地域の人材の活用により、チームとして学校教育が機能するような、新しい時代の教育に向けた持続可能な学校指導体制の整備等が求められる。次に、医療、福祉、あるいは警察等、子供の健康や安全を守るための関係者の連携を推進する必要があり。また、コロナ禍でも明らかになった、日本の学校教育におけるICT活用のための基盤整備が求められる。ICTの活用は、地理的条件や障害の有無などの障壁を超えることにもつながる。さらに、安全・安心で質の高い教育研究環境の整備、私立学校の振興、教育研究の基盤強化に向けた高等教育のシステム改革、日本型教育の海外展開と我が国の教育の国際化などが目指されている。

(3)　教育政策の遂行に向けて

1）客観的な根拠を重視した教育政策

教育政策を遂行していくにあたっては、証拠に基づく政策立案（Evidence-Based Policymaking: EBPM）を重視することがうたわれている。日本の教育政策はこれまで、どちらかと言えば印象に基づく議論やそれらを踏まえた政治的判断や利害の調整などにより策定され、また左右されてきており、客観的なデータに基づいた効果検証などにより、より有効な改善を進めることが必要である。

ただし、効果検証の際に、子供たち一人一人に多様なニーズがあり、成果も多様でありうることを踏まえて、また、地域の実情等も踏まえて、その評価は多角的な分析に基づく必要がある。

また、教育の成果に関してエビデンスが顧みられてこなかったことの一つに、教育が他の政策分野と比較して成果が明らかになるまでに長い時間がかかるものが多く、また成果に家庭環境など他の要因が強く影響するなど政策と成果との直接の因果関係の証明が難しいものが多いといった特性が挙げられる。研究者や大学、研究機関などが協働して、量的データだけでなく質的データも収集・分析して、総合的な判断の下に教育政策を検討することが求められる。

こうした営みを着実に積み重ねていくために、教育政策のPDCAサイクルを機能させていくことが求められる。教育政策の意義を広く国民に周知し、様々な社会の構成員の参画の促進等を図るためにも、目標とその達成状況を客観的に点検してその結果を公表し、改善につなげていくことが求められている。

一方で、いかなるエビデンスも中立ではなく、それが何に向けて扱われるかによって持つ意味が異なってくる。民主的で公正な目指すべき社会への努力に一つとしての教育に関する哲学的な議論を基盤とし、すべての子供のウェルビーイングを目指したビジョンに照らしてこそ、エビデンスを踏まえた政策形成に意義が見出されるということにも留意しておきたい。

2）目指すべき教育投資の在り方

教育政策の遂行に当たって重要な要素の一つは、財政的な手当てがどれくらいあるかどうかである。お金がなければどんな政策も絵に描いた餅である。

教育振興基本計画では、教育への投資が個人及び社会の発展の礎となる未来への投資であるとして、必要な教育投資は社会全体で確保することが必要だとしている。ここでいう教育投資とは、国や地方公共団体による公財政支出、家計による負担に加え、様々な形での寄附や、広い意味では、社会関係資本を基盤としたボランティアなどの人的貢献、企業の教育面におけるCSR活動など民間団体等の自発的取組などが含まれる。社会全体で教育を支える環境を醸成することにより、教育への投資の充実を図る必要があると考えられる。

第2期計画では、今後の教育投資の方向について、特に、①協働型・双方向型学習など質の高い教育を可能とする環境の構築、②家計における教育費負担の軽減、③安全・安心な教育研究環境の構築（学校施設の耐震化など）を中心に教育投資の充実を図ることとされた。また、教育再生実行会議「教育立国実現のための教育投資・教育財源の在り方について（第8次提言）」（2015（平成27）年7月）において、これからの時代に必要な教育投資について、①全ての子供に挑戦の機会が与えられる社会を実現する、②あらゆる教育段階を通じて「真の学ぶ力」を培う、③「真の学ぶ力」を基に、実社会で活躍できる資質・

能力を育成する、④学校が地域社会の中核になる、の４つの観点が示され、「幼児教育の段階的無償化及び質の向上」と「高等教育段階における教育費負担軽減」について優先して取り組む必要があるとの提言がなされた。

第２期計画において教育投資の中心として位置付けられた諸点に関しては、子ども・子育て支援新制度に基づく幼児教育・保育・子育て支援の更なる向上、学校の指導・事務体制の効果的な強化、学修支援環境整備に取り組む大学への支援、幼児教育の無償化の推進、高等学校等就学支援金や高校生等奨学給付金制度の創設、所得連動返還型奨学金制度・給付型奨学金制度の創設、学校施設の耐震化推進などについて、年々財政状況が厳しくなる中にあっても必要な財源を確保し、取組が進められている。

教育投資に関する国際的な状況について見ると、公財政教育支出総額については、GDP（国内総生産）比で見た場合、就学前教育段階から高等教育段階までについて、OECD 諸国の平均が 5.3％であるのに対して我が国は 3.5％（いずれも 2014（平成 26）年度）となっていることなどを踏まえ、政府としても引き続き必要な教育投資を確保する必要があると考えている。

さらに、教育投資において全体として支援の崖・谷間が生じないよう、住民税非課税世帯に準ずる世帯の子供たちについても、住民税非課税世帯の子供たちに対する支援措置に準じた支援を段階的に行い、給付額の段差をなだらかにすることが目指されている。

あわせて、「世界最高水準の教育を通じた人づくりを推進する」ために、就学前教育、義務教育（初等教育及び前期中等教育）、後期中等教育、高等教育の各段階、さらには、生涯にわたって質の高い学びを重ね、人間の「可能性」を最大化することが必要であることから、各教育段階における教育の質を向上させるために必要な教育投資を確保する必要があるとしている。ここでは、教員の働き方改革のための人的環境整備、学校が地域の拠点となるための施設整備、教育の質向上のための仕組みの整備、リカレント教育など生涯学習の環境整備等における、メリハリのある教育投資が掲げられている。

また、周知の通りの厳しい財政状況の中で教育に投資していくことが納税者である国民に広く理解されるための取組とその説明責任が求められる。そのためにも、客観的な根拠に基づく PDCA サイクルにより、既存の施策や制度の不断の見直しを行わなければならない。あわせて、寄附の促進や民間資金の活用も進めていくこととされている。子供たちを含め、誰もが将来への希望を持って、生涯を通じて必要な学習を行い、自己を高め活躍することのできる社会を実現することが重要であり、このことに向けた効果的な教育投資が望まれる。

(4) 教育改革の具体的な施策

教育振興基本計画では、新時代の到来を見据えた次世代の教育の創造に向けて、①新時代の教育の内容と方法、次世代の学校の在り方の研究開発、②地域課題の解決に向けた社会教育システムの構築、③次世代の教育の創造に向けた研究開発と先導的な取組の推進を挙げている。

そして、実効ある教育政策を進めていくために、それぞれの方針ごとに、第２期計画の課題等を踏まえつつ、政策の目標と具体的な施策を総合的かつ体系的に示し、これらについてPDCAサイクルによる成果の検証と改善に取り組むことが求められている。

このため、教育振興基本計画において、先に「今後の教育政策に関する基本的な方針」の項で示した５つの基本的な方針に沿って、2018年度から2022年度までの５年間における①教育政策の目標、②目標の進捗状況を把握するための測定指標及び参考指標、③目標を実現するために必要となる施策群を示している。

国の教育振興基本計画は、国全体としての目標や成果に係る指標であり、国自身が取り組む施策を明らかにするものだが、実際の教育活動の多くは地方公共団体や民間において自律的に行われるものであることに留意することが必要である。国全体の目標を参考にしつつ、各実施主体における具体的な教育の在り方については、それぞれの地域や教育実践の現場において、それぞれの実情を踏まえながら、教育に参画する様々な関係者が対話を通じて自主的に設定することが期待される。そして、国は、各地域の特色のある先進的な取組について把握し、地域どうしが相互に交流することを通じた取組の横展開や地域間の連携につなげるなど、国の施策の充実に向けて活用していくことが求められる。

第2部　今後5年間の教育政策の目標と施策群

第1部で示した5つの基本的な方針ごとに、
①教育政策の目標
②目標の進捗状況を把握するための測定指標及び参考指標
③目標を実現するために必要となる施策群　を整理

基本的な方針 → 教育政策の目標 → 測定指標 参考指標 → 施策群

基本的な方針	教育政策の目標	測定指標・参考指標(例)	施策群(例)
1　夢と志を持ち、可能性に挑戦するために必要となる力を育成する	(1)確かな学力の育成＜主として初等中等教育段階＞ (2)豊かな心の育成＜〃＞ (3)健やかな体の育成＜〃＞ (4)問題発見・解決能力の修得＜主として高等教育段階＞ (5)社会的・職業的自立に向けた能力・態度の育成＜生涯の各段階＞ (6)家庭・地域の教育力の向上、学校との連携・協働の推進＜〃＞	○知識・技能、思考力・判断力・表現力等、学びに向かう力・人間性等の資質・能力の調和がとれた個人を育成し、OECDのPISA調査等の各種国際調査を通じて世界トップレベルを維持 ○自分にはよいところがあると思う児童生徒の割合の改善 ○いじめの認知件数に占める、いじめの解消しているものの割合の改善 など	○新学習指導要領の着実な実施等 ○子供たちの自己肯定感・自己有用感の育成 ○いじめ等への対応の徹底、人権教育 など
2　社会の持続的な発展を牽引するための多様な力を育成する	(7)グローバルに活躍する人材の育成 (8)大学院教育の改革等を通じたイノベーションを牽引する人材の育成 (9)スポーツ・文化等多様な分野の人材の育成	○外国人留学生数30万人を引き続き目指していくとともに、外国人留学生の日本国内での就職率を5割とする ○修士課程修了者の博士課程への進学率の増加 など	○日本人生徒・学生の海外留学支援 ○大学院教育改革の推進 など
3　生涯学び、活躍できる環境を整える	(10)人生100年時代を見据えた生涯学習の推進 (11)人々の暮らしの向上と社会の持続的発展のための学びの推進 (12)職業に必要な知識やスキルを生涯を通じて身に付けるための社会人 の学び直しの推進 (13)障害者の生涯学習の推進	○これまでの学習を通じて身に付けた知識・技能や経験を地域や社会での活動に生かしている者の割合の向上 ○大学・専門学校等での社会人受講者数を100万人にする など	○新しい地域づくりに向けた社会教育の振興方策の検討 ○社会人が働きながら学べる環境の整備 など
4　誰もが社会の担い手となるための学びのセーフティネットを構築する	(14)家庭の経済状況や地理的条件への対応 (15)多様なニーズに対応した教育機会の提供	○生活保護世帯に属する子供、ひとり親家庭の子供、児童養護施設の子供の高等学校等進学率、大学等進学率の改善 など	○教育へのアクセスの向上、教育費負担の軽減に向けた経済的支援 など
5　教育政策推進のための基盤を整備する	(16)新しい時代の教育に向けた持続可能な学校指導体制の整備等 (17)ICT 利活用のための基盤の整備 (18)安全・安心で質の高い教育研究環境の整備 (19)児童生徒等の安全の確保 (20)教育研究の基盤強化に向けた高等教育のシステム改革 (21)日本型教育の海外展開と我が国の教育の国際化	○小中学校の教諭の1週間当たりの学内総勤務時間の短縮 ○学習者用コンピュータを3クラスに1クラス分程度整備 ○緊急的に老朽化対策が必要な公立小中学校施設の未改修面積の計画的な縮減 ○私立学校の耐震化等の推進(早期の耐震化、天井等落下防止対策の完了) ○学校管理下における障害や重度の負傷を伴う事故等の発生件数の改善 など	○教職員指導体制・指導環境の整備 ○学校のICT環境整備の促進 ○安全・安心で質の高い学校施設等の整備の推進 ○学校安全の推進 など

★図 14-3：今後５年間の教育政策の目標と施策群
出典：「第３期教育振興基本計画（概要）」

2 海外の教育の動向

海外の教育の動向について、文部科学省『諸外国の教育動向2018年度版』*2に基づいて、アメリカ、ヨーロッパ、アジアから、アメリカ、イギリス、中国の教育施策のトピックを取り上げる。

教育のあり方は社会のあり方と切り離して考えることができない。現代の日本の教育について考えるうえで、日本の教育を歴史的に振り返ること—タテの比較—とともに、現代の他の国や地域の教育を参照すること—ヨコの比較—が欠かせない。

(1) アメリカ合衆国

アメリカでは、大統領の方針により教育政策も大きく変わる。また、州ごとに法律があるなど州の自律性が強く、具体的な教育政策は州に委ねられているという特徴があり、日本の教育振興基本計画に相当するものは存在しない。

社会経済的な格差の大きさや人種差別等を超えて子供たちが公正・平等に育っていけるよう、ブッシュ政権（1989-1993年）以来、教育は政策の重要な柱として位置づけられてきたが、トランプ政権（2017年～2021）では際立った教育改革等は行われていない。

その中でも、キャリア・技術教育の振興を目的とする法律を改正し、労働力開発と職業教育振興について、キャリア教育というより一層就職重視の方針を打ち出して取り組んでいる。また学校選択振興事業を拡大し、低所得家庭出身者や法律に基づいて要改善校とされている学校の在学者の学校選択を支援している。また、学校内銃撃事件が相次いだことを受けて、教育長官、司法長官、国土安全保障長官という閣僚メンバーによる「学校安全に関する連邦委員会」が置かれ、報告書を提出している。検討過程では、オンラインゲームにおける暴力性の問題なども取り上げられている。そのほか、科学技術開発の競争力の向上を目指して、大統領府で連邦の科学技術政策の基本方針の策定等を行う国家科学技術審議会が2018年12月にSTEM（Science, Technology, Engineering and Mathematics）教育の振興計画を発表し、ICTにかかわるリテラシーや知識・技術の教育に注力し、またSTEM教育における多様性や公正さ、インクルーシブな環境を増進することとしている。

(2) イギリス

イギリス政府は、留学生ビジネスを重視しており、教育省と国際貿易省が2019年3月、「国際教育戦略」を公表した。イギリスの教育の幅と多様性を促進し、留学生を歓迎する環境を維持しつつ、国際競争力の向上も目指す。EUからの離脱（Brexit）に際して、留学生の学費を国内学生と同水準に留め置くという配慮もなされている。

また、教育省は2018年2月に、マイノリティを含む社会的に不利な立場にある人々の見習い訓練への参加をそれぞれのニーズに合わせていっそう拡大するためのイングランドにおける「5大都市プロジェクト」を発表している。ここでは企業等の協力を得たり、大学での学位取得プログラムを含んだりするなど、出自等にかかわらずすべての人に、働き、高等教育を受ける機会を提供するよう取り組まれている。イギリスでは、繁栄や公平性、社会的包摂において学習へのアクセスの拡大が非常に重要であるという認識の下で、1996年から成人学習者の参加率や意欲、障害等についての調査「成人の学習参加に関する調査」を行ってきており、エビデンス収集の強化を図っている。

初等中等教育においては、次のような政策が注目される。イギリスでは5～16歳が義務教育であるが、就学義務はなく、ホームスクーリング（家庭における修学）が認められており、その割合はイングランドとウェールズの学齢期児童の0.5%ではあるが、2014年から2017年にかけて40%増加している。政府はホームスクーリングの重要性を訴えつつ、その質や子どもの安全保護に取り組んでいる。また、1996年に試行的に開始され、2004年に3～4歳児を対象に本格導入された就学前教育の無償化の上限が、2017年9月より、週15時間・年間570時間から、保護者の就業や所得水準を踏まえて週30時間・年間1,140時間に拡充された。また、教育におけるセクシュアル・ハラスメントの調査等を踏まえて、性教育「人間関係と性の教育（Relationships and Sex Education)」として中等教育段階で必修化され、初等教育段階では「人間関係の教育（Relationships Education)」が必修化されている。セクハラや性暴力の防止策や対応策の有無が学校監査の項目にも加わっている。これらの教科は、2017年子供ソーシャルワーク法に基づいている。また「人格的・社会的・健康及び経済教育」(PSHE) のうち健康部分も必修とされた。就学前教育については、日本の幼稚園幼児指導要録などに相当する書類の項目を改善して教師の業務量軽減を図ることと併せて、言語技能習得に関するプロジェクトを進めており、就学後の学習参加の格差の解消等を目指している。

教師に対しては、教室の変革を広めるオンライン学習など新しいテクノロジーの導入を進めており、すべての子供の教育へのアクセスやインクルーシブ教育を保障していくとともに、教師の負担軽減にも期待されている。また、職能開発の時間が取れない教育困難校等の新任教師の支援なども進めている。

(3) 中国

中国では、習近平体制の7年目の2018年の教育事業の目標として、法治主義に基づく教育関係の諸法令の整備や、徳育の強化、全国統一教科書の使用促進などを掲げ、教育体制の改革を進めている。

また、人工知能等の新技術やICTへの対応などにおいて、「教育情報化2.0行動計画」を2018年に策定し、インターネットや人工知能等の新技術を用いた教育の現代化を目指している。マニュアルや基準を定めて、関連する教材を作成し、こうした情報技術戦略に対応した教員の養成・研修も行っている。

生涯学習の展開の中では、障害者の職業教育の発展など、障害者のインクルージョンを進めている。

初等中等教育では、子供の近視を予防する計画や、給食の食品安全と栄養・健康管理に関する規則を定めた。また、過度に営利目的の幼稚園や学校外での子供の学業負担に規制をかけるなど、民間教育機関の管理を強めている。

教師については、各地方政府が全教科を指導できる小学校教師の養成を行い、国としても農村地域の教師不足に対応するために退職した校長や教師の再雇用を進めるなどの対策を講じている。また教育部は、2018年、教師の職業行為規範を、就学前教育・初等中等教育・高等教育のそれぞれにおいて公表するなど、新たな時代に対応して教師の職業行為を律し、職業意識を高めるよう取り組んでいる。

3　教育改革を進めるための基盤

以上、「教育振興基本計画」を参照しながら日本の教育制度の改革の方向性を概観し、海外の動向を見てみた。

「教育振興基本計画」は5年ごとに進捗状況を検証し、また必要があれば随時、その内容について見直しを行うことになっている。しかし、根拠（エビデンス）に基づいていない、大衆迎合（ポピュリズム）の政治によって、具体的な政策が短期的にころころ変わっていては、国民は安心して、教育制度への信頼のもとに学びを進めていくことができないし、教育関係者は混乱し、よりよい教育への積極的な取り組みが阻害される。したがって、教育改革を進めていく上で、次のような基盤を踏まえなければならない。一つは、科学的な根拠であり、一つは、教育や社会についての思想である。前者は今次の「教育振興基本計画」においてEBPMとして明示されたが、後者の議論がより国民に開かれたものとなることが求められる。教育や社会の将来をどういうものとして構想するかについて対話を通じて国民的なコンセンサスを形成してくことが、教育を改革し、再構築していく上で重要な要素である。

教育の基本、つまり人が育つ基本は、乳児期の愛着形成に始まり、人と関わる安心感や信頼感を育みながら、幼児期にかけて自己肯定感をはぐくみ、自己効力感を涵養する日々の経験を積み重ねていくところにある。お金のかかる教育という営みに対して説明責任を求めることは誤りではないが、成果を求める余り、短期的で目に見える成果に向けた教育政策が偏重され、その測定が難しい、人が人として育つ基本がなおざりになるとしたら、いかなる教育政策も有効に機能しないであろう。

また、社会に一定の階層が形成されることを避けることはできないが、それが固定化し拡大再生産されれば、人々はやる気をなくして、努力を尊び実際にそうする人たちは限られてしまい、子どもの人生のスタートが予め著しく不平等になる。そうして社会への信頼をなくす人々が増えると、さまざまな社会問題につながり、社会における協働は機能しなくなるだろう。

一方で、個人においては自己選択と自己責任、行政においては地方分権の

動きがあり、また学校教育すら市場の論理で競争を促すという考え方が、経

済状況の悪化とともに顕在化している。しかし、教育という社会の重要なインフラを、単純に「神の見えざる手」に委ねてよいのだろうか。またさまざまな境遇に育つ一人一人に自己責任を負わせることが本当に可能だろうか。自己選択するための情報や知識をしっかり提供して誰もが自己実現できるチャンスを用意し、社会がセーフティネットを備えて、子供が安心して成長できるような政策が必要である。地方分権に委ねるなら、各自治体の首長が十分に社会における教育の意義を理解する必要があり、地方教育行政の担当者の専門性が高くなければならない。各学校の存立が市場原理によって不安定であれば、学校は短期的に目に見える成果を挙げることに躍起になるであろう。

そして、こうした議論において、国や行政に要望やクレームばかり発しつつ依存する従属的な国民としてではなく、私たち一人一人がより真摯に、自分の社会の切実な問題として教育の課題に向き合う当事者として考え、発言することの必要性が、いっそう増しているといえるのではないだろうか。そして教育という営みの当事者である教師が、教育政策を理解して実践しつつ、教育の現実に照らして批判的に検討し、対話に向けて声を上げていくことも求められるであろう。

【註】

＊1　「教育振興基本計画」(2018 年 6 月 15 日閣議決定)

＊2　文部科学省『諸外国の教育動向 2018 年度版』明石書店、2019 年

コラム4　今後の教育制度・改革の展望

1．グローバル時代に必要な英語力

かつて筆者がロシアに住んでいた時、メイドから「あなたの家族はみんな頭髪が黒くて瞳も黒い。日本人はみんなそうなのですか」と尋ねられた。多民族・多言語の国の人に「日本人に日本語がわからない人はいませんよ」と言えば驚かれたかもしれない。わが国でも、人・物・情報が国境を越えて交流するグローバル時代になり、英語を公用語にする会社さえ現われてきた。わが国の教育関係者もグローバル時代への対応に遅れをとってはならない。

今、教育関係者の間で、児童の学習負担を理由に「国語が大事か英語が大事か」と、英語推進論者と国語擁護論者が優先度について激論している。しかし、筆者の見るところ今日のアジアの先進諸国でわが国ほど英語教育に呑気（のんき）な国はないようである。矢掛町ではコミュニケーション能力の向上をめざして10年以上前から保育園・幼稚園・小学校の全学年で週1時間は英語学習を行なっている。幼児・児童の学習負担を軽減するため、①教師の指導力向上、②ＡＬＴ（英語指導助手）やＣＩＲ（国際交流員）と担任教師との円滑なＴＴ、③ＩＣＴ機器の活用などにより、わかりやすくて楽しい英語学習を推進し、各学校園の工夫と努力で成果を上げている。

2．今、求められている地域に開かれた学級・学校

新学年が始まると、児童生徒とりわけ小学校の児童にとっては、学級担任はどの先生か、また、どんな友達がいるのかが大きな関心事である。児童生徒は毎日の学級の中での生活によって成長する。学級経営は教育経営の基盤をなす重要な営みである。しかし、「学級王国」と揶揄（やゆ）されるように学級が担任教師一人の閉ざされた城になりがちである。学級王国に起因する弊害を解消するために学級を開かれたものにしなければならない。学校も同様である。

開かれた学級、開かれた学校を可能にする一つの方法として、筆者は地域教育経営の概念を取り入れた。具体的には、一つの中学校と学区内の小学校が連携すること。また、それらの学校を所管する教育委員会が指導・支援することである。開かれた学級の集合体である学校は、学校評価・学校運営協議会によって改善が進み、学校支援地域本部事業などにより学校が地域によってより強固に支えられたものになる。保護者等からの理不尽な要求や批判に悩む今日の学校が着目すべき学校経営上の視点の一つであると考える。

元岡山県矢掛町教育委員会教育長　武　泰稔

■索引■ （50音順）

ア行

カ行

せ

そ

タ行

た

ち

【編者プロフィール】
諏訪英広（すわ　ひでひろ）

川崎医療福祉大学医療技術学部教授。博士（教育学）。
研究領域は、教育経営学、教師教育学。
現在の主たる研究テーマは、教師の力量形成と組織文化（協働性、同僚性）、学校組織マネジメント、学校評価、教員評価、学校―保護者―地域の連携・協働。

1969（昭和 44）年，鹿児島県生まれ。
琉球大学教育学部卒業，広島大学大学院教育学研究科博士課程修了。
徳島文理大学短期大学部講師，山陽学園短期大学講師・同准教授，川崎医療福祉大学准教授，兵庫教育大学大学院准教授を経て現職。

福本昌之（ふくもと　まさゆき）

広島市立大学国際学部教授。教育学修士。
研究領域は，教育経営学。
現在の主たる研究テーマは，学校組織論，学校危機管理。

1959（昭和 34）年，広島県生まれ。
広島大学教育学部卒業，広島大学大学院教育学研究科教育行政学専攻博士課程後期単位取得退学。
帝塚山学院大学文学部助教授・教授，大分大学大学院教育学研究科教授等を経て現職。

【現場と結ぶ教職シリーズ】5
【新版】教育制度と教育の経営
学校ー家庭ー地域をめぐる教育の営み

2021年 9 月24日　初版　第 1 刷　発行　　定価はカバーに表示しています。

編　者　諏訪　英広
　　　　福本　昌之
発行所　（株）あいり出版
　　　　〒 600-8436　京都市下京区室町通松原下る
　　　　元両替町 259-1　ベラジオ五条烏丸 305
　　　　電話／FAX　075-344-4505　http://airpub.jp/
発行者　石黒憲一
印刷／製本　モリモト印刷（株）

 ISBN978-4-86555-090-0　C3037　Printed in Japan